Hein Werner

Ich fahre einen SAPOROSHEZ

Fahrzeugvorstellung
Fahrhinweise
Wartung, Kontrolle und Reparatur

3. Auflage

trans press
classics

Unterstützung bei der Behandlung der elektrischen Anlage gab
Kfz-Meister Wolfgang Wappler, Berlin

Produkthinweis:
Dieses Buch wurde nach den geltenden Vorschriften der General Product Safety Regulation (GPSR) entwickelt. Bei Fragen oder Problemen wenden Sie sich bitte an den Verlag unter der folgenden E-Mail-Adresse: gpsr@paul-pietsch-verlage.de

ISBN 978-3-613-71757-2

1. Auflage 2025
(unveränderter Nachdruck der 3., durchgesehenen Auflage 1977)

Sie finden uns im Internet unter www.transpress.de

Verlagslektor: Ernst Spahn
Einbandentwurf: Günter Nitzsche
Innengestaltung: Ingrid Romanowski
Titelbild: Gernot Gattermann
Redaktionsschluß: Mai 1976
Druck und Bindung: Hunter Books GmbH, 64295 Darmstadt
Printed in Germany

Vorwort

Dieses Buch will zweierlei erreichen. Es will Sie mit den speziellen Eigenschaften der SAS-Typen 965 A, 966 und 968, allgemein bekannt unter den Namen „Saporoshez", vertraut machen, damit Sie die konstruktionsbedingten Eigenschaften im Interesse einer hohen Verkehrssicherheit jederzeit vorteilhaft nutzen. Gleichzeitig will es Ihnen zeigen, w i e größere Pannen und Reparaturen, die meist in der Fahrweise, aber auch in der fehlenden Wartung zum richtigen Zeitpunkt ihren Ursprung haben, durch ein verkehrsdienliches Fahren sowie durch sinnvolle vorbeugende Wartungs-, Kontroll- und Reparaturarbeiten verhindert werden können.
Der Inhalt, über die Betriebsanleitung weit hinausgehend, ist Ihren Wünschen entsprechend zusammengestellt und gegliedert. Neben einem logischen Aufbau, beginnend bei der Fahrzeugvorstellung über die Fahrzeughandhabung und den Vorschlägen für Wartung, Kontrolle und Reparatur bis hin zu den nützlichen Ergänzungen, weisen schon die Überschriften auf die möglichen Ursachen eines Mangels hin bzw. lassen sie erkennen, wo die entsprechenden Ratschläge zu finden sind.
Ein weiteres Moment sei erwähnt: Alle drei SAS-Typen besitzen kräftige Motoren. Wer meint, sie in dafür ungeeigneten Verkehrssituationen voll ausfahren zu können, dem sei gesagt, daß die Pkw-Fahrer mit rund 40 Prozent den höchsten Anteil an den Verkehrsunfällen haben, auch wenn sie im allgemeinen das Verkehrsgeschehen auf den Straßen unserer Republik positiv mitbestimmen. Es kann darum in Ihrem eigenen Interesse und im Interesse aller anderen Verkehrsteilnehmer nur gelten, die Regeln der StVO bei j e d e r Fahrt voll zu beachten und so einen aktiven Beitrag zur Erhöhung der Verkehrssicherheit auf den Straßen der Republik zu leisten.
Wir hoffen, Sie mit den in dieser Arbeit zusammengetragenen und ausnahmslos praxisverbundenen Ratschlägen zu befähigen, Ihr Fahrzeug nach Ablauf der Garantiezeit möglichst selbst zu warten, technisch kontrollieren und in den Grenzen, die einem Laien nun einmal gesetzt sind, auch reparieren zu können, eben, damit Sie stets mit einem verkehrssicheren Fahrzeug am Straßenverkehr teilnehmen und auch möglichst lange Freude an Ihrem Saporoshez haben.

Autor und Verlag

Inhalt

Fahrzeugvorstellung

Die Fahrzeugpalette auf den Straßen unserer Republik bereichert seit einigen Jahren der sowjetische Pkw „Saporoshez". Inzwischen ist er in drei Varianten vertreten, als SAS 965 A, 966 und 968. Der Kreis seiner Interessenten wird täglich größer. Es hat sich herumgesprochen, daß sowjetische Fahrzeuge robust und zuverlässig sind.
Für diejenigen, die den Saporoshez näher kennenlernen möchten, ist diese Arbeit gedacht. Zur Erleichterung des Gesamtüberblicks sind in der Anlage 1 die wesentlichsten technischen Daten zusammengestellt.

Unterscheidungs- und Konstruktionsmerkmale

Was unterscheidet die drei Saporoshez-Typen voneinander? Zuerst einmal die Karosserieform. Während der Typ 965 A noch die sogenannte Buckelkarosserie besitzt, kennzeichnet die Typen 966/968 eine Pontonkarosserie. Darüber hinaus unterscheidet sich der Typ 968 vom Typ 966 durch die Rückfahrscheinwerfer und durch eine modernere Armaturentafel. Ansonsten besitzt der Typ 968 durchweg den 40-PS-Motor. Der neue Typ 968 wird z. Z. auch noch mit dem 40-PS-Motor geliefert. Da er in der Sowjetunion jedoch bereits mit dem 45-PS-Motor läuft, ist damit zu rechnen, daß er auch bei uns bald mit diesem Motor zu haben sein wird. Ansonsten bestehen seine Besonderheiten in folgendem:

- Die Auspuffrohre der beiden rechten Zylinder sind getrennt bis zum Schalldämpfer geführt
- Die Kraftstoffpumpe der Heizanlage ist gegen Überhitzung abgedeckt
- Die Heizung besitzt gegen Überhitzung ein Sicherheitsventil
- Das Zündschloß ist als Lenkrad-Sicherheitsschloß ausgebildet
- Es sind Parkleuchten, zusätzliche Seitenblinkleuchten und seitliche Begrenzungsleuchten vorhanden
- Die vordere Chromblende (Grill) einschließlich Standlichtleuchten im Grill sind weggefallen
- Der Tankeinfüllstutzen ist in den Motorraum verlegt
- Der Kraftstoffbehälter wurde vergrößert (43 l), dadurch Wegfall der Gepäckablage hinter der Rückenlehne

30 bis 45 PS

Der luftgekühlte Vierzylinder-Viertakt-V-Motor ist bei allen drei Saporoshez-Typen zusammen mit dem Wechsel- und Ausgleichgetriebe im Heck des Fahrzeuges untergebracht. Beide Getriebe laufen in einem gemeinsamen Ölbad.

Das Wechselgetriebe ist in allen Vorwärtsgängen synchronisiert. Die einzelnen Gänge sind so aufeinander abgestuft, daß keine Lücken in der Zugkraft auftreten. Allerdings liegen sie anders als allgemein üblich; der erste links hinten, der zweite links vorn, der dritte rechts hinten und der vierte rechts vorn. Aber daran gewöhnt man sich relativ schnell, selbst wenn man vorher oder zwischendurch einen anderen Wagen gefahren hat.
Die Motor-Höchstleistung beträgt beim Typ 965 A (887 cm^3) bei 4 000···4 200 U/min 30 PS, beim Typ 966/968 (1 196 cm^3) bei 4 200···4 400 U/min 40 PS und beim neuen Typ 968 (gleichfalls 1 196 cm^3) bei 4 400···4 600 U/min 45 PS. Das maximale Drehmoment von 5,2 kpm wird beim Typ 965 A bei 2 800···3 000 U/min, von 7,6 kpm beim Typ 966 bei 2 700···2 900 U/min und von 8,2 kpm beim Typ 968 bei 3 000···3 200 U/min erreicht. Und da das Drehmoment, dessen Höchstwerte schon bei relativ geringen Drehzahlen erreicht werden, die Kraft darstellt, die den Wagen bewegt, läßt sich daraus schlußfolgern, daß alle drei Saporoshez-Typen selbst im Stadtverkehr bei normal belastetem Fahrzeug durchaus im 4. Gang gefahren werden können, wenn der Verkehr um 50 km/h herum „rollt". Aber mehr darüber im Abschnitt „Stadtfahrten".

Ölzentrifuge

Eine Besonderheit stellt die Vorrichtung zur Reinigung des Motorenöls (s. Abb. 32) dar. Die Reinigung erfolgt nicht durch Fein- und Grobfilter, wie bei anderen Fahrzeugtypen, sondern durch eine in der Kurbelwellenriemenscheibe angeordnete Zentrifuge. Im Abschnitt „Ölzentrifuge" ist mehr darüber zu erfahren.
Für die Kühlung des Motors sorgt ein Gebläse. Es saugt Frischluft aus dem Motorraum an und drückt dieselbe über die Kühlrippen der Zylinder. Weitere Frischluft erhält der Heckraum und damit der Motor über die beiderseits angeordneten Luftschächte. Thermostaten steuern die Klappen an den Luftaustritten des Kühlluftgehäuses und sorgen auf diese Weise für die schnelle Erwärmung des Motors beim Kaltstart. Diese Klappen leiten die erwärmte Luft entweder ins Freie oder in den Motorraum, wo sie vom Gebläse erneut angesaugt wird. Im Abschnitt „Kühlsystem und Öltemperatur" ist das näher beschrieben.

Benzinheizung

Einem luftgekühlten Motor fehlt bekanntlich das Kühl- und Heizmedium Wasser. Die von ihm erwärmte Luft reicht, noch dazu, wenn der Motor im Heck des Wagens untergebracht ist, nicht aus, den Fahrgastraum ausreichend zu beheizen. Infolgedessen wird eine gesonderte Heizung benötigt. Im Saporoshez ist es eine Bezinheizung. Sie funktioniert unabhängig vom Motor. Man kann sie infolgedessen auch bei stehendem Motor einschalten und so das Wageninnere vorwärmen. Je nach Stellung der Verteilerklappen läßt sich die Warmluft an die Windschutzscheibe, in den vorderen Fußraum oder durch den Mitteltunnel hindurch auch in den hinteren Fußraum leiten. Eine Regelmöglichkeit besitzt diese Heizung jedoch nicht. Man kann sie entweder ein- oder ausschalten. Im Kapitel „Arbeiten an der Heizung“ ist ihre Funktion näher beschrieben bzw. ist zu erfahren, wieviel Kraftstoff sie benötigt und ob es sinnvoll ist, einen gesonderten Kraftstoffbehälter, der ausschließlich für die Heizung bestimmt ist, einzubauen.

Fahrwerk

Wesentlicher Bestandteil des Fahrwerkes des Saporoshez ist die stabile selbsttragende Karosserie. Sie nimmt die weiteren Bestandteile des Fahrwerkes wie Federn und Stoßdämpfer, Achsen mit Rädern und Bereifung sowie Bremsanlage und Lenkung in sich auf. Große Fensterflächen, vorn angeschlagene Türen mit großem Öffnungswinkel, nach vorn klappbare vordere Einzelsitze mit Lehnen, die umgeklappt werden können, so daß sich mit dem Rücksitz eine Liegefläche ergibt, und der bei dieser Fahrzeugbauart zwangsläufig leider viel zu kleine Kofferraum vervollständigen sie. Die Vorderräder werden oben und unten an Kurbelarmen geführt und mit querliegenden Torsionsstäben sowie zusätzlichen Schraubenfedern von den Stoßdämpfern gestützt. Die angetriebenen Hinterräder werden von Dreieckslenkern geführt, die entsprechend dem Prinzip eines gezogenen Kurbelarmes am Boden der selbsttragenden Karosserie angelenkt sind. Die wie vorn überdurchschnittlich großvolumigen Stoßdämpfer sind mit den Schraubenfedern wie bei Federbeinen zusammengefaßt und stützen die Lenker. Im Stand, beim Druck auf eine Wagenecke, wirkt diese Federung und Dämpfung überaus steif und hart, während der Fahrt spricht sie aber schon bei geringen Fahrbahnunebenheiten gut an und hält auch bei größeren Absätzen, Schlaglöchern usw. die Schwingungen weitgehend vom Aufbau fern.

Federung

Diesen Aufgaben werden die Federungen der meisten Wagen noch gut gerecht, ihre Grenzen zeigen sich jedoch bei größeren und aufeinanderfolgenden Bodenwellen. Hier neigen viele Typen zu beträchtlichen Schaukelbewegungen oder Nickschwingungen. Der Saporoshez liegt auch auf solchen Fahrbahnen buchstäblich wie ein Brett und ist selbst durch beträchtliche Niveauunterschiede kaum aus der Ruhe und erst recht nicht aus der Spur zu bringen. Auf unbefestigten Fahrbahnen und Feldwegen zeigt das Fahrwerk geradezu einmalige Qualitäten, die von keinem anderen Pkw auch nur annähernd erreicht werden. So behält der Saporoshez auf sandigen Feldwegen beispielsweise noch bei 80 km/h tadellos die Spur und läßt sich dabei noch mit zwei Fingern lenken. Andere Wagen geraten auf dem Sand gewöhnlich schon bei 50 bis 60 km/h ins „Schwimmen“ bzw. schaukeln und schütteln die Insassen derart, daß höhere Geschwindigkeiten unzumutbar sind. Ja, selbst stark gewölbte und uralte glattgefahrene Kopfsteinpflasterstraßen mit einem Grat in Fahrbahnmitte bedeuten im Saporoshez auch bei größeren Geschwindigkeiten kein Risiko. Man fühlt sich in ihm ganz einfach sicher.

Windempfindlichkeit

Auf nassen Straßen bieten Heckmotorfahrzeuge gewöhnlich keine besonders gute Fahrstabilität. Ganz anders der Saporoshez. Hier haben offenbar die Reifen der Größe 6.15–13 die Rutschsicherheit positiv beeinflußt. Es sind übrigens die gleichen Reifen, mit denen der WAS 2101 „Shiguli/Lada" serienmäßig ausgestattet ist. Sie ermöglichen dem Saporoshez auch bei hohen Geschwindigkeiten und bei böigem Seitenwind eine gute Spurhaltung. Die Windempfindlichkeit, die sich bei den meisten Wagen mit Heckmotor bei höheren Geschwindigkeiten bemerkbar macht, ist beim Saporoshez geringer als vergleichsweise beim Skoda 1000 MB.
An die Sitzposition muß man sich erst gewöhnen. Man sitzt im Saporoshez verhältnismäßig tief, näher am Lenkrad und auch dichter an der Windschutzscheibe als bei anderen Wagen. Trotzdem kann man die Beine weit ausstrekken, viel weiter als z. B. im Trabant. Die relativ großen Radkästen schränken zwar die Seitenfreiheit ein, sie stören aber höchstens beim Ein- und Aussteigen. Die Sitze selbst lassen auf den ersten Blick nicht erkennen, daß ihre Federung recht gut den Federungseigenschaften des Wagens angepaßt ist, daß die relativ hohen Lehnen gut die Schultern stützen und daß sie in bezug auf Ermüdungsfreiheit kaum Wünsche offen lassen. Ihre Eigenschaften und die des ganzen Wagens lernt man spätestens nach 50 km zügiger Fahrt auf schlechten Straßen schätzen, auf denen man im Saporoshez weit weniger geschüttelt wird als in manch anderem Wagen. Auch nach stundenlangen Fahrten auf miserablen Fahrbahnen, holprigem Kopfsteinpflaster usw. fühlt man sich körperlich nicht anders als nach entsprechender Fahrzeit auf einwandfreier Fernverkehrsstraße. Nur auf den Kunststoffbezügen klebt und schwitzt man im Sommer weit mehr als auf mit Textilien bezogenen Sitzen. Schonbezüge helfen dem ab.

Karosserie

Und noch etwas ist erwähnenswert. An der Karosserie sind geschlossene Hohlräume, die infolge Kondenswasserbildung nach einiger Zeit zum Durchrosten neigen, soweit wie möglich vermieden worden. Infolgedessen ist beispielsweise die Bodenplatte von unten an die Türschwelle angesetzt, so daß der Unterboden eine glatte Fläche bildet. Die Bodenbreite im Inneren der Karosserie ist dadurch zwar etwas geringer, und auch die Türschweller behindern das Aus- und Einsteigen sowie das Reinigen des Bodens, dafür aber sind sie nach innen durch große Langlöcher offen. Das wiegt die Nachteile wieder auf, denn man kann sie dadurch mit Leichtigkeit von innen mit Korrosionsschutzmitteln behandeln und so das Rosten verhindern. Ein Plus, das sich zwar erst im Laufe der Zeit bemerkbar macht, weil die Türschweller viel länger halten dürften als bei anderen Fahrzeugen, was aber nicht von der Hand zu weisen ist.

Sicherheitskennzeichen

Im Zuge der Weiterentwicklung des Saporoshez sind auch die die innere Sicherheit mitbestimmenden Faktoren weiterentwickelt worden. Während beispielsweise bei den Typen 965 A und 966 die Schalter an der Armaturentafel noch auf den glatten Flächen hervorstehen, sind sie beim Typ 968 auf einer besonderen Leiste unterhalb der Armaturen angeordnet. Ferner gibt es an der Armaturentafel keine scharfen Kanten mehr und ist ihr unterer Rand mit einer Gummileiste gepolstert.

Weitere Merkmale der relativ guten inneren Sicherheit sind die gepolsterten Armlehnen und das stabile Wagendach sowie Haltebügel am Dach für die Mitfahrer auf den hinteren Sitzen. Letztere dienen bei Gefahr zum Festhalten. Sicherheitsgurte für die vorderen Sitze gehören zur Ausstattung. Für die hinteren Sitze werden sie z. Z. noch mitgeliefert. Es sind dafür auch keine Anbringungsmöglichkeiten vorhanden. Beim Typ 968 sind ab 1973 die inneren Türöffnungsgriffe sowie die Fensterkurbeln flacher gehalten.

Die Lenksäule, oftmals Ursache von erheblichen Verletzungen, ist in ihrem Mittelteil mehrere Male in Längsrichtung geschützt und geweitet (Abb. 1). Der Vorteil: Minderung der Verletzungsgefahr für den Fahrer bei einem Auffahr-

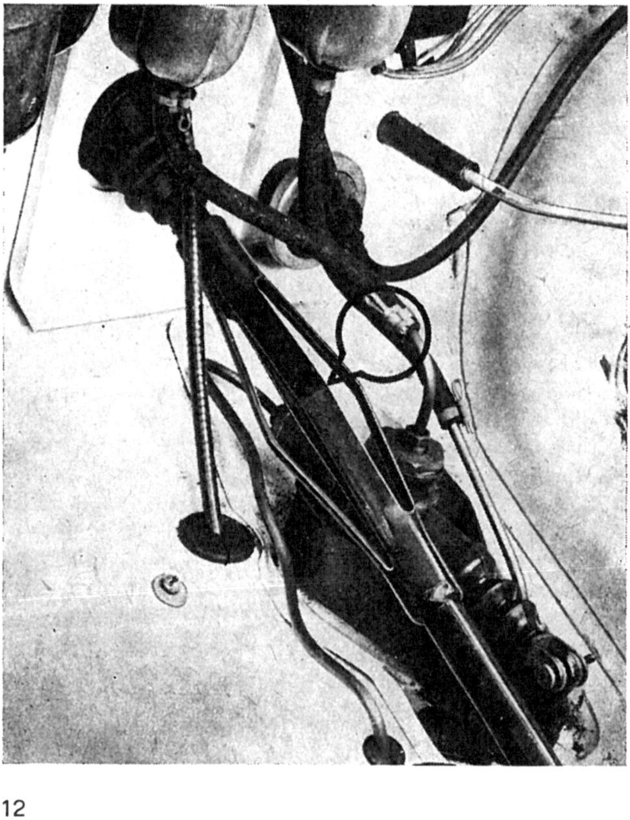

Abb. 1
Sicherheitslenksäule, im Mittelteil mehrmals geschlitzt und geweitet

unfall, denn diese Stelle der Lenksäule verformt sich gegebenenfalls und nimmt hierbei einen Teil der Bewegungsenergie des nach vorn prallenden menschlichen Körpers auf.
Wie groß diese Energie werden kann, beschreibt WANZKE in „Unterwegs – Der Mensch im Straßenverkehr" (transpress VEB Verlag für Verkehrswesen, Berlin, 1973, 9,80 M) sinngemäß so: „Bei Verkehrsunfällen treten Kräfte auf, die häufig ein Vielfaches der Erdbeschleunigung g (1 g = 9,81 m/s²) betragen. Beispielsweise beträgt diese Kraft bei einem Menschen mit einem Körpergewicht von 75 kg und einer Verzögerung von 20 g rund 200 m/s² oder 1 500 kp. Dieser Kraft kann der Fahrer und können auch die mitfahrenden Personen weder durch ein Abstützen mit den Füßen noch mit den Händen widerstehen. Sie schlagen je nach Art des Unfalles unweigerlich mit großer Wucht auf die Karosserieinnenteile auf, wenn sie keine Sicherheitsgurte tragen."
Und da es nach § 1 StVO zu unseren Pflichten als Verkehrsteilnehmer gehört, die Sicherheit auf den Straßen der Republik erhöhen zu helfen, was ja wiederum unserer eigenen Sicherheit dient, sollten wir uns nicht nur die Folgen eines immer möglichen Verkehrsunfalles vor Augen führen, sondern diese Folgen vorbeugend zu mildern suchen. Dazu gehört, daß wir stets diszipliniert fahren, vorbildlich und rücksichtsvoll in allen Verkehrssituationen handeln u n d den Sicherheitsgurt bei Stadt- und Fernfahrten tragen; eben, weil es unser Vorteil ist. Daran gibt es heute nichts mehr zu deuteln.

Unterhaltungskosten

Autofahren war noch niemals billig. Das gilt auch heute noch. Wer sich als Anwärter auf ein neues Fahrzeug darum nur vom Kaufpreis leiten läßt, der wird bei der Benutzung des Fahrzeuges bald erfahren, daß noch mehr Faktoren bei der finanziellen Planung zu berücksichtigen sind. Was es im einzelnen ist, sagt Tabelle 1. Wenn die hierin enthaltenen Werte auch nur Durchschnittswerte sein können, so machen sie dennoch mit aller Deutlichkeit sichtbar, was Autofahren finanziell bedeutet.
Als Grundlage der Kostentabelle wurde angenommen, daß die meisten Saporoshez-Besitzer – vor allem diejenigen, die mit dem Wagen zur Arbeit fahren – ca. 10 000 Kilometer im Jahr zurücklegen. Und aus eben diesen Kilometern, verbunden mit Steuern, Versicherungsbeiträgen, Kraftstoffkosten, kleineren Reparaturen, Verschleiß usw. ergibt sich ein Unterhaltungskostensatz für den Saporoshez von monatlich rund 265,– Mark. Dieser Satz erhöht sich naturgemäß bei größeren jährlichen Fahrleistungen. Wie hoch die Gesamtkosten in diesem Falle sind, geht aus dem unteren Teil von Tabelle 1 hervor.
Zu den Unterhaltungskosten sei noch erwähnt, daß bei einem neuen Wagen die Kosten für die ersten beiden Durchsichten vom Werk getragen werden. Der Fahrzeughalter muß jedoch die Schmiermittel bezahlen. Das sind rund 18,– Mark bei der ersten und rund 15,– Mark bei der zweiten Durchsicht. Die dritte und vierte Durchsicht kostet jeweils rund 38,– Mark plus 15,– Mark für die Schmiermittel.
Und dann ist die Garantie gewöhnlich abgelaufen. Werkstattbesuche werden

Tabelle 1: Unterhaltungskosten des SAS 966 (Beispiel)

Position	Kostensatz DDR	Berlin
Feste Kosten (Mark/Jahr)		
Kfz-Steuer	216,—	(216,—)
Haftpflichtversicherung [1]	127,50	(157,50)
KASKO-Versicherung [1 2]	172,—	(226,—)
Garagenmiete [3]	300,—	(300,—)
Summe im Jahr **(Mark)**	815,50	(899,50)
Variable Kosten (Pf/km)		
im Durchschnitt der ersten 40 000 km		
Kraftstoff [4]	16	
Reifen [5]	2	
Pflege/Wartung [6]	3	
Werkstatt [7]	3	
Summe je Kilometer (Pf)	24	
Gesamtkosten im Jahr (Mark) [1 8]		
bei 10 000 km	3 215,50	(3 299,50)
bei 20 000 km	5 615,50	(5 699,50)
bei 30 000 km	8 015,50	(8 099,50)
bei 40 000 km	10 415,50	(10 499,50)

1 Summen in Klammern gelten für Berlin
2 angenommen mit 500,— M Selbstbeteiligung
3 angenommen mit 25,— M monatlich
4 angenommen bei einem Verbrauch von 9 l/100 km
5 Reifenneupreis × 5, verteilt auf 4 Jahre
6 angenommen einschl. Wagenwäsche und Hohlraumkonservierung
7 Erfahrungswerte einschließlich Durchsichten, Öl und Fett, kleinere Reparaturen
8 feste Kosten in Mark + variable Kosten in Pf × km

von diesem Tage ab erheblich teurer. Darum beginnt jetzt die Zeit der Selbstkontrollen und der Selbstreparatur für den Fahrzeugbesitzer, denn das Selbermachen bei der Wartung, bei der Kontrolle auf Funktionstüchtigkeit der einzelnen Aggregate und bei kleineren Reparaturen macht sich immer bezahlt. Mehr dazu im Kapitel „Wartung, Kontrolle und Reparatur". Hier nur noch folgendes: Wer meint, sein Fahrzeug nach dem Motto „da war doch letztens ein Geräusch", regelmäßig systematisch zerlegen zu müssen, um es recht lange zu erhalten, der irrt gründlich. Die hier zusammengestellten Ratschläge sollen einer *sinnvollen* Werterhaltung dienen. Sie erstrecken sich darum insbesondere auf Wartungsarbeiten und kleinere Reparaturen, die in den Bereich der Selbsthilfe fallen, nachdem ein konkreter Fehler festgestellt worden ist. Wenn hier und da dennoch Vorschläge für größere Arbeiten mit aufgeführt sind, so dient das lediglich dem besseren Überblick und dem Verständnis für das Funktionieren der einzelnen Aggregate und Baugruppen.

Fahrzeughandhabung

Die Handhabung jedes Fahrzeugtyps bestimmt im Grunde das Konstruktionskollektiv. Es legt, gewollt oder als notwendigen Kompromiß, gewisse Eigenschaften in den Fahrzeugtyp hinein, die eben nur diesem Fahrzeugtyp eigen sind. Wir als Fahrer können nur eines tun, uns möglichst schnell an die fahrzeugtypischen Eigenschaften zu gewöhnen. Dann verlieren sie selbst für den Neuling hinter dem Lenkrad sehr bald ihre „Schrecken", und man führt die notwendigen Handgriffe sowie Korrekturbewegungen im richtigen Moment aus, ohne groß darüber nachzudenken, warum man das jetzt und nicht zu einem anderen Zeitpunkt tut. Und das wiederum ist die Voraussetzung dafür, daß wir die Stärken und auch die Schwächen unseres Saporoshez in jeder Verkehrssituation so vorteilhaft wie möglich nutzen. Sehen wir uns auch das etwas näher an.

Spezifisches vom Motor

Einige Kenndaten der Saporoshez-Motoren erwähnten wir bereits im Abschnitt „Unterscheidungs- und Konstruktionsmerkmale". Weitere enthält die Anlage 1. Uns sollten hier insbesondere die Begriffe „Drehmoment" und „Leistung" als Voraussetzung für die sachdienliche Handhabung des Saporoshez interessieren.

Ein Verbrennungsmotor muß, soll er Kraft abgeben, zunächst einmal das Kraftstoff-Luft-Gemisch ansaugen und verdichten. Dazu braucht er eine Mindestdrehzahl. Wir geben sie ihm mit Hilfe des Anlassers. Ist der Motor schließlich angesprungen und wollen wir anfahren, erhöhen wir die Drehzahl, indem wir Gas geben, und ermöglichen somit die Kraftabgabe.

Drehmoment und Leistung

Die Kraft jedes Verbrennungsmotors, die den Wagen in Bewegung bringt, ergibt sich aus dem Drehmoment. Es entsteht an der Kurbelwelle und wird mit zunehmender Drehzahl größer, bis es zwischen 2500···3000 U/min beim 30-PS-Motor, zwischen 2700···2900 U/min beim 40-PS-Motor und zwischen 3000···3200 U/min beim 45-PS-Motor schließlich den Maximalwert mit 5,2 bzw. 7,6 oder 8,2 Kilopondmeter (kpm) erreicht. Danach fällt es auch bei weiterer Drehzahlerhöhung wieder ab. Die Ursache für das Abfallen des Drehmomentes – die Saporoshez-Motoren drehen ja bis 4200, 4400 bzw. 4600 U/min – ist die in den höheren Drehzahlbereichen nicht mehr mögliche vollständige Füllung der Zylinder mit Kraftstoff-Luft-Gemisch, denn die hierfür zur

Verfügung stehenden Zeiten (Öffnen und Schließen der Ventile) werden immer kürzer. Dennoch ergeben sich hieraus im praktischen Fahrbetrieb kaum spürbare Nachteile. Die Zunahme der Drehzahl überspielt nämlich die Abnahme des Drehmoments, so daß durchaus immer eine annehmbare Motorleistung zur Verfügung steht.
Die Leistung eines Motors ergibt sich aus dem Drehmoment und der dazugehörigen Drehzahl. Rechnerisch läßt sie sich so ermitteln:

$$\text{Leistung (PS)} = \frac{\text{Drehmoment (kpm)} \times \text{Drehzahl (U/min)}}{716{,}2}$$

Diese Rechnung erklärt auch, warum im höheren Drehzahlbereich die Leistung des Motors weiter steigt, obwohl das Drehmoment bereits wieder fällt. Andererseits kann die durch das nicht genügende Füllen der Zylinder im höheren Drehzahlbereich bedingte Abnahme des Drehmomentes selbst durch die höchstmöglichen Drehzahlen nicht vollständig ausgeglichen werden.

Wirtschaftliche Drehzahlbereiche

Für die Fahrpraxis ist es wichtig, die Drehzahlbereiche zu kennen, in denen der Motor ein hohes Drehmoment hält, um ihn, ausgehend von diesen Werten, stets im richtigen und damit wirtschaftlichen Drehzahlbereich arbeiten zu lassen. Dieser wirtschaftliche Drehzahlbereich liegt zwischen dem maximalen Drehmoment und der maximalen Leistung. Hier arbeitet der Motor am besten. Das kommt zustande, weil in diesem Bereich einmal die Zylinder optimal mit Kraftstoff-Luft-Gemisch gefüllt werden, wodurch die höchste Kraftabgabe möglich ist, zum anderen, weil bei diesem günstigen Wirkungsgrad die Belastung aller bewegten Teile und damit auch der Verschleiß am geringsten sind. Hinzu kommt als weiterer Vorteil, daß der Kraftstoffverbrauch bei Drehzahlen um das maximale Drehmoment herum am niedrigsten ist. Das alles zusammen trug auch mit dazu bei, daß man in Fachkreisen von wirtschaftlichen Drehzahl- oder Fahrbereichen spricht und damit eben die Bereiche zwischen dem maximalen Drehmoment und der maximalen Leistung meint.
Welches sind denn nun aber die wirtschaftlichen Bereiche? Abbildung 2 macht sie am Beispiel des 40-PS-Motors sichtbar, wobei die betonten Teile der einzelnen Gangstrahlen jeweils die wirtschaftlichen Fahrbereiche in den einzelnen Gängen markieren.

Kraftstoffverbrauch

Der Kraftstoffverbrauch hängt naturgemäß sehr stark vom technischen Zustand des Fahrzeuges, von der Fahrweise und von den Straßen- sowie Verkehrsbedingungen ab. Das wird jeder schon einmal erlebt haben, der mit technisch einwandfreiem Fahrzeug im Gegensatz zu seiner sonst vielleicht verhaltenen Fahrweise betont „scharf" gefahren ist. Aber uns interessieren ja nähere Einzelheiten.

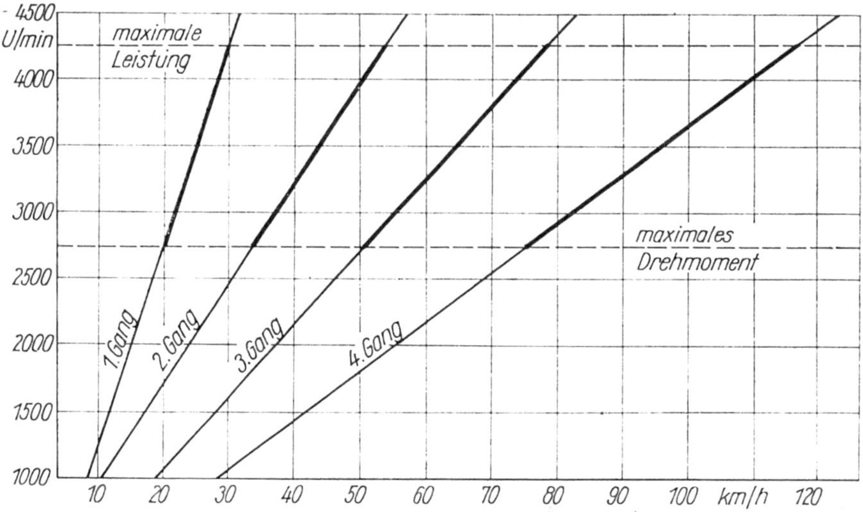

Abb. 2 Wirtschaftliche Fahrbereiche in den einzelnen Gängen, dargestellt am 40-PS-Motor

Normverbrauch

Nach Werksangaben hat der eingefahrene und technisch einwandfreie Saporoshez-Motor der Typen 966/968 bei 30···40 km/h im 4. Gang auf ebener Straße einen Kraftstoffnormverbrauch von 5,9 l/100 km. Das Werk sagt jedoch gleichzeitig, daß dieser Normverbrauch nicht als Kennziffer für die Beurteilung des Fahrzeuges, insbesondere für den Kraftstoffbetriebsverbrauch, dienen könne, denn es wird ja in der Regel schneller gefahren. Und dennoch: Es gibt Saporoshez-Fahrer, die kommen auf Fernfahrten, worin ja bekanntlich zahlreiche Überholvorgänge mit stärkerer Beschleunigung eingeschlossen sind, bei ansonsten sachlicher Fahrweise einschließlich sanftem Beschleunigen und Geschwindigkeiten um 90 km/h, mit 7,0···7,5 l/100 km aus. Die Ursache ist nicht nur ihr verkehrsdienliches Fahren. Es ist vor allem ihr überlegtes Fahren und der technisch einwandfreie Zustand des Fahrzeugs.
Vorstehendes deckt sich so ziemlich mit weiteren Werksangaben, wonach der Kraftstoffverbrauch beim 30-PS-Motor 275 g/PSh, beim 40- und 45-PS Motor 245 g/PSh beträgt. Doch wer mit diesen Angaben nicht des öfteren arbeitet, kann damit wenig anfangen. Wir haben den Verbrauch deshalb einmal umgerechnet und sind dabei beim 30-PS-Motor auf 6,6 l, beim 40-PS-Motor auf 6,8 l und beim 45-PS-Motor auf 8,7 l, bezogen auf eine Stunde und 80 km Geschwindigkeit, gekommen. Setzt man voraus, daß auf der Autobahn in einer Stunde rund 100 Kilometer zurückgelegt werden, so käme der Kraftstoffverbrauch rein theoretisch den errechneten Werten gleich. Nicht berücksichtigt sind hierbei jedoch die Witterungsverhältnisse und die Betriebsverhältnisse des Fahrzeuges.
Nehmen wir diese Fakten so, wie sie gemeint sind: als Richtschnur, um gegebenenfalls grobe Abweichungen vom üblichen Normal-Kraftstoffverbrauch feststellen zu können.

Betriebsverbrauch

Etwas ganz anderes sind die Kraftstoffverbrauchswerte in der Praxis. Sie liegen bei Gemischtbetrieb, d. h. bei Stadt- und Fernfahrten, in der Regel über 8,0 l/100 km. Ja, persönliche Erfahrungen ergaben sogar einige Male einen Verbrauch bis zu 12,5 l/100 km. Doch das konnte kaum mit rechten Dingen zugehen. Es waren in der Tat dann auch einige Mängel am Motor vorhanden. So stimmten Zündungs- und Vergasereinstellung nicht. Nach Abstellung dieser Mängel betrug der Verbrauch dann auch sofort wieder rund 11,0 l/100 km, wobei er mehr zur 10,0-Liter-Marke tendierte.
Ein Beispiel soll das belegen: Bei einer Fahrt von 250 km Autobahn mit Gegenwind und 50 km Landstraße mit einer Belastung des Fahrzeugs von 50 kg Gepäck und einer Person lag der Kraftstoffverbrauch bei 12,5 l/100 km. Bei der Rückfahrt auf der gleichen Strecke mit Rückenwind ergab sich ein Verbrauch von 10,5 l/100 km. Gefahren wurde der Saporeshez 968 mit 40-PS-Motor. Weiterhin war es Winter, und die Strecke wurde z. T. mit eingeschalteter Heizung sowie mit Kraftstoff VK 79 zurückgelegt. Selbst wenn man berücksichtigt, daß die Heizung während dieser Fahrt auch Kraftstoff verbrauchte, so kann man aus diesem Beispiel zumindest ersehen, wie unterschiedlich der Kraftstoffverbrauch sein kann.

Verbrauchsermittlung

Die bewährteste Methode der Kontrolle des Kraftstoffverbrauchs ist die Kontrolle beim Tanken. Man läßt den Kraftstoffbehälter so weit füllen, bis der Kraftstoff im Einfüllstutzen zu sehen ist und notiert sich den Kilometerstand. Dann fährt man eine längere Strecke wie gewohnt und tankt erneut möglichst an der gleichen Tankstelle und auf dem gleichen Standplatz. Aus der Kraftstoffmenge, die der Tank bei diesem Tanken faßt, und den zurückgelegten Kilometern läßt sich nun der Verbrauch nach der Formel

$$\frac{\text{getankte Menge} \times 100}{\text{zurückgelegte Kilometer}} = \text{Verbrauch l/100 km}$$

errechnen. Beispiel:

getankte Menge	28,6 l
zurückgelegte Strecke	280 km

$$\frac{28{,}6 \times 100}{280} = \frac{28\,600}{280} = 10{,}2 \text{ l/100 km}$$

Macht man sich eine solche Verbrauchskontrolle zur Gewohnheit, so hat man stets einen Überblick über den Durchschnittsverbrauch und kann daraus gegebenenfalls wertvolle Schlüsse über den Zustand des Motors ziehen.
Erwähnt sei noch, daß der SAS 965 A, der SAS 966 und der SAS 968 mit 40-PS-Motor mit VK 79 gefahren werden. Für den SAS 968 mit 45-PS-Motor ist Sonderkraftstoff erforderlich.

Nachlauferscheinungen

Viertaktmotore, beispielsweise die des Skoda 1000 MB, des Robur 30 K und auch des Saporoshez, neigen zum Nachlaufen. Das heißt, sie laufen trotz Ausschaltens der Zündung noch einige oder mehrere Umdrehungen weiter, bevor sie stehenbleiben. Die Ursachen können vielfältiger Art sein. Sie summieren sich in der Regel darin, daß die Motoren zu heiß geworden sind und als Folge davon Glühzündungen auftreten.
Weiß man, daß der Motor des eigenen Fahrzeugs ebenfalls zum Nachlaufen neigt, so läßt man ihn vor dem Abschalten noch eine kurze Zeit im Leerlauf drehen. Das in diesem Falle ja auch mitlaufende Gebläse sorgt für die notwendige Kühlung. Schaltet man die Zündung jetzt aus, so bleibt der Motor unter Garantie stehen. Aber damit ist ja die Ursache für das Nachlaufen noch nicht gefunden und der Fehler beseitigt. Untersuchen wir das näher.
Die Ursache von Glühzündungen beim Saporoshez ist meist eine unrichtige Zündeinstellung. Glühzündungen treten nach eigenen Erfahrungen sowohl bei zu viel Spätzündung als auch bei zu viel Frühzündung auf. In einem Falle war es sogar so, daß der Motor selbst nach Kaltstarts und anschließendem Fahren bereits nach 2···3 Kilometer Fahrstrecke nach Ausschalten der Zündung noch einige Umdrehungen weiterlief. Nur ein Test konnte hier Aufklärung bringen. Das Ergebnis sah dann auch so aus, daß dieser Motor dazu neigte, sowohl bei Spätzündung (völliges Ausbleiben des Zündungsklingelns) als auch bei Frühzündung (starkes Zündungsklingeln schon bei noch kaltem Motor) von selbst weiterzulaufen. Nachdem jedoch die Zündung, wie im Abschnitt „Zündung einstellen" beschrieben, richtig eingestellt worden war, blieb jede Glühzündung und damit auch das selbsttätige Weiterlaufen aus.
Weitere Ursachen für das Nachlaufen können ein falsch eingestellter Vergaser (loses Spardüsenventil, unrichtige Einstellung der Schraube für die Leerlaufgemischbildung), aber auch die nicht stimmende Markierung für die Zündeinstellung auf der Riemenscheibe (s. Abschnitt „Glühzündung") sowie ein zu niedriger Wärmewert der Zündkerzen sein.
Kurz: Wessen Saporoshez-Motor zum Nachlaufen neigt, sollte seine Werkstatt konsultieren. Die hier tätigen Kollegen werden die Ursache aufspüren und den Fehler beseitigen. Alle eigenen Versuche zur Beseitigung des Nachlaufens sind nur dann sinnvoll, wenn auf den Gebieten der Ventil-, Zünd- und Vergasereinstellung (s. Kapitel „Wartung, Kontrolle und Reparatur") bereits genügend Erfahrungen vorliegen.
Glühzündungen sind kaum auf den verwendeten Kraftstoff zurückzuführen. Alle in unserem Betrieb laufenden Saporoshez der Typen 966 und 968 mit 40-PS-Motor werden grundsätzlich mit VK 79 betankt und zeigen keine Nachlauferscheinungen.
Erwähnt sei in diesem Zusammenhang, daß im Abschnitt „Kühlsystem und Öltemperatur" auf die Ursachen des zu heiß werdenden Motors näher eingegangen ist. Die hier gegebenen Hinweise sind von außerordentlicher Wichtigkeit für die Lebensdauer des Motors und sollten, bevor eigene Maßnahmen zur Beseitigung des Nachlaufens beginnen, unbedingt beachtet werden.
Ansonsten ziehen Nachlauferscheinungen – vorausgesetzt, Ventil-, Zünd- und Vergasereinstellung sowie Öltemperatur sind in Ordnung – keine Schäden

bei weiterem Betrieb des Fahrzeugs nach sich. Dennoch ist und bleibt das Nachlaufen des Motors eine unschöne Begleiterscheinung und sollte so schnell wie möglich beseitigt werden.

Schalten

Das Getriebe des Saporoshez ermöglicht ein zügiges Schalten, wozu nicht zuletzt die günstige Anordnung des Schalthebels beiträgt. Dennoch zeigt die oftmals rauhe Alltagspraxis, daß beim Herunterschalten vor dem Einlegen des nächstniederen Ganges ein kurzes Zwischengasgeben nützlich ist, weil das die Synchronringe schont.
Die alten Hasen unter uns wissen, wie das gemacht wird. Den Neulingen hinter dem Lenkrad sei es erklärt, zumal man das heute kaum noch in der Fahrschule lernt, weil ja auch die Fahrschulwagen synchronisierte Getriebe besitzen. Also: Kupplungspedal treten, Gang herausnehmen, Kupplungspedal loslassen, Gaspedal gefühlvoll betätigen (Zwischengas geben), Kupplungspedal erneut treten, den kleineren Gang einlegen, Kupplungspedal wieder kommen lassen.
Zum Zwischengasgeben wird unbedingt geraten, wenn bei höheren Geschwindigkeiten heruntergeschaltet werden soll, z. B. vor Bergabfahrten mit großem Gefälle sowie vor Kreuzungen oder Gabelungen.

Spezifisches vom Fahrwerk

Die Fahrstabilität jedes Kraftfahrzeuges wird wesentlich vom Fahrwerk beeinflußt. Das gilt nicht so sehr für den Normalbetrieb, wohl aber für den Betrieb unter besonderen Bedingungen. Unser Saporoshez macht hiervon keine Ausnahme. Darum wollen wir auch sehen, was ihn bezüglich seines Fahrverhaltens auszeichnet bzw. was wir bei seiner Benutzung in jeder Situation beachten sollten.

Fahrverhalten

Bei einem idealen Fahrzeug wären in allen Betriebszuständen Vorder- und Hinterachse gleichmäßig belastet. Das Kurvenfahren, das Fahren bei Glätte, bei Seitenwind usw. brächten mit ihm keine Probleme. Es würde weder untersteuern (die Vorderräder drängen bei scharfer Kurvenfahrt aus der Kurve heraus, und die Hinterräder gleiten seitlich weg) noch übersteuern (das schnellfahrende Fahrzeug ist kurvenwilliger, als es der Stellung der Vorderräder entspricht). Die Achsen des fahrfertigen und vollbelasteten Saporoshez tragen hinten jedoch rund 650 kg, aber vorn nur rund 450 kg. Daraus können sich Probleme ergeben, wenn wir auf unbekannten Straßen unterwegs sind. Welche sind das?

Geradeausfahrt

Im Abschnitt „Fahrwerk" wurden wir über die Fahrwerksqualitäten des Saporoshez unterrichtet. Eigene praktische Eefahrungen, gewonnen bei mehr als 60 000 Fahrkilometern auf den unterschiedlichsten Straßen und bei jedem Wetter, liegen dem zugrunde. Dennoch sei nicht verschwiegen, daß die Fahrstabilität auf nassen Fahrbahnen trotz der Shiguli-Reifen doch etwas nachläßt. Hier hat man mitunter das Empfinden, daß die angetriebenen Hinterräder in Kurven, auch wenn diese relativ wenig gekrümmt sind, aus der Spur ausbrechen und nach außen wegrutschen möchten. Die Ursache ist die stärker belastete Hinterachse. Ein wenig Gas zuviel in Verbindung mit der geringer belasteten Vorderachse, und schon neigt das Fahrzeug zum Ausbrechen. Diese Erscheinung tritt jedoch nur in den Fällen auf, wo eine Kurve mit relativ viel Gas befahren wird. Bei gleichbleibender und der Kurve angepaßter Geschwindigkeit ist die Fahrstabilität annähernd so gut wie auf trockener Straße.

Nässe

Im Berliner Stadtgebiet wurde eine regennasse Einbahnstraße mit Kopfsteinpflaster und Straßenbahnschienen mit einer Geschwindigkeit von 30 km/h befahren. Die Straße mündete in eine quer zu dieser führenden Straße. Die Straßenbahnschienen zweigten nach rechts und links ab. Beim Einbiegen nach links in die Querstraße, ebenfalls mit Kopfsteinpflaster, gab ich im zweiten Gang bei 30 km/h etwas Gas, und im selben Moment – andere heckgetriebene Fahrzeuge tun das übrigens auch – brach der Saporoshez 968 hinten aus und rutschte genau quer zur Fahrbahn ca. 5 · · · 7 Meter in die Querstraße hinein. Glücklicherweise war das ebenfalls eine Einbahnstraße, so daß kein Fahrzeug entgegenkommen konnte. Nur durch völliges Gaswegnehmen und Gegenlenken kam ich wieder auf die richtige Fahrbahn. 30 km/h Geschwindigkeit waren in diesem Falle also schon zu viel.
Wenn dieses Verhalten des Saporoshez auch mit Sicherheit nicht für jedes Einbiegen und jede Kurve zutrifft – im speziellen Falle wurde das Ausbrechen der Hinterräder durch die sich kreuzenden Straßenbahnschienen begünstigt –, sollte man aus solchen Erfahrungen dennoch die Lehre ziehen, insbesondere bei wechselhaftem Wetter und wechselndem Fahrbahnbelag recht vorsichtig zu fahren. Das gilt ganz besonders, wenn man von trockener Fahrbahn auf eine nasse Fahrbahn (Sprengwagen) überwechselt. Ganz besonders ist auf stehendes Wasser (Pfützen) auf der Fahrbahn zu achten. Fährt man hier unversehens hindurch, ohne darauf vorbereitet zu sein, besteht die Gefahr, daß das Fahrzeug schlagartig zur Seite ausbricht (Aquaplaning). Besonders groß ist diese Gefahr, wenn nur die Räder der einen Seite des Fahrzeugs mit dem Wasser Bekanntschaft machen.

Seitenwind

Die Seitenwindempfindlichkeit und damit die Spurhaltung des Saporoshez ist abhängig von seiner Belastung. Sind Kofferraum und Fahrgastraum voll belegt bzw. besetzt, ist seine Spurhaltung selbst bei böigem Seitenwind sehr gut. Der seitliche Winddruck bei Brückendurchfahrten, beim Überholtwerden durch große schnellfahrende Lastzüge, beim Passieren von Waldschneisen usw. ist in diesem Zustand leicht korrigierbar. Die gleichen Situationen im unbelasteten Zustand des Fahrzeugs (nur mit dem Fahrer besetzt) erfordern schon erheblich mehr Lenkradkorrekturen, da der leichte Vorderwagen – wir erwähnten schon die unterschiedliche Achsbelastung – zum Abweichen von der Spur neigt. Aber diese Erscheinung ist typisch bei allen heckgetriebenen Fahrzeugen. Man muß sie ganz einfach in sein fahrpraktisches Verhalten einbeziehen, um jederzeit gegen die möglichen Schlenker des Fahrzeugs gewappnet zu sein. Wo die Grenze der Seitenwindempfindlichkeit liegt, d. h., wo das Fahrzeug beginnt, die Spur zu verlassen, läßt sich nicht exakt angeben. Das muß jeder selbst ausprobieren, ohne dabei jedoch §§ 1 und 7 StVO außer acht zu lassen.

Glätte

Bei Glätte gilt erst recht, was für die nasse Fahrbahn zutrifft. Auf vereister bzw. mit festgefahrener Schneedecke behafteter Fahrbahn rutschen die Antriebsräder u. a. schon bei etwas stärkerem Gasgeben durch, wodurch das Fahrzeug in der Regel mit den Hinterrädern seitlich ausbricht. Man läßt es deshalb gar nicht erst dazu kommen, fährt langsamer und vermeidet ruckartige Lenkradbewegungen. Spürt man dennoch, daß das Fahrzeug, vielleicht in Spurrinnen, seitlich wegrutscht, dann auf keinen Fall plötzlich bremsen, sondern leicht und gefühlvoll gegenlenken und dabei versuchen, das Fahrzeug zu beruhigen. Gleichfalls falsch wäre es, das Gaspedal ruckartig zurückzunehmen, denn auch dies käme einem Abbremsen, jedoch nur mit den Hinterrädern, gleich. Der Motor würde in diesem Falle die Bremswirkung hervorrufen.
Wird das Fahrzeug in einer Linkskurve unruhig, so versucht man, die Kurve so groß wie möglich zu fahren, um am rechten Fahrbahnrand Halt zu finden. Das Gaspedal nimmt man allmählich zurück. Dadurch verringert sich die Geschwindigkeit, und das Lenkverhalten des Fahrzeugs verbessert sich.
Bei einer Rechtskurve sollte versucht werden, so weit wie möglich rechts zu fahren. Die Fahrbahnneigung trägt hier dazu bei, daß sich das Fahrzeug besser in der Kurve hält. Außerdem liegt am Straßenrand meist Streugut, worin zumindest die rechten Räder wieder Halt finden.
In den Abschnitten „Bremsen“ und „Winterbetrieb“ ist mehr über das Fahrverhalten des Saporoshez gesagt.

Gelände

Im Gelände ist der Saporoshez unvergleichbar zuverlässig, zuverlässiger als viele andere Pkw. Die relativ hohe Belastung der treibenden Hinterräder durch Motor und Getriebe ermöglicht selbst das Durchfahren von Stellen mit völlig aufgewühltem Mahlsand, natürlich mit vorher eingelegtem niedrigem Gang. Bleibt man in solch einem Sandloch dennoch einmal stecken und die Hinterräder mahlen sich im ersten Gang immer tiefer in den Sand hinein, dann ist das Fahrzeug aus der Sandstelle am leichtesten mit dem Rückwärtsgang herauszubekommen. Gelingt auch das nicht und die Hinterräder drehen wieder durch, pendelt man das Fahrzeug aus dem Sandloch heraus. Das heißt, man läßt es mit dem Rückwärtsgang kurz anrollen, ohne daß die Hinterräder durchdrehen, tritt die Kupplung, damit das Fahrzeug wieder vorrollt, versucht erneut rückwärts zu fahren usw., bis die Räder eine ausreichend lange Spur glattgerollt haben, auf der man nun mit dem notwendigen Schwung aus dem Sandloch herausfährt.

Fahrpraxis

Der Fahrzeugverkehr auf unseren Straßen wird täglich stärker. Gut beraten ist, wer sein Verhalten im Straßenverkehr immer und überall nach den Normen der Straßenverkehrs-Ordnung (StVO) einrichtet. Hierzu gehören auch gefestigte fahrpraktische Erfahrungen. Die wesentlichsten sind nachfolgend zusammengestellt.

Kaltstart

Über die Startmethoden unterrichtet die Betriebsanleitung. Darüber hinaus sollte man wissen, daß der Motor bei Temperaturen um 0 °C und darunter zum Anspringen ein besseres Kraftstoff-Luft-Gemisch als bei sommerlichen Temperaturen benötigt, denn das Öl im Motor ist steif und der Reibungswiderstand erhöht.
Der zusätzlich benötigte Kraftstoff wird dem Motor – besser gesagt, den Verbrennungsräumen – durch die Starteinrichtung – als Luftklappe bezeichnet – zugeführt. Diese Luftklappe wird durch den am Bodentunnel neben dem Schalthebel angeordneten Zugknopf betätigt. Beim Ziehen der Luftklappenbetätigung wird im Vergaseroberteil (s. Abb. 44) die Luftklappe geschlossen. Dadurch kann der Motor beim Anlassen nur soviel Luft ansaugen, wie es das in der Luftklappe angeordnete Ventil gestattet. Dieses Ventil öffnet sich durch das Vakuum, das beim Durchdrehen des Motors mit dem Anlasser bei geschlossener Luftklappe entsteht, nur so weit, daß das Vakuum nicht völlig aufgehoben und auf diese Weise der mehr benötigte Kraftstoff über die Düsen aus der Schwimmerkammer angesaugt wird.

Startmethoden

Springt der Motor beim Anlassen nicht an, obwohl man bereits drei- bis viermal den Anlasser kurzzeitig betätigte, so kann es sein, daß bereits zuviel Kraftstoff angesaugt worden ist. In diesem Falle muß während des erneuten Startens bei reingeschobener Luftklappenbetätigung das Gaspedal voll durchgetreten werden. Springt der Motor jetzt schleppend an und läuft er immer schneller werdend weiter, so ist das der Beiweis dafür, daß zuviel Kraftstoff in die Brennräume gelangte. Tritt dieser Fall häufiger auf, so ist eine genaue Kontrolle bzw. Reparatur des Vergasers fällig. Näheres dazu im Abschnitt „Vergaser".

Springt der Motor auch bei voll durchgetretenem Gaspedal und kurzzeitiger Betätigung des Anlassers nicht an, so ist zu wenig Kraftstoff angesaugt worden. In diesem Falle tritt man das Gaspedal zwei- bis dreimal durch, schaltet den Anlasser ein, und der Motor springt an. Mit dem mehrmaligen Durchtreten des Gaspedals wird die Beschleunigungspumpe im Vergaser betätigt, wodurch Kraftstoff in den Ansaugkrümmer spritzt. Diesen Kraftstoff saugt der Motor auf dem kürzesten Wege an, wodurch ihm das Anspringen ermöglicht wird.

Bei Minustemperaturen empfiehlt es sich generell, vor dem Anlassen das Kupplungspedal durchzutreten, also auszukuppeln, und so das Getriebe vom Motor zu trennen und damit die Reibungswiderstände zu verringern. Der Motor hat in diesem Falle nur noch seine eigenen Reibungswiderstände zu überwinden und nicht auch noch die des Getriebes, denn die Getriebeöle sind zähflüssig, auch das im Saporoshez zu verwendende GL 125 bzw. das neue Getriebeöl GH 125.

Einfahren oder nicht?

Für jeden Fahrzeugtyp werden vom Fahrzeughersteller ganz bestimmte Einfahrregeln vorgegeben. In unserem Falle soll der Motor auf den ersten 2000 Kilometern keinesfalls überlastet werden. Überlastet wird er jedoch, wenn während dieser Zeit mit Anhänger gefahren oder ein anderes Fahrzeug geschleppt bzw. in den einzelnen Gängen längere Zeit zu schnell gefahren wird. Überschreiten wir also während der Einfahrzeit die folgenden Geschwindigkeiten in den einzelnen Gängen nicht:

1. Gang – 15 km/h
2. Gang – 30 km/h
3. Gang – 50 km/h
4. Gang – 75 km/h

Auch nach der Einfahrperiode ist es nicht empfehlenswert, das Fahrzeug ständig mit Höchstgeschwindigkeit zu fahren. Der Motor könnte auch jetzt noch überlastet werden.

Eigene Erfahrungen, auch mit anderen Fahrzeugen, haben bewiesen, daß es für jeden Motor vorteilhaft ist, die ersten drei Gänge kurzzeitig gut auszufahren und insbesondere im vierten Gang die Geschwindigkeit zu variieren. Das ist vorteilhaft für alle Antriebsteile bis hin zu den Reifen.

Wichtig ist auch, daß der Motor während der Einfahrzeit nicht durch zu niedrige Drehzahlen überlastet wird. Man schaltet deshalb bei absinkender Drehzahl, beispielsweise beim Fahren in Kolonnen, deren Geschwindigkeit immer geringer wird, oder in den Bergen, rechtzeitig auf den nächstniedrigeren Gang herunter. Geschwindigkeiten während der Einfahrzeit im vierten Gang unter 50 km/h oder im dritten Gang unter 30 km/h gelten schon als Überlastung

des Motors, weil sich dieser dann „quälen" muß und nicht mehr frei drehen kann.
Zusammenfassend kann man sagen: Einfahren bis 2000 km nach Werksangaben, danach bis ca. 4000 km gefühlvolles Fahren mit teilweise erhöhter Belastung, und ab 4000 km verkehrsdienliches Fahren unter Beachtung der Leistungsgrenzen des Saporoshez.

Warmfahren oder Warmlaufenlassen?

Auf Seite 21 der Betriebsanleitung heißt es im Zusammenhang mit dem Motor-Kaltstart, daß die Betriebstemperatur nicht unter 65 °C liegen soll. Das ist richtig, denn nach SCHNITZLEIN (Handbuch „Berufskraftfahrer", transpress VEB Verlag für Verkehrswesen Berlin, 1972, 10,80 M) verringert sich die Lebensdauer eines Motors um etwa 40 Prozent, wenn die schädigenden Einflüsse des Kaltstarts nicht auf ein Minimum begrenzt werden. Hieraus ergibt sich die Schlußfolgerung, jeden Viertaktmotor unmittelbar nach dem Start möglichst schnell auf Betriebstemperatur zu bringen, die für den Saporoshez nach der Betriebsanleitung durch eine Schmieröltemperatur von 80 bis 100 °C charakterisiert wird. Das ist mit der oftmals noch zu beobachtenden Methode der Leerlaufanwärmung jedoch nicht möglich. Hierbei nimmt, wie Abbildung 3 zeigt, die Öltemperatur nur relativ langsam zu, und die günstigste Betriebstemperatur des Motors (75 bis 85 °C) ist nur schwer zu erreichen. Während

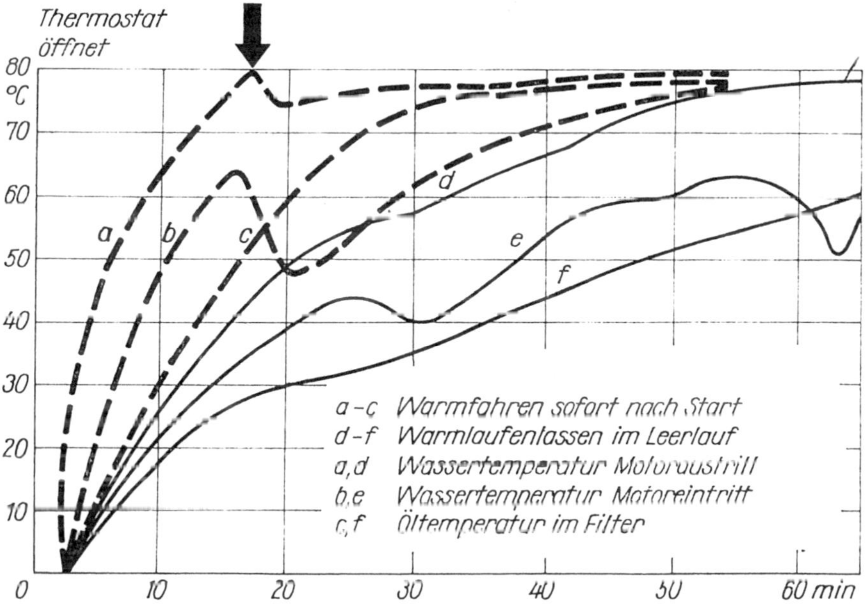

Abb. 3 Zeitlicher Verlauf der Motorerwärmung beim Warmfahren bzw. Warmlaufenlassen, dargestellt am wassergekühlten Motor

dieser zwangsläufig in die Länge gezogenen Anwärmzeit wird insbesondere der chemische Verschleiß, der sich dem mechanischen Verschleiß überlagert, wirksam. Sein Einfluß hört erst auf, wenn der Motor die vorgeschriebene Betriebstemperatur erreicht hat. Aus diesem Grunde sollte jedes Fahrzeug nach kurzer Leerlaufzeit des Motors (Stabilisierung des Schmiersystems) mit etwa halber Drehzahl warmgefahren werden. Die unteren kritischen Temperaturbereiche werden so schnell „durchfahren". Das gilt sowohl für wasser- wie für luftgekühlte Motoren.

Öltemperatur

Sehen wir uns nach dieser Feststellung die Abbildung 3 einmal etwas näher an. Sie weist u. a. aus, daß beim Warmlaufenlassen des Motors die Öltemperatur im Filter erst nach über 60 Minuten den Mindestwert von 65 °C erreicht, während sie beim Warmfahren des Motors nach voraufgegangener kurzer Stabilisierung des Schmiersystems (durch erhöhte Leerlaufdrehzahl) diesen Wert bereits in rund 25 Minuten erreicht. Diese Erkenntnisse – sie stammen übrigens aus speziellen Versuchen – decken sich mit meinen ganz persönlichen Erfahrungen. Denn auch sie besagen, daß die für den einwandfreien Betrieb des Fahrzeugs notwendige Mindest-Öltemperatur selbst bei erhöhtem Leerlauf und geschlossenen Klappen in den Luftzuführungsschächten nur erreicht werden kann, wenn der Motor im erhöhten Leerlauf mindestens 20···30 Minuten dreht. Wer aber macht das schon, ganz abgesehen vom Kraftstoffverbrauch und hohen Verschleiß im Motor während dieser Zeit. Darum ist es ganz einfach besser und für den Motor auch vorteilhafter, die Warmfahrmethode zu praktizieren.
Ich mache das in Anlehnung an die Hinweise in der Betriebsanleitung so: Vor Inbetriebnahme des Fahrzeugs lasse ich den Motor eine Minute mit erhöhter Drehzahl laufen. Diese Zeit nutze ich zur Überprüfung der Betriebs- und Verkehrssicherheit des Fahrzeugs nach § 5 StVO, denn das gehört nun einmal zum sicheren Verlauf jeder Fahrt.

Luftklappe

Zum Erreichen der erhöhten Drehzahl ziehe ich die im Abschnitt „Kaltstart" schon erwähnte Luftklappenbetätigung für den Vergaser und lasse dieselbe, nachdem der Motor angesprungen ist, etwa 10 bis 15 Millimeter gezogen. Dabei achte ich darauf, daß der Motor nicht rast, also nahezu mit Höchstdrehzahl läuft, denn die als richtig erkannte Leerlaufdrehzahl ist mit dieser Methode – eine andere gibt es ja nicht – nicht ganz einfach zu bestimmen. Aber eine ganz bestimmte Drehzahl ist auch nicht unbedingt erforderlich. Man bekommt sehr bald ein Gefühl dafür, bei etwa welcher Drehzahl, abhängig von der Außentemperatur, sich der Motor „wohlfühlt". Nachdem der Motor auf diese Weise etwa 1 Minute gelaufen ist – eine längere Laufzeit widerspricht internationalen Festlegungen (Umweltverschmutzung) –, fahre ich an, wobei ich die Luftklappenbetätigung noch auf der vorher gewählten Stellung belasse.

Anderenfalls würde der Motor zuviel Kaltluft ansaugen und gegebenenfalls während der Fahrt stehenbleiben.

Das Ansaugen von zu viel Kaltluft macht sich übrigens durch ein starkes Absinken der Geschwindigkeit während des Gasgebens bemerkbar, etwa so, als wenn die Bremse betätigt würde. Ferner erhöht die gezogene Luftklappenbetätigung auch während der Fahrt die Leerlaufdrehzahl. Darum Vorsicht! Das Fahrzeug fährt auch nach dem Gaswegnehmen mit der Geschwindigkeit weiter, auf der die Motordrehzahl eingestellt ist. Nach 1 bis 2 Kilometer Fahrtstrecke schiebe ich die Luftklappenbetätigung völlig hinein. Wird nach dieser Methode verfahren, kann es sein, daß der Motor schon nach einigen hundert Metern, besonders bei Temperaturen über 5 °C, das Gas zum Beschleunigen vor dem Umschalten zum nächsthöheren Gang nicht mehr annimmt, d. h. nicht schneller dreht. In diesem Falle kann die Luftklappenbetätigung bereits jetzt hineingeschoben werden; der Motor hat die Mindest-Betriebstemperatur erreicht.

Der Öl-Temperaturanzeiger arbeitet bei den einzelnen Fahrzeugen u. U. recht unterschiedlich. Ich habe es beispielsweise schon erlebt, daß er bereits nach wenigen Fahrtkilometern 60, 80 oder auch 100 °C anzeigte, obwohl diese Temperatur, ausgehend von der Außentemperatur, noch gar nicht erreicht sein konnte. Darum ziehe ich die vorstehend geschilderte kombinierte Motor-Anwärm- und -Warmfahrmethode vor. Sie hat meinen Saporoshez bis jetzt – und das sind schon über 60 000 km – stets einsatzbereit gehalten.

Stadtfahren

Das Fahren im Stadtverkehr, insbesondere in fremden Städten, erfordert vom Fahrer sehr viel Aufmerksamkeit. Die Lehnen der Sitze der SAS-Typen 966 und 968 sind aber nicht gerade aufmerksamkeitsfördernd eingestellt. Ihre starke Neigung nach hinten ist nicht jedermanns Sache. Sitzt man aufrecht im Fahrzeug, ist man aufmerksamer und sieht auch besser. Wer mag, sollte an der Stelle, an der das Sitzgestell auf der Bodenplatte aufliegt, ein Brett von ca. 1 cm Stärke unterlegen. Dadurch kommt die Rückenlehne mehr in die Senkrechte, und es sitzt sich besser. Außerdem haben die Mitfahrer auf dem hinteren Sitz etwas mehr Platz für ihre Beine. Daß nach dieser Sitzkorrektur die Rückblickspiegel neu eingestellt werden müssen, wird nur der Vollständigkeit halber erwähnt.

Fahrgang

Wie fährt man denn nun aber den Saporoshez im Stadtverkehr? Dazu kurz folgendes: Im Abschnitt „Spezifisches vom Motor“ ist festgestellt worden, daß die Saporoshez-Motore ihr höchstes Drehmoment und damit ihre größte Kraft bereits bei relativ niedrigen Drehzahlen entfalten. Daraus kann man schlußfolgern – ein spezielles Drehzahldiagramm mit exakten Angaben hat das Werk leider nicht herausgegeben –, daß sie im 4. Gang auf ebener Straße durchaus mit 45 · · · 50 km/h gefahren werden können und dennoch bei gefühl-

vollem Gasgeben den Wagen auch noch ganz annehmbar beschleunigen. Eigene Erfahrungen besagen, daß man mit der Geschwindigkeit im 4. Gang sogar bis auf 35···40 km/h und im 3. Gang bis auf 15···20 km/h heruntergehen kann, vorausgesetzt, die Straße ist eben und der Wagen nicht allzusehr belastet.
Vergleicht man diese ganz persönlichen Erfahrungen mit den Angaben in der Betriebsanleitung auf Seite 22, so werden sie hier bestätigt. Ja, mehr noch, die Geschwindigkeitsangaben zu den einzelnen Gängen in der Betriebsanleitung werden nach Abbildung 2 sogar bereits bei rund 2000 U/min erreicht, was durchaus für die Saporoshez-Motore spricht.

Überholgang

Macht sich im Stadtverkehr bei den oftmals recht unterschiedlichen Geschwindigkeiten der einzelnen Verkehrsteilnehmer ein Überholen notwendig, so gilt hier ganz besonders: Ein schnelles Überholen ist das sicherste Überholen! Daß das aus „Tempo 40 oder 50" heraus im 4. Gang recht lange dauert, liegt auf der Hand. Man schaltet deshalb rechtzeitig auf den 3. Gang, auch wenn der Motor einmal etwas höher dreht, und führt den Überholvorgang im Rahmen der zugelassenen Geschwindigkeiten so schnell wie möglich aus. Insbesondere der 3. Gang ist der Überholgang. Er setzt nach dem Gangdiagramm bereits bei rund 2000 U/min ausreichend kräftig ein und kann, sofern das Überholen auf einer Schnellstraße geschieht, durchaus auch einmal bis rund 80 km/h ausgefahren werden.

Wendekreis

Noch etwas sei betont: Der Wendekreis des Saporoshez beträgt rund 11 Meter. Ein Wenden auf schmalen Straßen erfordert somit das mehrmalige Hin- und Her-Rangieren, was bei dem immer stärker werdenden Verkehr oftmals nicht in einem Zuge zu bewältigen ist und somit recht verkehrsbehindernd wirkt. Darum ist es auch der eigenen Sicherheit dienlich, für das Wenden die sogenannte Blockumfahrt zu wählen, wie sie Bild 45b der Anlage 1 zur StVO zeigt.
Fassen wir zusammen: Bei Stadtfahrten fährt man den Saporoshez, wenn der Verkehr zügig rollt, etwa in einer Grünen Welle, im 4. Gang. Erreicht der Motor infolge eines weniger flotten Fahrtempos die notwendigen Drehzahlen für den 4. Gang nicht mehr, so wird rechtzeitig heruntergeschaltet. Es ist für den Motor vorteilhafter, wenn er im 3. Gang ausreichend dreht, als sich im 4. Gang vielleicht zu quälen.

Fernfahrten

Fernfahrten haben ihren besonderen Reiz. Alle drei SAS-Typen bewältigen sie mühelos auch wenn auf der Autobahn ständig „Tempo 100" gefahren wird.

Dennoch sollten Fernfahrten gewissenhaft vorbereitet werden.
Da ist zuerst einmal die Frage zu beantworten: Wie fahren wir den zwar schon eingefahrenen, aber dennoch relativ neuen Saporoshez? Natürlich nach den Vorschriften des Fahrzeugherstellers! Wir halten ihn hierbei mit dem Gaspedal auf der gewünschten Geschwindigkeit, wobei wir bemüht sind, das im Abschnitt „Günstigste Drehzahlbereiche" Gesagte zu beherzigen: Fahren im Drehzahlbereich zwischen dem maximalen Drehmoment und der maximalen Leistung, ohne die Leistung des Motors voll zu fordern! Wer das vergißt, bezahlt zumindest mit Kraftstoff.
Bei Fernfahrten will aber noch mehr beachtet sein. Unter anderem das im Abschnitt „Spezifisches vom Fahrwerk" Gesagte, denn gerade hierbei treten die unterschiedlichsten Verkehrssituationen auf. Gut beraten ist, wer sich nicht „jagen" läßt. Ein möglichst gleichmäßiges Fahren bringt einen am schnellsten und vor allem sicher ans Ziel. Gelegentliche Pausen mit Füßevertreten sind der persönlichen Leistungsfähigkeit dienlich; sie fördern das Wohlbefinden während der Fahrt.

Kontrollen

Technische Kontrollen des Fahrzeugs während der Fahrtpausen – besser in gründlicher Form v o r Antritt jeder Fernfahrt (s. Abschnitte „Unterhaltungskosten" und „Kontrollvorschläge") – sind angebracht. Schon mancher Fahrer hat hierbei kleine Mängel entdeckt, abgestellt und somit Schlimmeres verhindert. Genannt seien nur die Kontrolle des Ölstandes im Motor, der Räder auf schleifende Bremsbacken, der Reifen auf genügend Luft u. a. m.
Im Prinzip sollte jeder Fahrer während der Fahrt die Ohren gespitzt halten und auf nicht fahrzeugtypische Geräusche achten. Sie kündigen in der Regel sich anbahnende Pannen an. Werden die ersten Anzeichen dafür rechtzeitig entdeckt, ist das Beseitigen des Fehlers meist relativ einfach möglich. Läßt man Geräusche dieser Art unbeachtet, kann man unterwegs liegenbleiben und muß in fremden Orten mühevoll Hilfe suchen, die gewöhnlich nicht leicht zu bekommen ist. Außerdem kann das Beheben des inzwischen größer gewordenen Schadens den Ausfall des Wagens für mehrere Tage bedeuten.
Kurz und gut: Wer sich auch mit dem Innenleben seines Fahrzeugs systematisch vertraut gemacht hat, kann beruhigter auf Fernfahrten gehen als derjenige, der es immer nur gewaschen und poliert, aber niemals selbst geschmiert, technisch kontrolliert und auch repariert hat.

Überholen

Schon die Fahrschulen legen größten Wert darauf, das Überholen mit all seinen Fakten ausführlich zu erläutern und zu üben und so dem Fahrschüler die Verantwortung nahezubringen, die es beim Ausführen von Überholvorgängen stets zu beherzigen gilt. Hier sei diese Verantwortung gleichfalls betont, denn menschliches Fehlverhalten beim Überholen hat in der Regel die schwersten

Folgen. Die Unfallstatistiken der Verkehrspolizei bestätigen das regelmäßig. Also gilt es daraus für das eigene Verhalten die entsprechenden Schlüsse zu ziehen. Insbesondere dem Neuling hinter dem Lenkrad wird darum auch empfohlen, sich § 8 StVO noch einmal genau anzusehen.

Überholweg

Die Länge des Überholweges ist abhängig von der Geschwindigkeit des zu überholenden und des überholenden Fahrzeugs. Je kleiner die Geschwindigkeitsdifferenz ist, um so länger ist der Überholweg. Tabelle 2 gibt darüber nähere Auskunft.

Tabelle 2: Überholwege in Abhängigkeit von der Geschwindigkeit

Fahrzeug (Pkw — 5 m) überholt mit einer Fahrgeschwindigkeit von ... km/h	Überholwege in Metern beim Überholen eines Lkw mit Anhänger (12 m) mit einer Fahrgeschwindigkeit von ... km/h						
	20	30	40	50	60	70	80
30	186						
40	124	248					
50	103	155	310				
60	93	124	186	372			
70	86	108	144	217	434		
80	82	98	124	165	248	496	
90	79	96	111	139	186	279	558
100	77	88	103	124	155	206	310

Zusätzlich sei folgendes betont: Der Überholvorgang zwischen zwei in gleicher Richtung fahrenden Fahrzeugen läuft auf den Land- und Stadtstraßen niemals isoliert vom übrigen Verkehrsgeschehen, insbesondere vom Gegenverkehr, ab. Daraus leitet sich die Forderung ab, daß ein sicheres Überholen nur gewährleistet ist, wenn die Sichtweite für den überholenden Fahrer mindestens das Doppelte des Überholweges beträgt. Sie tun gut daran, sich diesen Merksatz einzuprägen! Das erlangt insbesondere Bedeutung bei voll ausgelastetem Fahrzeug (Urlaubsfahrt), wo das Fahrzeug bei Beschleunigung weit schwerfälliger reagiert, als vielleicht aus der täglichen Fahrpraxis, besetzt mit zwei Personen, gewohnt.

Überholmethodik

Beim Überholen kommt es auf Schnelligkeit an, denn Schnelligkeit verkürzt den Überholweg und mindert somit die Gefahr. Der Überholgang ist darum in der Regel der 3. Gang. Mit diesem Gang kann man das Fahrzeug in jeder Verkehrssituation schnell beschleunigen und so einen möglichst kurzen Überholweg erzielen.

In der Praxis fährt man oft hinter einem langsamen Fahrzeug, vielleicht einem Lkw mit Anhänger, mit rund 60 km/h im 4. Gang hinterher und wartet auf eine Gelegenheit zum Überholen. Ist sie gekommen, würde unser Saporoshez aus den 60 km/h heraus im 4. Gang nur relativ langsam beschleunigen, und der Überholweg würde sich sehr in die Länge ziehen. Darum schalten wir v o r dem Ansetzen zum Überholen auf den dritten Gang, können dann in kürzester Zeit den Wagen auf mindestens 80 km/h beschleunigen und führen den Überholvorgang aus. Nach Tabelle 2 benötigen wir bei 80 km/h aber auch dafür noch einen Überholweg von rund 250 Metern.
Wir sehen also, wie problematisch das Überholen ist. Der Überholweg verkürzt sich jedoch enorm, wenn wir statt mit 80 km/h mit 90 oder 100 km/h überholen. Bei 90 km/h betrüge der Überholweg zwar auch noch rund 190 Meter, bei 100 km/h (nur auf Autobahnen erlaubt) aber noch rund 160 Meter.

Zeitkalkulation

Noch eine Erfahrung sei vermittelt: Schalten Sie nicht erst auf den 3. Gang, wenn Sie sich bereits neben dem zu überholenden Fahrzeug befinden und merken, daß Sie nicht schnell genug vorbeikommen. Die wertvollen Sekunden, die Sie durch den Schaltvorgang verlieren, vergrößern die Gefahr, denn der Gegenverkehr nähert sich im Stadtverkehr bei 60 km/h beispielsweise um rund 17 Meter und auf Landstraßen bei 90 km/h um rund 25 Meter pro Sekunde. Und die sich daraus ergebenden Strecken – bei nur 3 Sekunden Zeit- und damit Wegeverlust infolge des Schaltvorgangs sind das immerhin rund 50 Meter im Stadtverkehr und rund 75 Meter auf Landstraßen – gehen von Ihrem kalkulierten Überholweg ab.
Beurteilen Sie nun selbst, was vernünftiger ist: Überholen um jeden Preis oder überlegtes Überholen unter Ausschaltung aller Sicherheitsrisiken!

Bremsen

Die Wirkung der Duplex-Bremse des Saporoshez ist auf trockener Fahrbahn gut. Es gehört jedoch einige Fußkraft dazu, sie voll wirksam werden zu lassen. Das Fahrzeug bleibt jedoch selbst bei einer Vollbremsung – ordentliche Fahrbahnverhältnisse und gute Reifenprofile vorausgesetzt – in der Spur. Zum richtigen Bremsen gehört aber dennoch ein gewisses Gefühl, um die Bremskraft richtig zu dosieren und die höchstmögliche Verzögerung des Fahrzeugs zu erreichen. Wie macht man das?

Intervallmethode

Nicht das einfache Abbremsen vor der Haustür stellt das Können dar, sondern die Gefahrenbremsung bei vielleicht hoher Geschwindigkeit. Dabei darf die Beherrschung des Fahrzeugs nicht verlorengehen. Wichtig zu wissen ist deshalb, daß rutschende Räder, also überbremste Räder, einen längeren Brems-

weg haben als solche, die sich gerade noch an ihrer Rutschgrenze drehen. Im Gefahrenmoment ist es jedoch schwierig, die Fußkraft so zu dosieren, daß der höchste Bremseffekt erreicht wird. Man betätigt deshalb das Bremspedal in Intervallen, d. h. mehrere Male kurz hintereinander, und tastet sich auf diese Weise an die Rutschgrenze der Räder heran. Das dafür notwendige Gefühl und die Reaktion des Fahrzeuges auf diese Bremsmethode lernt man kennen, wenn man auf verkehrsfreien Streckenabschnitten Bremsversuche macht. Solche Versuche schaden der Bremsanlage wenig, sie bringen dafür aber die Gewißheit für ihr einwandfreies Funktionieren und vergrößern gleichzeitig die Erfahrung im Umgang mit der Bremse.
Problematischer als auf trockenen Fahrbahnen ist das Abbremsen auf regennassen, verschmierten, verschneiten oder gar vereisten Straßen. Bevor man hier das Risiko einer Gefahrenbremsung auf sich nimmt, richtet man lieber die Fahrgeschwindigkeit, wie es die StVO fordert, den Umständen nach entsprechend ein. Muß man trotzdem einmal stark bremsen, so ist damit zu rechnen, daß der Wagen über die Vorderräder wegrutscht und seine Spur verliert. In solchen Fällen hilft nur, die Bremse kurzzeitig zu lösen und durch geringe Lenkbewegungen die ursprüngliche Spur wiederzufinden. Starkes Weiterbremsen und Gegenlenken vergrößern die Gefahr.
Wie lang die Bremswege unter Umständen werden können, zeigt Tabelle 3. Ihre Werte mögen stets zu vorsichtigem Fahren mit genügendem Abstand zum Vordermann anregen.

Tabelle 3: Bremswege bei unterschiedlichen Fahrbahnzuständen und Geschwindigkeiten

Straßen-zustand	Brems-verzöge-rung (m/s^2)	Geschwindigkeit vor dem Bremsen									
		10	20	30	40	50	60	70	80	90	100
		Fahrstrecke während 1 Sekunde (m)									
	0	2,8	5,6	8,3	11	14	17	19,5	22	25	28
		Gesamtstrecke bis zum Stillstand (m)									
vereist	1	6,6	21	43	73	110	155	208	268	336	413
	2	4,7	13,3	26	42	62	86	114	145	181	202
schmierig	3	4,1	10,7	20	32	46	63	82	104	133	156
naß	4	3,8	9,5	17	26	38	52	67	84	103	124
	5	3,6	8,7	15	23	33	45	57	71	87	105
trocken	6	3,4	8,2	14	22	30	40	50	63	77	92
	7	3,35	7,8	13,3	20	28	37	46	57	70	83
	8	3,3	7,5	12,6	19	26	34	43	53	64	76

Motorbremse

Zum Umgang mit der Bremse gehört das Bremsen mit dem Motor, wofür der robuste Saporoshez-Motor regelrecht prädestiniert ist. Dieses Bremsen ist be-

kanntlich in allen vier Vorwärtsgängen möglich, und man praktiziert es insbesondere beim Bergabfahren, auf glatten Straßen und im Stadtverkehr. Der Bremseffekt kommt dadurch zustande, daß die Gänge keinen Freilauf besitzen. Das heißt, sobald das Gaspedal zurückgenommen wird, ist der Motor bestrebt, auf Leerlauf abzutouren. Und da die Verbindung Motor/Getriebe ja nicht unterbrochen ist – es wurde ja nicht ausgekuppelt –, dreht faktisch die in Fahrtrichtung weiterstrebende Fahrzeugmasse den Motor mit erhöhter Umdrehungszahl weiter durch. Und das ergibt in Verbindung mit der hierbei auftretenden Reibung den Bremseffekt.
Man nutzt diesen Bremseffekt insbesondere beim Bergabfahren, indem man, bevor das Gefälle beginnt, den 3. oder auch 2. Gang einlegt, denn in diesen beiden Gängen ist die Bremswirkung des Motors am größten. Reicht die hiermit zu erzielende Bremswirkung nicht aus, so benutzt man zusätzlich die Fußbremse. Der Vorteil des Bremsens mit dem Motor ist, daß die Bremsbeläge geschont, die Radbremsen also nicht heiß werden und darum voll wirksam bleiben.
Auf glatten Straßen – wir erwähnten das schon im Abschnitt „Glätte" – ist mit dem Motor ein besonders günstiger Bremseffekt zu erzielen, denn die beiden Antriebsräder werden gleichmäßig abgebremst, und völlig gleichmäßig ist somit auch die Verzögerung des Fahrzeuges. Das mindert erheblich die Gefahr des seitlichen Wegrutschens der Räder infolge falscher Dosierung der Bremskraft mit der Fußbremse.

Anhängerbetrieb

Ein Anhänger für den Saporoshez ist recht nützlich, z. B. für Wochenendgrundstücksbesitzer, für Campingfreunde sowie allgemein zur Unterbringung des Urlaubsgepäcks, zumal der Kofferraum sehr klein ist und außerdem sperrige Güter nicht geladen werden können, weil er sich vorn befindet. Vor dem Kauf eines Anhängers sind jedoch einige Dinge zu beachten, um nachträglich nicht enttäuscht zu sein.

Anhängerzugvorrichtung

Anhängerzugvorrichtungen – sie müssen einer genehmigten Bauart entsprechen – bietet der Fachhandel an. Ihren Anbau sollte man der Vertragswerkstatt überlassen, denn u. a. muß der Angriffspunkt der Zugvorrichtung vor dem Motor liegen und ist außerdem die Elektrik in Übereinstimmung mit dem Zugfahrzeug zu schalten.
Nachteilig wirkt sich eine Anhängerzugvorrichtung beim Ölwechsel des Motors aus; sie verdeckt die Ölablaßschraube. Vor einem Ölwechsel muß die Zugvorrichtung deshalb jedesmal abgebaut werden.
Der Anbau der Anhängerzugvorrichtung stellt eine technische Veränderung des Fahrzeuges dar. Diese Veränderung ist laut § 24 StVZO der zuständigen Zulassungsstelle der Deutschen Volkspolizei zu melden.

Anhängelast

Die Gesamtmasse des Anhängers, die hinter den Saporoshez-Typen 966 und 968 mitgeführt werden darf, beträgt bei ungebremstem Anhänger 300 Kilogramm. Aus der Eigenmasse des Anhängers – er muß übrigens mit mindestens 5 Prozent seiner Gesamtmasse, maximal 50 kg, auf der Zugvorrichtung aufliegen – ergibt sich somit, abgestimmt auf die zulässigen Achslasten, die nicht überschritten werden dürfen, die mögliche Nutzlast für den Anhänger. Es heißt also vor dem Kauf des Anhängers zu überlegen, was gegebenenfalls im Fahrzeug und im Anhänger gleichzeitig transportiert werden soll, und darauf den Anhängertyp abzustimmen.
Es sei an dieser Stelle darauf hingewiesen, daß ein Anhängerbetrieb während der Garantiezeit des Fahrzeugs (6 Monate oder 10000 km), je nachdem, welcher Umstand zuerst erfüllt wird, nicht empfehlenswert ist. Der Garantiegeber für das Fahrzeug kommt für Schäden am Fahrzeug, die aus dem Anhängerbetrieb stammen könnten, nicht auf.

Anhängerfahrbetrieb

Die Fahreigenschaften jedes Fahrzeugs ändern sich bei Anhängerbetrieb. Der Saporoshez macht hiervon keine Ausnahme. Darum darf bei Anhängerbetrieb mit den gegenwärtig zugelassenen Anhängertypen die Höchstgeschwindigkeit auch nicht mehr als 80 km/h betragen. Ferner verschlechtern sich die Beschleunigungs- und Verzögerungswerte und erhöht sich der Kraftstoffverbrauch. Ist aber die vorgesehene Geschwindigkeit erreicht, läuft der Anhänger fast mühelos mit. Bei Wohnwagenanhängern macht sich gegebenenfalls der höhere Luftwiderstand bemerkbar. Ferner werden die Bremswege länger. Zweckmäßig ist es somit, insbesondere vor Kurven rechtzeitig zu bremsen. In der Kurve kann es zu spät sein. Der ungebremste Anhänger schiebt das Zugfahrzeug hierbei sehr leicht aus der Spur.
Ein zweiter Außenspiegel an der rechten Fahrzeugseite ist bei Anhängerbetrieb vorgeschrieben. Die Haltestangen beider Außenspiegel müssen so lang sein, daß die Spiegel die Sicht nach hinten trotz des breiten Anhängers ermöglichen. Ferner ist die Elektrik entsprechend zu schalten. Das heißt, die Leuchten des Anhängers müssen in der gleichen Weise funktionieren wie die des Zugfahrzeugs. Das ist insbesondere bei den Blinkleuchten nicht so einfach zu erreichen. Der vorhandene Blinkgeber mit 2 × 21 W plus 5 W für die Kontrolleuchte ist beispielsweise zu schwach und muß durch einen neuen Blinkgeber für 3 × 21 W plus 5 W für die Kontrolleuchte ersetzt werden. In letzterem Falle ist dann auch eine zusätzliche Kontrolleuchte, die das Funktionieren der Blinkleuchten am Anhänger anzeigt, erforderlich. Wer in der Kfz-Elektrik nicht „zu Hause" ist, läßt die Anlage deshalb besser von einem Fachmann installieren.

Dachgepäckträger

Eine Zwischenlösung für den Transport von Urlaubsgepäck oder sperrigen Gütern bietet sich beim Saporoshez in Form des Dachgepäckträgers an. Wenn auch dadurch das Aussehen des Wagens nicht gerade gefördert wird, so ist der mit einem Dachgepäckträger verbundene Vorteil (zu kleiner Kofferraum) nicht von der Hand zu weisen. Zu empfehlen ist die Ausführung mit Gummisaugerabstützung. Der Fahrzeughersteller schreibt eine Dachbelastung von höchstens 60 Kilogramm vor.
Bei der Beladung des Dachgepäckträgers ist darauf zu achten, daß die zulässigen Achslasten und die Nutzlast des Trägers, die in der Regel am Träger vermerkt ist, nicht überschritten werden. Zu hohe Dachlasten gefährden die Karosserie. Außerdem beeinflussen sie das Fahrverhalten der Fahrzeuge negativ.

Winterbetrieb

Im Winterbetrieb summieren sich eigentlich alle die Dinge, auf die in den vorstehenden Abschnitten schon näher eingegangen worden ist: Nässe, Glätte, Seitenwind u. a. m. Zusammenfassend kann deshalb auch nur festgestellt werden, daß in dieser Zeit § 1 StVO ganz besonders bedeutsam ist. Wer klug ist, fährt in dieser Jahreszeit eben vorsichtiger, noch vorsichtiger als sonst. Das ist die beste Methode, um ohne Schäden über den Winter zu kommen.

Winterreifen

Wer meint, daß ihm M + S-Reifen einen Teil der winterlichen Schwierigkeiten abnehmen könnten, der würde nach dem Kauf und der Montage dieser Reifen sicherlich bald feststellen, daß er sie eigentlich gar nicht gebraucht hätte. Sicher, sie erhöhen zweifellos die Fahrstabilität des Fahrzeuges im frischgefallenen Schnee, aber wo gibt es schon Straßen, auf denen der Schnee nicht bald glattgewalzt oder von Lauge zersetzt ist. Wir meinen, für Saporoshez, die im Erzgebirge, in Thüringen, im Harz oder im Zittauer Gebirge täglich laufen müssen, sind sie zu empfehlen, in allen anderen Gegenden der Republik kommt man mit Normalreifen aus. Persönliche Erfahrungen mit den SAS-Typen 965 und 960 bestätigen das. Die Verwendung von Reifen mit Sommerprofil (Normalreifen) hat nun schon in mehreren Wintern zu keinen Schwierigkeiten geführt. Dazu hat sicherlich beigetragen, daß Motor und Getriebe die Antriebsräder erheblich belasten und es den Fahrzeugen so ermöglicht wurde, selbst mit 20 cm Neuschnee fertigzuwerden.

Schneeketten

Die Saporoshez, und zwar alle drei Typen, können mit Schneeketten n i c h t gefahren werden. Der Grund: Der Abstand der Reifen zu den Aufhängungsarmen der Räder ist so gering, daß die Ketten schwere Schäden hervorrufen bzw. immer wieder reißen würden.

Wartung, Kontrolle und Reparatur

Eine hohe Verkehrssicherheit auf unseren Straßen erfordert einerseits unbedingt ein betriebs- und verkehrssicheres Fahrzeug. Andererseits ist es, bedingt durch die aus volkswirtschaftlichen Gründen mit dem Ansteigen der Fahrzeugzahlen nicht genügend stark mitwachsende Werkstättenkapazität, oftmals nur sehr schwer möglich, selbst kleinere Schäden von Fachleuten schnell beheben zu lassen, eben, damit das Fahrzeug wieder verkehrssicher ist. Wo liegt der Ausweg? Er liegt in der Selbsthilfe bei der Schadenserkennung und bei den mit relativ geringem technischen Aufwand auszuführenden Wartungs-, Kontroll- und Reparaturarbeiten. Anliegen dieses Kapitels ist es deshalb, den Saporoshez-Fahrer in die Funktion der Aggregate und Baugruppen des Fahrzeuges einzuweihen und ihn so zu befähigen, sich bei der Werterhaltung seines Fahrzeuges, bei der vorbeugenden Instandhaltung, bei Kleinreparaturen und auch bei Pannen unterwegs, selbst helfen zu können. Doch dabei ist einiges zu beachten. Im einzelnen ist es folgendes.

Notwendige Vorbemerkungen

Die Kraftfahrzeugtechnik ist relativ kompliziert. Infolgedessen gehen die Meinungen darüber auseinander, auf welchen Gebieten dem Laien Empfehlungen und Hinweise zur Selbsthilfe gegeben werden können. Betrachtet man dieses Problem von der vielseitigen Ausbildung eines Kraftfahrzeugfacharbeiters her, so müßte man jede Selbsthilfe verneinen. Unsere moderne sozialistische Gesellschaft entwickelt jedoch immer mehr Menschen mit einem hohen Allgemeinwissen auf technischen und wissenschaftlichen Gebieten und mit polytechnischen Grundkenntnissen sowie Fertigkeiten. Warum soll es ihnen vorenthalten sein, ihre Kenntnisse am e i g e n e n Fahrzeug anzuwenden.

Verantwortung

Ein solches Zugeständnis erfordert eine harte Einschränkung: S i c h e r h e i t! Es kann und darf nicht sein, daß durch unsystematisches und unqualifiziertes Herumbasteln am Kraftfahrzeug eine Gefahr für die anderen Verkehrsteilnehmer heraufbeschworen wird. Jede selbstausgeführte Arbeit, insbesondere die an Fahrwerk und Bremse, muß deshalb von einem hohen Verantwortungsbewußtsein gegenüber sich selbst und der gesamten Gesellschaft getragen sein.
Dieses Verantwortungsbewußtsein wird wirksam bei der Entscheidung darüber, w e l c h e Arbeit selbst ausgeführt werden soll. Dabei überprüft der einzelne

die ihm zur Verfügung stehenden technischen Möglichkeiten, sein technisches Verständnis und sein handwerkliches Können. Keiner darf sich dabei überschätzen, weil dann Verantwortungsbewußtsein zu Verantwortungslosigkeit wird. Hinzu kommt der finanzielle und materielle Schaden durch die falsche Behandlung des Fahrzeugs oder den unfachgerechten Einbau hochwertiger Ersatzteile.

Sicherheit

Selbsthilfe am Kraftfahrzeug heißt also in erster Linie, Verantwortung zu tragen, Verantwortung gegen sich selbst und gegenüber anderen! Das gilt ganz besonders bei Arbeiten an Lenkungs- und Bremsanlage. Eine diesbezügliche Anordnung über die Allgemeinen Leistungsbedingungen für Instandhaltungsleistungen an Kraftfahrzeugen des Ministers für Verkehrswesen vom 24. 1. 1973 (GBl. I Nr. 8) besagt darum auch in § 9 Abs. 6, daß Instandhaltungsleistungen an Lenkung und Bremse nur von Arbeitskräften ausgeführt werden dürfen, die die erforderliche Qualifikation besitzen, eben, weil von diesen beiden Baugruppen die Verkehrssicherheit des Fahrzeugs ganz wesentlich bestimmt wird. Wenn sich diese Anordnung auch in erster Linie auf die gewerbliche Reparatur von Kraftfahrzeugen bezieht, so dürfen wir sie dennoch nicht außer acht lassen. Gut beraten ist auf jeden Fall, wer sich vor Beginn einer Reparatur an Lenkungs- und Bremsanlage der notwendigen fachlichen Unterstützung versichert.
Zur fachlichen Unterstützung bei jeder Selbstreparatur wird überhaupt geraten. Die gesellschaftlichen Kräfte, die die technische Überprüfung der Fahrzeuge durchführen, analysieren zumindest die größeren Fehler, und in den Selbsthilfewerkstätten oder Verkehrssicherheitszentren kann man sie danach unter Anleitung eines Fachmannes sicher beheben. Das ist der eigenen Sicherheit und auch der Sicherheit der anderen Verkehrsteilnehmer dienlich.
Die Entscheidung über die Selbsthilfe am eigenen Kraftfahrzeug wird demjenigen am schwersten fallen, der auf keinerlei Erfahrungen zurückgreifen kann. Daher sollte speziell für ihn die Empfehlung gelten, mit kleinen unkomplizierten Arbeiten zu beginnen, um sich einzuarbeiten. Das macht sich an einem neuen Fahrzeug am besten, da hier in der Regel zunächst Wartung und Kontrolle im Vordergrund stehen und vorbeugende Reparaturen erst mit zunehmender Laufleistung anfallen. Kündigt sich jedoch bereits eine größere Reparatur an, so ist der Weg zur Werkstatt unumgänglich.
Es sei noch darauf hingewiesen, daß man sich bei Arbeiten, die *unter* dem Fahrzeug ausgeführt werden, niemals auf den Wagenheber oder andere Hebevorrichtungen verlassen darf. Es ist *immer* notwendig, das Fahrzeug durch Unterstellböcke gegen ein Herabfallen und durch Klötze gegen ein Wegrollen vorschriftsmäßig zu sichern. Erst dann darf die Arbeit an oder unter dem angehobenen Fahrzeug beginnen.
Zur Abwendung von Gefahren jeglicher Art informiert man sich vor Arbeitsbeginn über den Inhalt der einschlägigen Arbeitsschutzanordnungen, insbesondere den der ABAO 361/2 – Straßenfahrzeuge sowie Instandhaltungsanlagen für Kraftfahrzeuge. Die hier gegebenen Weisungen gelten sinngemäß auch für Garagen.

Zu beziehen ist die ABAO 361/2 in der Buchhandlung für amtliche Dokumente, 108 Berlin, Neustädtische Kirchstraße 15 (Selbstabholung) oder vom Zentral-Versand, 501 Erfurt, Postschließfach 696.

Ersatzteile

Das schwierigste bei jeder selbstauszuführenden Reparatur ist in der Regel die Ersatzteilbeschaffung. Hierzu sind allgemeingültige Ratschläge nur sehr schwer zu geben. Dennoch soll es versucht werden.
Ausgehend von den Merkmalen, die eine Störung gewöhnlich ankündigen, prüft man an Hand der Betriebsanleitung und der Ratschläge in dieser Arbeit, was verschlissen sein könnte oder nicht mehr richtig funktioniert. Traut man sich nach gewissenhafter Prüfung die Instandsetzung selbst zu, so analysiert man den Fehler genauer. Hat man ihn gefunden, so gilt die nächste Überlegung der Frage: W o und w i e bekomme ich das Ersatzteil? Ist das Fahrzeug noch betriebs- und verkehrssicher, so kann man es ja zur Ersatzteilbeschaffung benutzen. Was aber, wenn Betriebs- und Verkehrssicherheit nicht mehr gegeben sind? In einem solchen Falle ist ein guter Freund sehr viel wert. Er fährt ja schließlich auch einmal gern in das nächste Fachgeschäft.
Wie heißen denn nun aber die Teile, die man erwerben möchte? Ganz einfach, jedem Fachabschnitt dieser Arbeit sind Tabellen beigefügt, die die jeweils notwendigen Ersatzteile mit ihren Bestellnummern enthalten. Darüber hinaus kann man dem Verkäufer erklären, was man benötigt. Er hat schließlich die Möglichkeit, im Ersatzteilkatalog nachzusehen oder einem diesen Katalog zu zeigen. Sieht man das Teil dann vor sich – im Ersatzteilkatalog sind die einzelnen Aggregate des Fahrzeuges in der Regel in Explosivdarstellung zu finden –, so dürfte das Herausfinden des betreffenden Teiles nicht mehr allzu schwierig sein.
In diesem Zusammenhang ein Rat: Die Muttern am Saporoshez weichen vielmals von den bei uns üblichen Größen ab. Man verwahrt sie deshalb bei jeder Kontroll- und Reparaturarbeit recht sorgfältig, denn dieselben sind in der DDR nicht handelsüblich und darum bei Beschädigung oder Verlust nur schwer wieder zu beschaffen.

Spezielle IFA-Fachfilialen für Saporoshez-Ersatzteile gibt es z. Z. in folgenden Städten der Republik:

256	Bad Doberan, Am Markt 5	Tel.	23 34
582	Bad Langensalza, Erfurter Straße 13	Tel.	32 11
108	Berlin, Leipziger Straße 112	Tel.	2 29 26 37
18	Brandenburg, Neustädter Markt 7–8	Tel.	35 10
801	Dresden, Julian-Grimau-Allee 29	Tel.	49 10 58
13	Eberswalde, Straße der Jugend 47/49	Tel.	31 70
92	Freiberg, Karl-Marx-Straße 2	Tel.	37 02
89	Görlitz, Jacobstraße 34	Tel.	39 09
36	Halberstadt, Hinter der Münze	Tel.	2 20 88
402	Halle, Mansfelder Straße 8	Tel.	2 34 49
77	Hoyerswerda, Kirchstraße 2	Tel.	83 95

90	Karl-Marx-Stadt, Hainstraße 57	Tel.	4 22 23
16	Königs Wusterhausen, Bahnhofstraße 18	Tel.	40 59
703	Leipzig, Karl-Liebknecht-Straße 139	Tel.	3 79 29
28	Ludwigslust, Schweriner Straße 21	Tel.	25 56
301	Magdeburg, Kaufhalle	Tel.	3 24 07
213	Prenzlau, Fr.-Wiemholz-Straße 13	Tel.	20 12
98	Reichenbach, Straße der DSF 42	Tel.	21 62
27	Schwerin, Schloßstraße 12	Tel.	8 36 79
35	Stendal, Altes Dorf 21	Tel.	38 95
53	Weimar, Hummelstraße 2	Tel.	58 24
657	Zeulenroda, Goethestraße	Tel.	27 42

Werkzeuge

Der Saporoshez ist mit einem Satz Bordwerkzeug ausgestattet, das in der Regel ausreicht, kleine Pannen unterwegs zu beheben. Für die Selbsthilfe zu Hause empfiehlt es sich, diesen Werkzeugsatz durch folgende zusätzliche Werkzeuge und Hilfseinrichtungen zu ergänzen:

1 Satz Gabelschlüssel von 6···27 cm
1 Satz gekröpfte Ringschlüssel von 6···27 mm
1 Stecknußkasten, bei dem sich die Verlängerungen aneinanderfügen lassen
1 Hammer von ca. 250 g
1 Hammer von ca. 500 g
1 Satz Schraubenzieher
1 Kombizange
1 Flachspitzzange
1 Rohrzange (Wasserpumpenzange)
1 Ventilheberzange oder Schraubzwinge
1 Körner
1 Flachfeile
1 Fühllehre
1 Dreikant- oder Löffelschaber
1 Drahtbürste
1 Pinzotte
1 Schraubstock
Ventilschleifpaste „mittel" und „grob"
und wenn möglich
1 Heimwerker-Bohrmaschine

Selbstwartungsgrundlagen

Möglichkeiten für die Selbstkontrolle des Saporeshez gibt es viele. Was es im einzelnen ist, umreißt § 5 StVO unter den Begriffen „Betriebs- und Verkehrssicherheit" und sagt auch die Gemeinsame Anweisung über die Durchführung technischer Kontrollen der zum Straßenverkehr zugelassenen Fahrzeuge ... des Ministers des Innern ... und des Ministers für Verkehrswesen vom 20. September 1967. Beide Ordnungen dienen dem gesellschaftlichen Ziel, die Sicherheit auf den Straßen zu erhöhen. Und da uns das ja auch am Herzen liegt, weil es der eigenen Sicherheit dienlich ist, können wir die in diesen beiden Ordnungen enthaltenen Festlegungen durchaus als Anleitung zum Handeln für die Selbstkontrolle des Saporoshez betrachten. Hinzu kommt, daß wir nach § 5 StVO sowieso zur Gewährleistung der Betriebs- und Verkehrssicherheit des Saporoshez verpflichtet sind, wenn wir mit ihm am öffentlichen Straßenverkehr teilnehmen möchten. Also kontrollieren wir den Saporoshez planmäßig nach folgenden Gesichtspunkten, beispielsweise bei den eigenen großen Durchsichten im Herbst und im Frühjahr:

Kontrollvorschläge

Vorhandensein, Zustand, Funktion bzw. Befestigung:

a) Lenkeinrichtung
   - Leichtgängigkeit
   - Sicherung des Lenkrades und der Lenksäule
   - Befestigung des Lenkgetriebes, des Lenkstockhebels, der Kugelbolzen, der Spur- und Schubstangen
   - Spiel der Achsschenkellagerungen und der Radlager

b) Bremsanlage
   - Befestigung und Zustand des Pedalwerkes einschließlich der Seilzüge
   - Leichtgängigkeit der Übertragungsteile
   - Dichtheit der Bremsleitungen und der Anschlüsse
   - Bremsflüssigkeit
   - Bremswirkung

c) Motor
   - Dichtheit
   - Laufruhe
   - Zündeinstellung
   - Dichtheit der Kraftstoffanlage

d) Beleuchtungs-, Signal- und elektrische Anlage
   - Funktion sowie Erkennbarkeit aller Leuchten
   - Funktion von Anlasser, Lichtmaschine und Schaltern
   - Verlegung der elektrischen Leitungen

e) Rahmen, Federn, Achsen
   - Risse, Brüche, lose Schrauben, Rost
   - Festsitz der Achsstreben und -schrauben
   - Funktion der Stoßdämpfer

f) Bereifung
   - Reifendruck

- Reifenzustand
- Felgenzustand

g) Anhängerkupplung
- Festsitz
- Arretierung des Kupplungsbolzens

h) Zubehör
- Vollständigkeit entsprechend der Jahreszeit
- Funktionstüchtigkeit des Zubehörs

Beispiele

Diese in gewisser Hinsicht standardisierten Festlegungen, weil für Pkw und Nutzfahrzeuge gleichermaßen gedacht, erweitern wir typbezogen auf den Saporoshez. Dabei ergibt sich zusätzlich folgendes:

- Blechteile unterliegen einer ständigen Korrosion, besonders dort, wo sich Feuchtigkeit halten kann: in den Türen, unter den Fußmatten, im Kofferraum, im Reserveradkasten. Man bringt hier vorbeugend ein Schutzmittel ein und sorgt auch sonst dafür, daß diese Stellen immer wieder austrocknen können.
- Schraubverbindungen lockern sich oftmals sehr schnell. Man kontrolliert deshalb turnusmäßig – vielleicht alle halbe Jahre oder alle 5000 Kilometer – die Aufhängungen von Motor und Getriebe, die Flansche der Achswellen, die Vorderachsbefestigung sowie die Lenkungsteile und zieht die Schraubverbindungen bei Bedarf wieder fest.
- Die Seilzüge, die beim Saporoshez besonders lang sind, ölt man an ihren Durchtrittsstellen des öfteren; so bleiben sie gangbar.
- An den vorderen Stoßdämpfern schlagen die Gummis der unteren Halterung recht gern aus. Man wechselt sie gegebenenfalls rechtzeitig. Anderenfalls klappern die Stoßdämpfer.

Abschmierarbeiten

Das Kontrollieren der einzelnen Aggregate bzw. Baugruppen des Saporoshez auf ihre technische Unversehrtheit und Funktionsfähigkeit ist die eine Seite der möglichen Selbstwartung. Die andere Seite ist das regelmäßige oder periodische Abschmieren der aufeinander gleitenden und darum dem Verschleiß ganz besonders unterliegenden Teile. Die Betriebsanleitung macht hierzu die entsprechenden Vorschläge. Eigene Erfahrungen besagen, das es zusätzlich notwendig ist, die Scharniere an der Karosserie vor Beginn der kalten und meist auch regnerischen Jahreszeit mit neuem Öl oder Fett zu versorgen und so ihre Funktionsfähigkeit auch im Winter aufrechtzuerhalten. Die Abbildungen 4 und 5 geben hierüber einen Überblick.
Etwas anderes ist es mit der Schmierung der Aggregate bzw. Baugruppen, die unmittelbar die Betriebsfähigkeit des Fahrzeuges gewährleisten (Abb. 6 bis 8).

Abb. 4 Alle 6 000 km mit Motorenöl zu versorgende Schmierstellen an der Karosserie

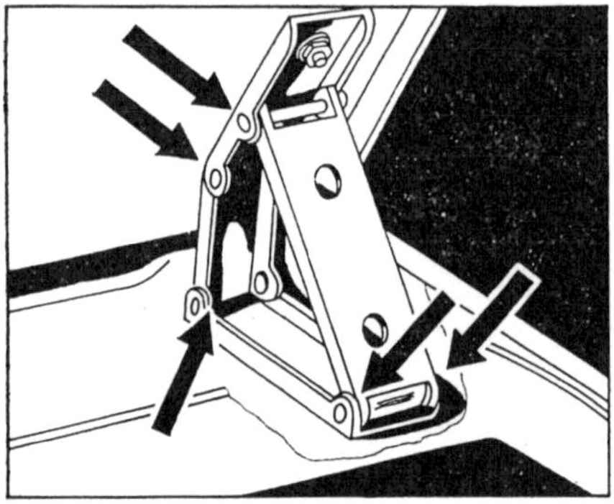

Scharniere des Kofferraumdeckels

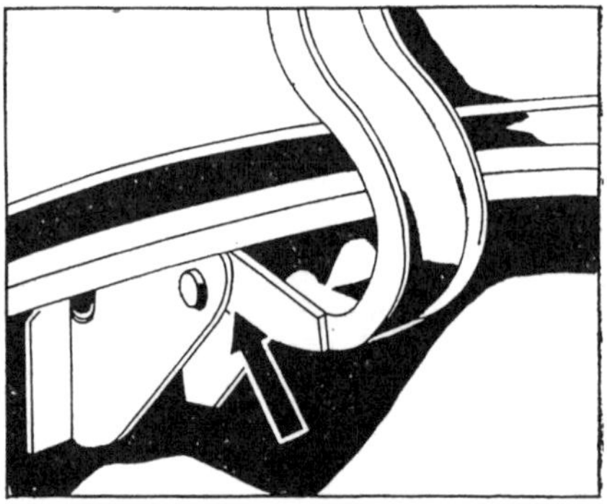

Scharniere des Motorhaubendeckels

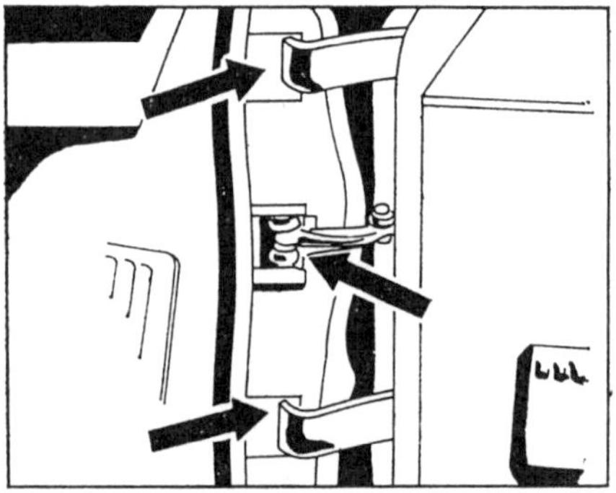

Türscharniere, der Begrenzer erhält Fett

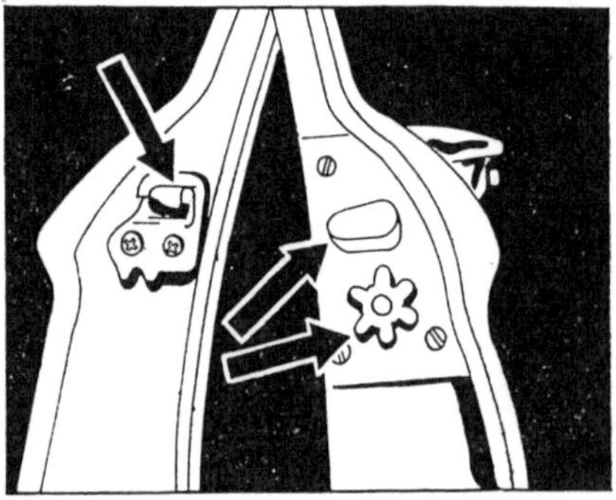

Türverriegelung, der Stern erhält Fett

Türschloß

Arrestierstift der Rückenlehnen

Sie gilt es in periodischen Abständen – u. U. auch abhängig von den gefahrenen Kilometern – mit neuem Öl bzw. Fett (mit Ausnahme der Vorratsbehälter für Kupplungs- und Bremssystem, sie erhalten Bremsflüssigkeit) zu versorgen.

Abb. 5 Alle 6 000 km mit Fett (Ceritol) zu versorgende Schmierstellen an der Karosserie

Motorhaubenverriegelung

Kofferraumhaubenverriegelung

Abb. 6 Alle 6 000 km mit Fett (Ceritol) zu versorgende Schmierstellen am Fahrwerk

Achschenkelgelenke

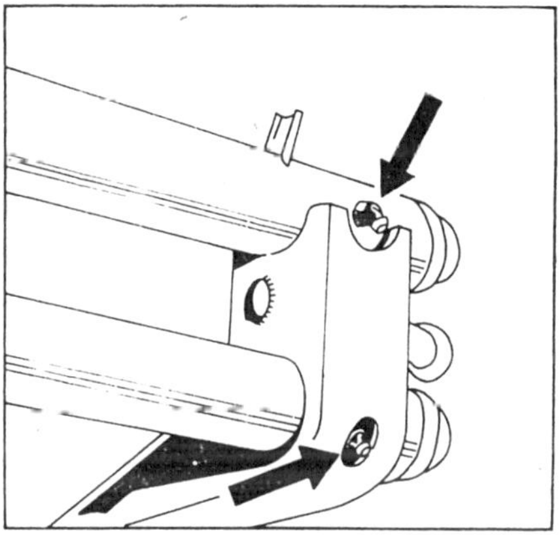

Vorderradfederung

Vorderradlager

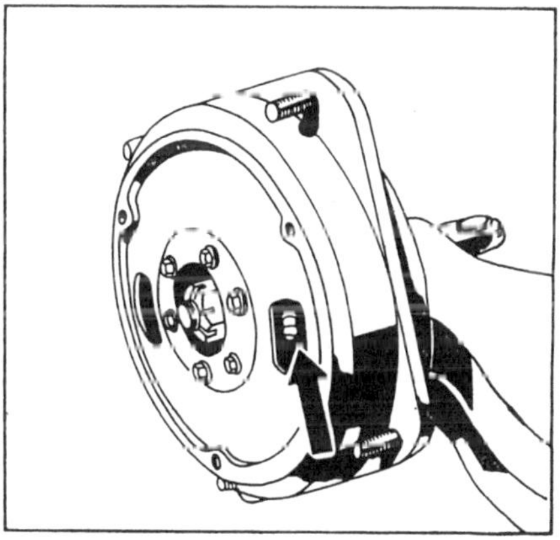

Hinterradlager

Abb. 7 Alle 6 000 km mit Motorenöl zu versorgende Schmierstellen am Fahrwerk und an der Elektrik

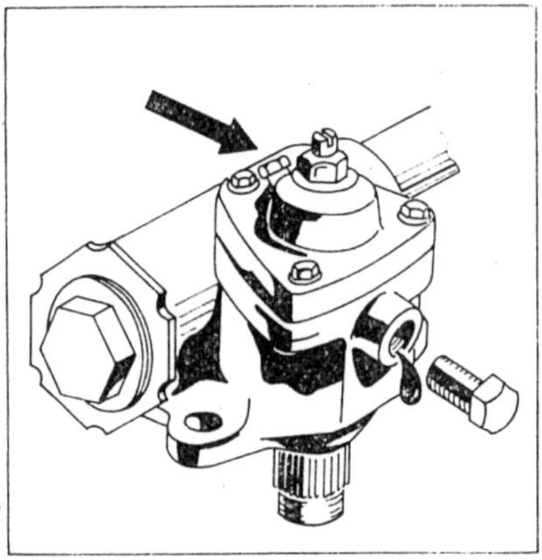

Lenkgetriebe (GL 125 oder GS 125 E)

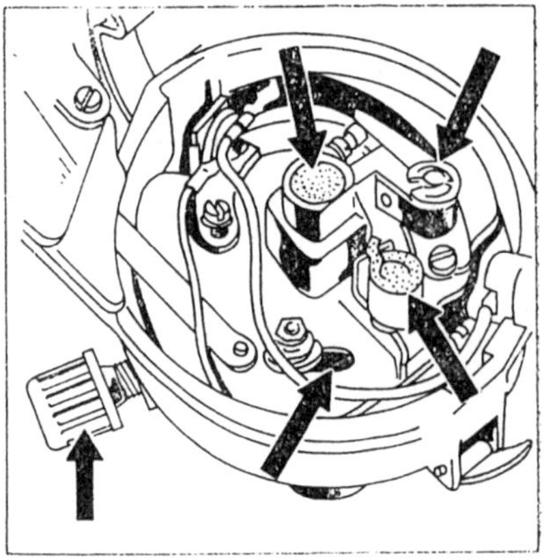

Zündverteiler

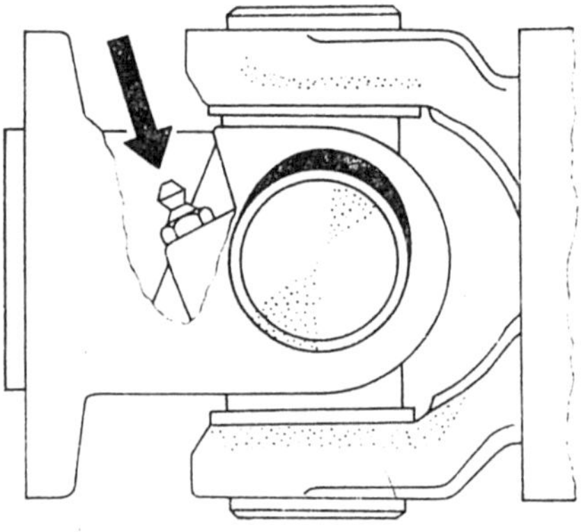

Abb. 8
Die Kreuzgelenke der Antriebsachsen erhalten alle 12 000 km mit Hilfe einer Fettpresse Getriebeöl

Das gewährleistet nicht nur ihre Leichtgängigkeit, sondern beugt insbesondere dem Verschleiß vor.
Besonders hingewiesen sei auf die ständige Überwachung bzw. Ergänzung des Östandes im Kurbelgehäuse des Motors sowie des Standes der Bremsflüssigkeit in den beiden Vorratsbehältern für Kupplung und Bremse.
Natürlich kann man die Abschmierarbeiten auch einem Fahrzeug-Pflegedienst überlassen, aber kontrollieren sollte man anschließend zumindest, ob alle zu versorgenden Stellen auch tatsächlich neues Öl bzw. Fett bekommen haben.

Große Durchsichten

Wer fragen sollte, was einem die Selbermacherei einbringt, dem sei gesagt: Nur wer sein Fahrzeug selber wartet, lernt es gründlich kennen, und wer es

gründlich kennt, kann sich beispielsweise unterwegs auf einer Urlaubsfahrt viel besser helfen als derjenige, der das Fahrzeug immer nur gewaschen und niemals selbst geschmiert, eingehend kontrolliert und im Rahmen der dem Laien nun einmal gesetzten Grenzen auch repariert hat und für den es darum auch immer ein Buch mit sieben Siegeln bleiben wird.
Dennoch sei betont: Auch der in Wartung, Kontrolle und Reparatur versierte Fahrzeugbesitzer sollte alle großen Durchsichten – die Betriebsanleitung nennt die Intervalle – in seiner Vertragswerkstatt durchführen lassen. Die hier tätigen Kollegen besitzen die größeren Erfahrungen sowie das notwendige Spezialwerkzeug und sind darum auch in der Lage, sich nach längerer Betriebszeit durch ganz bestimmte Verschleißerscheinungen ankündigende größere Schäden rechtzeitig zu erkennen und zu beheben.

Kontroll- und Reparaturpraxis

Das schwierigste an jeder Kontroll- und Reparaturarbeit ist zweifellos die Lokalisierung des Fehlers. Zur Erleichterung dieser Arbeit sind jedem Fachabschnitt Überblickstabellen beigefügt. Dieselben sind als Anlagen zu finden und beschreiben, ausgehend von der Störung, die möglichen Ursachen des Fehlers und machen gleichzeitig Vorschläge zum Auffinden sowie zur Beseitigung.
Nun viel Spaß bei der Arbeit. Der Erfolg wird sich einstellen!

Arbeiten am Motor

Schon nach relativ kurzem Umgang mit dem Saporoshez hat man sich an die normalen Laufgeräusche des Motors in den einzelnen Betriebszuständen gewöhnt. Erscheinen sie einmal nicht normal bzw. hat seine Leistung nachgelassen, so gilt es, die Ursachen dafür aufzuspüren, ohne den Motor gleich auseinander zu nehmen, denn das hat in der Regel ungünstigen Einfluß auf die Abdichtungen sowie die eingelaufenen Paßteile und erhöht deren Abnutzung bei weiterem Betrieb. Zum Auseinandernehmen des Motors gehören außerdem spezielle Werkzeuge sowie Hilfseinrichtungen und vor allem die Erfahrung des Fachmannes. Wir beschränken uns darum auf die Störungssuche (s. Anlage 2) und überlegen, haben wir die Ursache gefunden, sehr gründlich, ob wir den Schaden selbst beheben können oder ob wir doch besser eine Werkstatt in Anspruch nehmen. In jedem Falle der Selbstreparatur ist es sinnvoll, systematisch vorzugehen, weil das die Arbeit erleichtert und außerdem den Erfolg der Reparatur auch viel besser sichert.

Leistungskontrolle

Vom Fahrzeughersteller wird die Leistungskontrolle etwas umständlich beschrieben. Diese Angaben, kombiniert mit eigenen Erfahrungen, besagen folgendes:

1. Die Zündung muß dem verwendeten Kraftstoff entsprechend eingestellt sein (s. Abschnitt „Zündung einstellen")
2. Der Vergaser muß den Erfordernissen entsprechend eingestellt sein (s. Abschnitt „Vergaser")
3. Die Einstellung der Radlager und der Vorderachse muß stimmen (s. Abschnitt „Radaufhängung")
4. Der Motor muß die Betriebstemperatur erreicht haben; d. h., das Fahrzeug muß wenigstens ca. 30 Minuten gefahren worden sein
5. Der Motor sollte mindestens bereits 5000 Kilometer betrieben worden sein

Sind diese Punkte erfüllt, müssen alle drei Saporoshez-Typen ihre Höchstgeschwindigkeit erreichen. Erreichen sie sie nicht, so entwickelt der Motor nicht seine volle Leistung bzw. stimmt am Fahrwerk etwas nicht. Über die in diesem Falle möglichen Störungsursachen unterrichtet Anlage 2. Befassen wir uns anhand dieser Zusammenstellung mit einigen typischen Merkmalen, die sich leistungsmindernd auswirken. Vorab sei jedoch noch festgestellt, daß das Fahrzeug nach Angaben des Herstellers insgesamt in Ordnung ist, wenn der Auslaufweg, ermittelt auf ebener Strecke bei ausgerückter Kupplung, herausgenommenen Gang, ohne Gegenwind und einer Ausgangsgeschwindigkeit von 50 km/h, bei zwei Versuchen in jeweils entgegengesetzter Richtung im Durchschnitt 450 Meter beträgt.

Zustandsprüfung

Bei einem Zweifel an der Leistung des Saporoshez prüfen wir zunächst den technischen Zustand des Motors, u. a. Kraftstoffverbrauch, Ölverbrauch und Kompression (Verdichtung), denn davon ist seine Leistung abhängig.
Allgemein läßt sich der Zustand des Motors auf speziellen Prüfständen ziemlich exakt ermitteln. Uns bleiben jedoch auch einige Prüfmöglichkeiten, nach deren Werten man durchaus entscheiden kann, ob der Zustand des Motors noch zufriedenstellend ist und er ohne Gefahr weiterbetrieben werden kann, oder ob er repariert werden muß. Dabei gilt es zu bedenken, daß der technische Zustand des Motors ebenso wie der des gesamten Fahrzeuges über längere Zeit gesehen nicht konstant bleibt. Während in und nach der Einfahrperiode beispielsweise die Reibungsverluste zurückgehen und dadurch bedingt die Leistung des Motors nach und nach zunimmt, um danach über einen relativ langen Zeitraum konstant zu bleiben, nimmt sie mit der Zeit dennoch allmählich ab, wenn der Verschleiß der einzelnen Teile größer wird. Als Folge davon verringert sich die Kompression in den Zylindern und steigen auch Kraftstoff- und Överbrauch. Sehen wir uns an, wie wir das im einzelnen feststellen können, wobei wir beachten wollen, was zum Kraftstoffverbrauch bereits im Abschnitt „Spezifisches vom Motor" gesagt worden ist.

Ölverbrauch

Für den Ölverbrauch gilt ungefähr das gleiche wie für den Verschleiß der aufeinander gleitenden Teile durch Abrieb; er bleibt über längere Zeit gesehen

nicht konstant. Während und nach der Einlaufperiode des Motors verringert er sich beispielsweise allmählich, um danach über 5000···6000 Kilometer nahezu auf dem gleichen Wert stehenzubleiben, der etwa bei 100 g/100 km liegt. Dann beginnt er allmählich zu steigen. Erreicht er 160 g/100 km, ist es in der Regel sinnvoll, die Kompressions- und Ölabstreifringe der Kolben (siehe Abb. 26/27) durch neue Ringe zu ersetzen.
Aber wer mißt schon den Ölverbrauch in Gramm. Praktischer läßt er sich ermitteln, wenn wir uns auf Liter orientieren. So gesehen bedeuten die 100 g Ölverbrauch auf 100 km rund 1,1 Liter auf 1000 km. Mit den Erfahrungen aus der Praxis kombiniert ist infolgedessen auf den ersten 5000 km ein Ölverbrauch von rd. 0,9 l/1000 km, auf den nächsten 5000 km ein Ölverbrauch von rd. 0,7 l/1000 km und auf weiteren 10000 km, also bis zu einem Tachometerstand von 20000 km, ein Ölverbrauch von rd. 0,6 l/1000 km zu erwarten und auch als normal anzusehen. Steigt der Ölverbrauch jedoch allmählich und erhöht er sich auf 1,8···2,0 l/1000 km, so ist der vorstehend schon erwähnte Ersatz der Kolbenringe notwendig bzw. sind andere Reparaturen fällig.
Ist der Ölverbrauch beim SAS 965 A auf 2,5 l/1000 km gestiegen, so sind gleichfalls die vorstehend geschilderten Reparaturen auszuführen.
Als Ölsorte für alle vier SAS-Typen ist das Addinol MV 232 zu empfehlen. Dieses Öl hat sich am besten bewährt. Das Temperaturverhalten noch günstiger beeinflußt das neue Addinol Super MV 244.

Kompressionskontrolle

Der Kompressionskontrolle vorausgehen muß die Prüfung des Ventilspieles an allen Zylindern. Es könnte geringfügig von der Norm abweichen, wodurch ein Teil der Kompression verlorengeht. Stimmt das Spiel nicht, sind die Ventile (s. Abschnitt „Ventile einstellen") nachzustellen. Der Motor muß bei dieser Kontrollarbeit betriebswarm sein.
Nun werden die Zündkerzen herausgeschraubt und wird an den Kerzenlöchern in der Reihenfolge der Zündung, also erster, zweiter, vierter und dritter Zylinder, der Kompressionsmesser, den Selbsthilfewerkstätten in der Regel besitzen, angesetzt. Beim Durchdrehen des Motors mit dem Anlasser – die Drosselklappe muß hierbei voll geöffnet sein –, das nicht länger als ca. 5 Sekunden erfolgen soll, muß sich ein Wert von 5···8 kp/cm^2 ergeben. Wird dieser Wert, der abhängig ist vom Wärmezustand des Motors und von der Drehzahl der Kurbelwelle während des Messens, erreicht, so stimmt die Verdichtung. Wird er nicht erreicht, können am betreffenden Zylinder u. a. die Ventilsitze verschlissen sein oder die Kolbenringe nicht mehr richtig abdichten.
Doch auch das kann man ohne Demontage des Zylinderkopfes relativ genau feststellen. Füllt man nämlich in die Zylinder mit zu geringem Kompressionsdruck 15···20 cm^3 Motorenöl ein und prüft erneut, so besagen höhere Meßwerte, daß die Kolbenringe nicht mehr richtig abdichten und der höhere Kompressionswert nur dadurch zustande gekommen ist, daß das Öl für einige wenige Kolbenhübe die Abdichtungsfunktion der Kolbenringe verstärkt hat. Bleibt der Meßwert der gleiche, so deutet das auf defekte Ventile hin.
Zur Kontrolle, ob die Ventile oder die Kolbenringe den Druck entweichen las-

sen, nimmt man die Schlauchverbindung zwischen Vergaser und Luftfilter ab und entfernt auch die Verschraubung des Öleinfüllstutzens. Wird nun der Motor abermals mit der Kurbel durchgedreht, hört man das Entweichen der Kompression.
Schließen die Einlaßventile nicht mehr richtig, so macht sich das Entweichen der Kompression durch ein zischendes Geräusch im Vergaser bemerkbar. Im Falle nicht mehr richtig dichtender Kolbenringe ist dieses Geräusch, und zwar in viel stärkerer Form, im Öleinfüllstutzen zu hören. Sind die Auslaßventile undicht, ist das zischende Geräusch am Auspuffende hörbar.

Analyseergebnis

Stellt man bei diesem Prüfvorgang fest, daß nur ein oder zwei Zylinder zu wenig Kompression haben, so kann man durchaus bestimmen, um welche Zylinder es sich handelt. Hierzu muß allerdings die Verteilerkappe abgenommen und der Motor erneut mit der Handkurbel so lange durchgedreht werden, bis der Verteilerfinger auf die Zündstellung des ersten Zylinders (s. Markierung an der Verteilerkappe) zeigt. Ist hier das schon erwähnte zischende Geräusch zu hören, so ist dieser Zylinder undicht. Anderenfalls prüft man nach der Zündfolge weiter, und zwar den zweiten, den vierten und schließlich den dritten Zylinder. Die Zylinder-Reihenfolge ist aus Abbildung 9 leicht zu ersehen. Danach beginnt die Reparatur. Die Abschnitte „Zylinderköpfe" sowie „Kolben und Zylinder" sagen mehr dazu aus.
Erwähnt sei noch folgendes: Hat man sich entschlossen, die Reparatur selbst auszuführen, muß man sich gleichzeitig vergewissern, ob die benötigten Werkzeuge, vor allem aber die Ersatzteile, vorhanden bzw. zu beschaffen sind. In den Tabellen 4 und 5 sind die für die Wiederherstellung der vollen Kompression u. U. notwendigen Ersatzteile zusammengestellt.

Tabelle 4: Ersatzteile bei Erneuerung der Ventile

Bezeichnung	Stück	Ersatzteilnummern 40/45-PS-Motor	30-PS-Motor
Gruppe I			
Einlaßventil	4	968-100-7010-A	966A-100-7010
Auslaßventil	4	968-100-7015-A2	965-100-7015-B2
Große Feder	4	968-100-7020	—
Große Feder	8	—	965-100-7020
Kleine Feder	4	968-100-7021	—
Ventilkegel	16	968-100-7028	965-100-7028G
Endstück	4	968-100-7017	965-100-7017
Einlaßventilstange	6	968A-100-7174	965-100-7174
Auslaßventilstange	2	968A-100-7175	965-100-7175A
Einstellschraube	8	968-100-7132	965-100-7132
Mutter	8	968-100-7134	965-100-7134
Gummiring	4	968-100-7027	—

Bezeichnung	Stück	Ersatzteilnummern 40/45-PS-Motor	 30-PS-Motor
Gruppe II			
Ventilkammerdichtung	2	968-100-3270	965-100-3270-G
Dichtung für Ölabflußrohr	4	965-100-3292-A	965-100-3292-A
Dichtung für Stößelrohr	8	968-100-7223	965-100-7221-A
Dichtung für Ansaugrohr	4	968-100-8090	—
Dichtung für Ansaugrohr	2	—	965-100-8090-A
Dichtung für Auspuffrohr	4	966-100-8131	—
Dichtung für Auspuffrohr	4	—	965-100-8150
Dichtung für Auspuffrohr	4	—	960-100-8132
Dichtung für Vergaserflansch	2	966A-110-7025	—
Dichtung für Vergaserflansch	3	—	966A-110-7025
Dichtung für Ölkühler	2	965-101-3063-G	965-101-3063-G

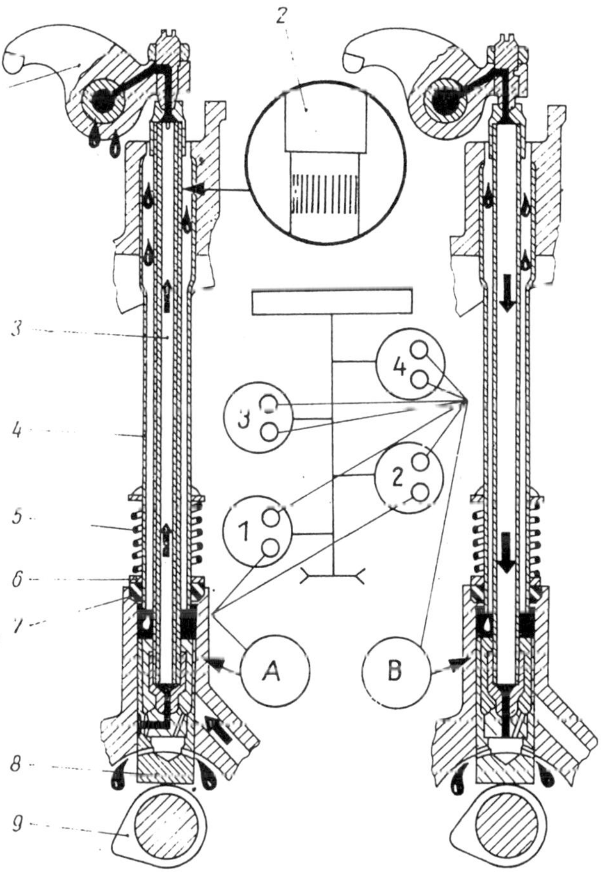

Abb. 9
Steuerungssystem der Ventile;
A = erstes Ventil von Zylinder 1 und 2,
B = alle anderen Ventile;
1 — Kipphebel,
2 — spezielle Rändelung,
3 — Stößelstange,
4 — Stößelrohr,
5 — Feder,
6 — Scheibe,
7 — Dichtung,
8 — Stößel,
9 — Nockenwelle

Tabelle 5: Ersatzteile bei Erneuerung der Kolben und Zylinder

Bezeichnung	Stück	Ersatzteilnummern 40/45-PS-Motor	30-PS-Motor
Kolben mit Bolzen	4	968-100-4014	966-100-4014
Kolbenringe (Satz)	4	968-100-0101	966-100-0101
Zylinder	4	968-100-2021	966-100-2021-A2
Zylinderfußdichtung	4	968-100-2022	965-100-2022
Buchse für Pleuelkopf	4	968-100-4052	966-100-4052
Sicherung für Kolbenbolzen	8	968-100-4022	965-100-4022-A
Splint 2,5 × 23 mm	16	258038-A15	—
Splint 2 × 21 mm	16	—	258038-A15
Dichtung für Ölwanne	1	968-100-9069	965-100-9069
Dichtung für Ölsaugrohr	1	968-101-0053	965-101-0053
Hinzu kommen gegebenenfalls die Dichtungen der Gruppe II aus Tabelle 4			

Zylinderköpfe

Als eine Ursache für die ungenügende Leistung des Motors sind im Abschnitt „Kompressionskontrolle" nicht mehr richtig dichtende Kolbenringe genannt worden. Ihr Auswechseln setzt ein Abbauen des Zylinderkopfes voraus. Das ist insgesamt gesehen keine leichte Arbeit. Wer sich unter Anleitung eines Fachmannes daran noch nicht versucht hat, sollte damit besser die Vertragswerkstatt beauftragen. Dennoch sei es hier beschrieben.
Vorab sei festgestellt, daß die Zylinderköpfe bei im Wagen befindlichem Motor abgebaut werden können. Das macht sich beim SAS 965 A allerdings weitaus schwieriger als bei den neueren SAS-Typen 966 und 968. Warum das so ist, ist schnell erklärt: es ist relativ eng in den Motorräumen, was die Demontage der einzelnen Teile nicht gerade erleichtert.

Zylinderköpfe abbauen

Als erstes gilt es beim Abbauen der Zylinderköpfe vorzusorgen, daß kein Kurzschluß in der elektrischen Anlage entsteht. Deshalb werden auch die Batteriekabel abgeklemmt. Zuerst das Masseband, das den Minuspol der Batterie mit der Fahrzeugmasse verbindet. Würde man zuerst das Kabel vom Pluspol der Batterie lösen – es führt zum Anlasser – und käme hierbei mit dem Schraubenschlüssel versehentlich an die Karosserie oder an ein anderes Masseteil, so käme es unter Garantie zu einem Kurzschluß. Als Folge kann die Batterie zerstört werden oder ein Brand entstehen.

Arbeitsreihenfolge

Auch bei dieser Arbeit ist wieder ein planmäßiges Vorgehen sinnvoll. Folgende Reihenfolge ist zu empfehlen:

- Kabel zur Zündspule und zur Lichtmaschine am Regler und an der Klemmleiste abklemmen
- Bowdenzüge von Luft- und Drosselklappe am Vergaser lösen, Kraftstoffleitungen an Vergaser und Kraftstoffpumpe abschrauben
- Muttern der Spannschellen am Auspuffsystem lösen und das Zwischenrohr abnehmen
- Befestigungsschrauben der Ableithaubendeckel losdrehen und Deckel abnehmen
- Thermostatgerüste komplett lösen und abnehmen
- Auspuffrohre von den Zylinderköpfen abschrauben und zusammen mit dem Schalldämpfer abnehmen
- Ableithauben losschrauben und entfernen
- Vakuumleitung zwischen Zündverteiler und Vergaser und den Halter für die Zündkabel einschließlich Zündverteilerkappe abbauen
- Nach Abbau von Vergaser und Zündverteiler die obere Haube (4 Schrauben), den Ansaugkrümmer (8 Muttern), den Lüfter mit der Lichtmaschine (4 Muttern) und das Zündverteiler-Antriebsgehäuse (1 Mutter) abnehmen
- Ablenkbleche für die Kühlluft von Zylinderköpfen und Zylindern entfernen.

Ist der Motor soweit freigelegt, können die Zylinderköpfe abgebaut werden. Dazu werden als erstes die Zylinderkopfdeckel abgenommen, wobei darauf zu achten ist, daß die Dichtungen nicht beschädigt werden. Dann werden die Befestigungsmuttern der Kipphebelwellen abgeschraubt und die Endstücke von den Auslaßventilen (kleine Hütchen) abgenommen.
Bei neueren Saporoshez werden die Kipphebelwellen von 4 Stehbolzen anstatt vorher 2 Bolzen gehalten, was die Stabilität der Kipphebellagerung erhöhte. Dennoch ist es möglich, die Zylinderköpfe komplett auszutauschen.

Demontagetips

Zum Abschrauben der Befestigungsmuttern der Zylinderköpfe darf der Steckschlüssel oder die Stecknuß im Außendurchmesser nicht größer als 23 mm sein, anderenfalls werden infolge der engen Platzverhältnisse Ventile und Ventilführungen beschädigt.
Beim Losdrehen der Zylinderkopfmuttern lockert man zuerst alle Muttern um eine halbe Umdrehung, bevor man sie endgültig löst und zusammen mit den Unterlegscheiben ablegt. Nun werden die Zylinderköpfe durch leichtes Gegenschlagen mit einem Gummihammer an den Befestigungsstellen des Ansaug und Auspuffkrümmers gelöst und abgenommen. Die Stößelstangen bleiben möglichst im Zylinderkopf. Werden sie vorher herausgenommen, fallen beim Abnehmen der Zylinderköpfe die Federn und Scheiben der Stößelabdichtungen heraus. Danach können die Federn, Dichtungen, Stößelstangen sowie die zwei hinteren und zwei vorderen Seitenhauben der Kühlanlage entfernt werden.

Es ist unbedingt zu beachten, daß beim Zusammenbau der Zylinderköpfe die Stößelstangen wieder am gleichen Zylinder und an gleicher Stelle eingebaut werden, wie sie vorher montiert waren, denn Kipphebelschrauben, Stößelstangen und Stößel sind aufeinander eingelaufen. Nicht verwechselt werden dürfen ferner die Stößelstangen der Auslaßventile vom ersten und zweiten Zylinder (Abb. 9), weil sie spezielle Einsätze haben, wodurch das Öl beim Anlassen des Motors schneller zu den Kipphebeln gelangt. Sie sind deshalb auch durch eine Rändelung gekennzeichnet. Somit ist es ratsam, die einzelnen Teile auf einem dafür bereitgelegten Brett abzulegen und die zusammengehörenden Teile (Stößelstangen und Kipphebelwellen) in der Reihenfolge der Zylinder so zu legen, daß keine Verwechslungen eintreten können.
Die speziellen Einsätze in den Stößelstangen müssen übrigens lose sitzen. Man prüft das durch Schütteln der Stößelstangen. Klappern die Einsätze, ist alles in Ordnung. Klappern sie nicht, legt man die Stößelstangen mehrere Stunden lang in Waschbenzin. Die Einsätze lösen sich hierbei. Gelingt das nicht, müssen die Stößelstangen erneuert werden.

Ventile

Der nächste Arbeitsschritt am Zylinderkopf wäre das Ausbauen der Ventile. Bevor man ihn geht, kontrolliert man deren Spiel, indem man versucht, dieselben am Ventilfederteller seitlich hin- und herzudrücken. Es darf hierbei nur ein kaum merkliches Spiel vorhanden sein. Wird ein größeres Spiel festgestellt, sind in der Regel die Ventilführungen ausgeschlagen. Eine Selbstinstandsetzung der Ventilführungen ist nicht möglich. In einem solchen Falle kann nur empfohlen werden, die Zylinderköpfe in die Vertragswerkstatt zu geben und dieselben hier instandsetzen zu lassen.
Entschließt man sich, Instandsetzungsarbeiten am Ventilmechanismus selbst auszuführen, so kennzeichnet man die Ventile vor dem Ausbauen durch Ankörnern auf dem Ventildichtkegel, damit sie beim Einbau wieder an die gleiche Stelle kommen. Aber Vorsicht, nur leicht zuschlagen! Das Ankörnern ist jedoch nur dann sinnvoll, wenn die Kontrolle ergeben hat, daß die Ventile trotz richtiger Einstellung nicht mehr voll dichten und somit nach einem Einschleifen wieder zu verwenden sind. Bei verbrannten Ventilen ist das Ankörnern überflüssig. Sie ersetzt man durch neue.

Ventile ausbauen

Zum Ausbauen der Ventile wird ein Spezialbügel nach Abbildung 10 oder auch eine universell verstellbare Ventilheberzange benötigt, um die Ventilfedern zusammendrücken, die Kegelstücke herausnehmen und die Ventile danach ausbauen zu können. Die Selbstanfertigung des Spezialbügels ist möglich. Soll dieser Bügel auch für die Demontage der Ventile des 30-PS-Motors benutzt werden, ist ein passendes Stück Holz (Klotz) zum Ausgleich der Länge zwischen Ventilkopf und Bügel beizulegen.

Eine Schraubzwinge von mindestens 250 mm Spannweite, wie sie sicherlich viele Bastler schon besitzen, erfüllt übrigens den gleichen Zweck, wenn sie entsprechend hergerichtet ist. Zum Herrichten gehört, daß zum Aufsetzen auf die Spindel der Zwinge bzw. zum Aufsetzen auf die Ventildichtkegel ein Stück

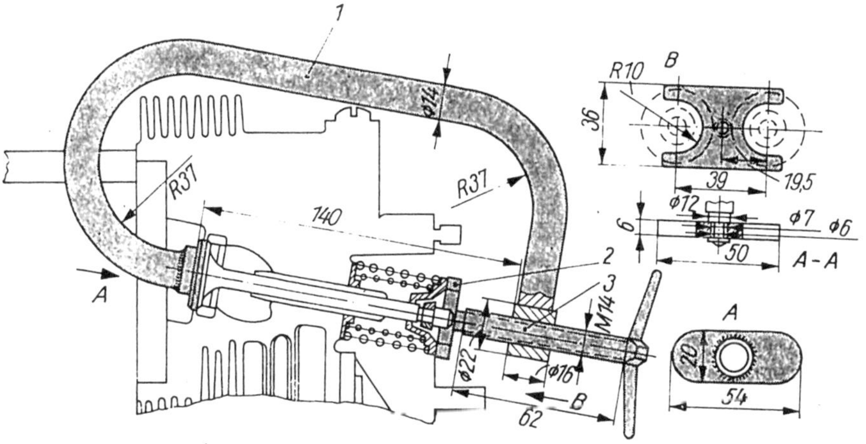

Abb. 10 Spezialwerkzeug zum Zusammendrücken von zwei Ventilfedern; 1 — Bügel, 2 — Druckplatte, 3 — Spindel

Abb. 11 Schraubzwinge mit Spannplatte, Hilfsmittel zum Demontieren von jeweils zwei Ventilen

Holz von ca. 15 mm Stärke nach den Maßen zu A in Abbildung 10 sowie eine Metallplatte von ca. 5 mm Stärke nach den Maßen zu B in der gleichen Abbildung gefertigt werden. Auf den Fuß der Schraubzwinge wird die Metallplatte aufgelegt. Auf die Spindel kommt das Stück Holz. Dadurch bleibt die Schraubzwinge für ihren eigentlichen Verwendungszweck benutzbar, aber auch wir können sie für unsere Zwecke verwenden.
Beim Gebrauch als Ventilheber (Abb. 11) wird die Zwinge mit der aufgelegten Metallplatte auf die Ventilfederteller aufgesetzt. Der verstellbare Teil der Zwinge, die Spindel, erhält die Holzbeilage und wird gegen die Ventildichtkegel gestellt. Dreht man nun die Spindel, werden die Ventilfedern zusammengedrückt und die Ventile schließlich, wie schon beschrieben, demontiert.

Ventile prüfen

Nachdem Ventilkeile, Ventilfederteller, Endstücke, Ventilfeder und Ausgleichscheiben abgenommen worden sind, lassen sich die Ventile herausnehmen. Es ist möglich, daß am Ventilschaft, und zwar an der Stelle, an der die Kipphebel anschlagen, Grat vorhanden ist. Dieser Grat ist vor dem Herausnehmen der Ventile mit einer Feile zu beseitigen, da anderenfalls die Ventilführungen beschädigt werden.
Zum gründlichen Prüfen, ob die Ventile noch einsatzfähig sind, werden Zylinderkopf und Ventile in Waschbenzin gereinigt. Die Ventile, die wieder verwendet werden sollen, dürfen am Ventildichtkegel keine Verbrennungserscheinungen und am Schaft keine Riefen aufweisen, sonst müssen sie durch neue Ventile ersetzt weden. Die wiederverwendungsfähigen trockenen Ventile werden nun in die Führung gesteckt, um das seitliche Spiel zu prüfen. Dieses Spiel darf beim Einlaßventil höchstens 0,1 mm und beim Auslaßventil höchstens 0,15 mm betragen. Es läßt sich ohne Spezialwerkzeug nicht genau ermitteln. Ein Gang in die Vertragswerkstatt wird sich deshalb nicht vermeiden lassen.

Ventilsitze

Ist das Wechseln der Ventilführung notwendig, so kann dies nur, wie schon erwähnt, in einer Vertragswerkstatt geschehen, denn es müssen hierbei gleichzeitig die Ventilsitze mit bearbeitet werden. Die Ventilsitze sind jedoch aus einem besonders harten Metall hergestellt und weisen deshalb auch nur selten Beschädigungen auf. Besitzen sie dennoch durch Überhitzung Abbrandstellen bzw. Risse oder sind sie vielleicht sogar locker, so ist der Zylinderkopf – wenigstens im Moment – nicht mehr zu verwenden. Er kann aber regeneriert werden.
Ventilsitze, die nachgearbeitet werden müssen, weil sie infolge normalen Verschleißes ihre Funktion nicht mehr voll erfüllen, lassen sich mit keinem handelsüblichen Fräser bearbeiten. Die Bearbeitung ist nur mit einer Spezialvorrichtung (Schleifsteine) möglich. Fast jede Vertragswerkstatt für sowjetische Fahrzeuge besitzt eine solche Vorrichtung. Befindet sich in Ihrer Nähe eine Vertragswerkstatt für Moskwitsch, Wolga, Shiguli/Lada, Polski-Fiat und natürlich für

den Saporoshez, so wird sie Ihnen bei der Bearbeitung der Ventilsitze im Bedarfsfalle sicherlich helfen. Eine vorherige Terminabstimmung ist zweckmäßig.

Ventilreinigung

Die Ventile, die wieder verwendet werden können, müssen vor dem Einschleifen von der anhaftenden Ölkohle befreit werden. Ist der Ventildichtkegel sehr stark damit besetzt, entfernt man die Ölkohle mit einem Dreikantschaber. Dann wird jedes Ventil am Schaft, und zwar wie ein Spiralbohrer, in eine möglichst fest montierte Bohrmaschine (Abb. 12) gespannt und die Auflagefläche des Ventildichtkegels mit feiner Schmirgelleinewand poliert. Die Körnung der Schmirgelleinewand wird bei diesem Poliervorgang durch Abrieb und auch durch die am Ventildichtkegel noch vorhandene restliche Ölkohle zugesetzt und somit stumpfer. Daher kann sie anschließend zum Polieren der Ventilschäfte benutzt werden, denn hierbei dürfen an den Schäften keine Riefen entstehen, was bei neuer Schmirgelleinewand nicht immer auszuschließen ist.

Abb. 12
Reinigen der Ventile mit Hilfe von Bohrmaschine und Schmirgelleinen

Weisen die Ventildichtkegel an den Dichtflächen infolge normalen Verschleißes Stellen auf, die bei geschlossenem Ventil nicht mehr richtig anliegen, d. h. nicht mehr richtig dichten, so können diese Ventile überschliffen werden. Aber dazu gehört wiederum eine Spezialvorrichtung. Die schon erwähnten Vertragswerkstätten besitzen sie in der Regel.
Schließlich wird auch noch aus den Verbrennungsräumen des Zylinderkopfes die Ölkohle mit einem Schaber oder Schraubenzieher entfernt. Vorteilhafter geht das mit einer Bohrmaschine, in deren Futter eine rotierende Drahtbürste eingespannt worden ist.

Ventile einschleifen

Im vorstehenden Abschnitt ist erwähnt worden, daß normal verschlissene und darum meist auch wiederverwendungsfähige Ventile an ihren Auflageflächen überschliffen und damit wiederverwendungsfähig gemacht werden können. Dieses Überschleifen oder Einschleifen der Ventile kann auch von Hand geschehen, nur ist es dann sehr mühevoll. Dennoch sei es hier der Vollständigkeit halber und auch für diejenigen beschrieben, die ihr Fahrzeug gern vollständig selbst betreuen möchten.
Das gesäuberte und einzuschleifende Ventil – es ist ja vorher markiert worden – wird an der Dichtfläche des Ventils mit der Einschleifpaste „mittel" bestrichen. Dann wird es in seine Ventilführung gesteckt. Jetzt müßte es unter leichtem Druck mehrmals hin- und hergedreht werden, damit es sich dem Ventilsitz anpaßt, also einschleift. Da die Ventile am Ventildichtkegel jedoch keinen Schlitz zum Eingreifen des Drehwerkzeuges, eines Schraubenziehers o. ä., besitzen, mit dem man das Ventil drehen könnte, muß man sich anderweitig behelfen. Die einfachste Methode ist, auf den Ventilschaft ein Stück PVC-Benzinschlauch von ca. 15 cm Länge und 7 mm Innendurchmesser zu schieben, in das offene Ende des Benzinschlauches ein Stück Rundeisen von 8 mm Stärke

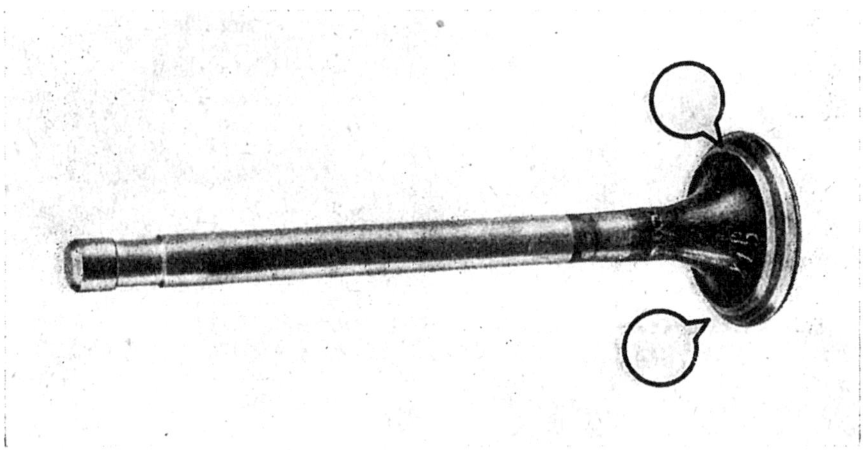

Abb. 13 Sauber eingeschliffenes Ventil, die Dichtfläche zeigt den erwähnten hellgrauen Streifen

hineinzudrücken und diese Ventilverlängerung wie einen Quirl zwischen den Händen ca. 10mal hin- und herzudrehen. Danach ist das Ventil etwas anzuheben, damit die durch das Drehen von der Schleiffläche abgewiesene Einschleifpaste wieder auf die Schleiffläche gelangt und Ventildichtkegel und Ventilsitz aufeinander einschleift. Nachdem das Ventil während des fortwährenden Schleifvorgangs etwa 3···4mal angehoben worden ist, ist die aufgetragene Einschleifpaste verbraucht und wird vom Ventil und Ventilsitz mit einem Lappen abgewischt. Jetzt wird geprüft, wie erfolgreich das Einschleifen verlaufen ist. Hat sich am Ventildichtkegel (Abb. 13) und am Ventilsitz ein hellgrauer Streifen markiert und zieht sich dieser Streifen gleichmäßig um die Auflagefläche des Ventiles und des Ventilsitzes herum, ist der Einschleifvorgang beendet. Ist diese Gleichmäßigkeit beim ersten Schliff nicht erzielt worden, wird der Schleifvorgang wiederholt, denn es gilt, eine möglichst glatte und vollständig aufeinanderpassende Dichtfläche zu erzielen.
Waren bei der Prüfung der einzuschleifenden Ventile an der Auflagefläche des Ventildichtkegels oder am Ventilsitz kleine Undichtheiten zu erkennen, verwendet man für den Schleifvorgang die Einschleifpaste „grob", um den letzten Schliff dann mit der Einschleifpaste „mittel" vorzunehmen. Die Einschleifpaste „fein" verwendet man nur zum Nachpolieren, wenn die Ventile und Ventilsitze mit der schon erwähnten Spezialvorrichtung behandelt worden sind.

Dichtheitsprüfung

Sind alle einzuschleifenden Ventile auf diese Weise behandelt worden und haben sich an den Ventildichtkegeln und den Ventilsitzen geschlossene Ringflächen von mattgrauer Farbe gebildet, ist es ratsam, die Dichtheit der eingeschliffenen Ventile zu prüfen. Dafür gibt es zwei Möglichkeiten.
1. Möglichkeit: Ventile und Ventilsitze werden mit einem trockenen, sauberen Lappen abgewischt und die Ventile in die Ventilführungen gesteckt. Jetzt werden die Zündkerzen eingeschraubt und der Zylinderkopf so gelegt, daß die Ventilschäfte senkrecht nach unten zeigen. Nun wird in die Brennräume des Zylinderkopfes soviel Kraftstoff eingefüllt, daß die Ventildichtkegel vom Kraftstoff bedeckt sind, und der Zylinderkopf ca. 5 Minuten lang stehengelassen. Schließen die Ventile dicht, darf sich der eingefüllte Kraftstoff nicht an den Schäften bemerkbar machen (kein Katalytbenzin verwenden, es verfliegt zu schnell).
2. Möglichkeit: Am Ventildichtkegel werden quer über die Dichtfläche in gleichen Abständen vier Striche mit Kreide gezogen und das Ventil in die Führung gesteckt. Jetzt wird es unter leichtem Druck auf den Ventildichtkegel etwas weniger als eine viertel Umdrehung hin- und herbewegt. Sind alle vier Striche am Ventildichtkegel verwischt, werden abermals vier Striche gezogen, aber an anderen Stellen, und der Prüfvorgang wiederholt. Sind auch diese vier Striche gleichmäßig verwischt, ist das Ventil in Ordnung. Der gleiche Arbeitsgang wird nun mit dem Ventilsitz wiederholt. Verwischen sich auch hier alle vier Kreidestriche gleichmäßig, so ist das Ventil dicht und kann eingebaut werden.

Wesentlich beim Einschleifen der Ventile ist, daß keine Einschleifpaste zwischen Ventilschaft und Ventilführung gelangt. Sie würde hier die gleiche Wirkung wie am Ventildichtkegel hervorrufen und das erfoderliche Spiel in unzulässiger Weise vergrößern.
Den zum Abwischen der Schleifpaste verwendeten Lappen wirft man nach dem Einschleifen weg. Eine anderweitige Verwendung könnte auf Grund des am Lappens befindlichen Schmirgels Schäden hervorrufen.

Ventile einbauen

Vor dem Einbau der Ventile werden alle im Zylinderkopf sitzenden Teile des Ventiltriebes und auch der Zylinderkopf selbst nochmals in Waschbenzin gereinigt, damit sie wirklich sauber sind. Danach werden die Ventilschäfte mit Motorenöl benetzt und die Ventile unter Beachtung der vor dem Auseinanderbau des Zylinderkopfes angebrachten Markierungen in die zugehörigen Ventilführungen eingesetzt.

Ventilfedern

Die Ventilfedern werden vor dem Einbau ausgemessen. Die großen äußeren Federn sollen beim 40- und 45-PS-Motor eine Länge von 50 ± 1 mm und beim 30-PS-Motor eine Länge von 41 ± 1 mm haben. Die Längenmaße der kleineren inneren Federn sind 41,7 ± 1 mm. Federn, die mehr als 10 Prozent kürzer sind als es die Nennmaße fordern, sind zu ersetzen.

Abb. 14
Prüfen der Rechtwinkligkeit der Ventilfedern

Abb. 15
Richten der Ventilfedern

Ferner prüft man die Federn vor dem Einbau auf Rechtwinkligkeit der Auflageflächen (Abb. 14). Dazu wird auf einer ebenen Fläche (Arbeitstisch) ein Winkel aufgestellt und die Feder danebengesetzt. Der Abstand der obersten Windung der Feder vom senkrechten Arm des Winkels darf nicht mehr als 1 mm betragen. Anderenfalls würde die Feder beim Betreiben des Motors das Ventil einseitig drücken, was zur Undichtheit des betreffenden Ventils führen könnte. Außer Winkel stehende Federn können über eine Schraubstockbacke (Abb. 15) mit dem Gummihammer gerichtet werden, indem man mehrmals gefühlvoll auf die zu hohe Seite der Feder schlägt, bis das entsprechende Maß erreicht ist.

Als weiteren Kontrollgang für die Ventilfedern kann man folgendes machen: Stehen die Federn vor dem Einbau alle auf dem Arbeitstisch, so prüft man durch Drücken mit dem Handballen auf jede einzelne Feder, ob deren Federkräfte annähernd gleich sind. Ist eine Feder dabei, die sich leichter als die anderen zusammendrücken läßt, ersetzt man sie vorsorglich.

Ist die Einbaufähigkeit aller Federn geprüft, mißt man den Einbauraum zwischen Ventilfederteller und Zylinderkopf. Abbildung 16 gibt die entsprechenden Werte an. Diese Maße werden ermittelt, indem nach dem Einsetzen der Ventile, und zwar ohne die Ventilfedern, der Abstand zwischen Lagerungsscheiben der Ventilfedern und den Ventilfedertellern gemessen wird. Als Meß-

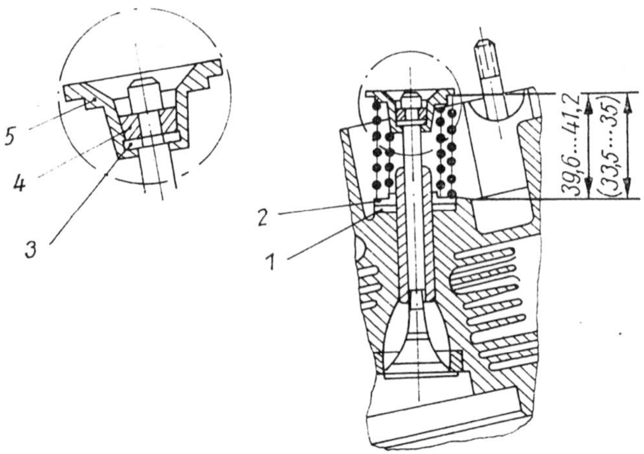

Abb. 16
Einbaumraum zwischen Ventilfederteller und Zylinderkopf;
1 — Zwischenscheibe,
2 — Lagerungsscheibe,
3 — Gummidichtring,
4 — Ventilkegelstück,
5 — Ventilfederteller
(das Maß in Klammern gilt für den 30-PS-Motor)

instrumente eignen sich Schiebelehre oder Meßlineal. Bei größerem Abstand als vorgeschrieben wird unter die Lagerungsscheibe (2) eine entsprechend starke Scheibe zum Ausgleich beigelegt.
Vor dem endgültigen Einbau der Ventile sind nur noch die Gummidichtungsringe (3) zu prüfen, die in den Ventilfedertellern der Einlaßventile liegen. Hierzu steckt man die Ventilfederteller zusammen mit dem Gummiring auf den Ventilschaft. Ist hierbei kein Reibungswiderstand des Gummiringes am Ventilschaft spürbar, so ist der Gummiring zu weit und wird ersetzt. Anderenfalls gelangt durch die Ventilfederteller, entlang am Ventilschaft bis hin zum Verbrennungsraum, Öl, was den Ölverbrauch unnötig erhöht.
Sind auch alle diese Überprüfungen zur Zufriedenheit verlaufen, werden die Ventile der Reihe nach mit Hilfe der im Abschnitt „Hilfsmittel" genannten Spezialbügel (s. Abb. 10 u. 11) eingebaut. Sind alle Ventilkegelstücke eingesetzt, schlägt man mit dem Gummihammer zwei- bis dreimal gefühlvoll auf die Ventilschaftenden, damit sich alle Teile setzen. Die Ventildichtkegel müssen hierbei selbstverständlich freiliegen, damit die Ventile nicht verbogen werden.

Ventile einstellen

Im Abschnitt „Kompressionskontrolle" ist als eine Voraussetzung für die volle Leistungsfähigkeit des Motors das exakte Ventilspiel genannt worden. Dieses Spiel kann sich durch normalen Verschleiß an den Anschlagflächen der Kipphebel vergrößert haben bzw. kann durch eine vorherige falsche Ventileinstellung nicht stimmen und sollte deshalb in gewissen Abständen – vielleicht alle 5 000 km oder bei den schon erwähnten großen Durchsichten im Frühjahr und Herbst – überprüft und gegebenenfalls neu eingestellt werden. Wie das im Prinzip gemacht wird, sagt die Betriebsanleitung. In der Praxis verlangt das einige Übung, bis man die Feinheiten beherrscht. Bei einigem Interesse an der Sache ist es jedoch zu erlernen. Der Vorteil: Der Wagen muß aus diesem

relativ kleinen Anlaß nicht in die Werkstatt, und man hat außerdem die Gewißheit, daß „alles wieder stimmt".
Für diejenigen, die sich vielleicht zum ersten Male an die Ventileinstellung heranwagen, sei vorab gesagt:

1. Die Auslaßventile sind jeweils die vorderen und die hinteren Ventile, die Einlaßventile die mittleren
2. Die Zylinderanordnung – wiederum in Fahrtrichtung gesehen – ist links hinten 1, rechts hinten 2, links vorn 3, rechts vorn 4
3. Arbeitserleichternd wirkt sich aus, wenn vor dem Einstellen der Ventile Luftfilter und Verbindungsschlauch zum Vergaser abgenommmen werden; man kommt dann besser an die Ventile heran
4. Geprüft und gegebenenfalls neu eingestellt werden Auslaß- und Einlaßventile insgesamt, niemals etwa nur ein oder einige Ventile allein
5. Die Ventileinstellung erfolgt entsprechend der Zündfolge, also Zylinder 1, 2, 4, 3
6. Das Überprüfen und Einstellen der Ventile geschieht bei kaltem Motor

Einstellvorbereitung

Zuerst werden die Zylinderkopfdeckel abgenommen. Hierzu sind bei jedem Deckel die jeweils sichtbaren 4 Muttern zu lösen und zu entfernen. Die Dekkeldichtungen nimmt man zweckmäßigerweise ab, denn sind sie beschädigt, „saut" die betreffende Motorhälfte, d. h., der Motorraum wird mit Öl verschmiert. In einem solchen Falle ist diese Dichtung zu erneuern. Neue Dichtungen werden, nachdem die Auflageflächen gesäubert worden sind, in den Deckel eingelegt und zusammen mit dem Deckel aufgesetzt. Jetzt kann das Überprüfen und Einstellen der Ventile beginnen. Beim Einstellvorgang selbst wird zunächst der erste Zylinder (links hinten) mit Hilfe der Andrehkurbel auf den Zündpunkt gestellt. Das ist der Punkt, an dem beide Ventile, also Ein- und Auslaßventil, geschlossen sind. Dabei müssen die Kerben bzw. das Zeichen „BMT" (oberer Totpunkt) an der Riemenscheibe mit dem Vorsprung (Rippe) am Steuerraddeckel übereinstimmen (Abb. 17).

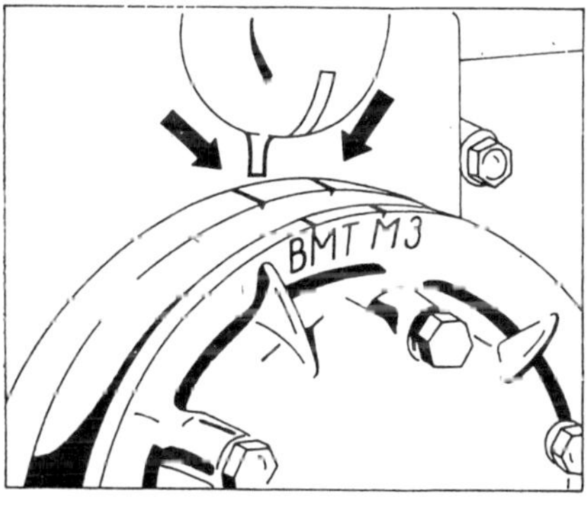

Abb. 17 Markierungen für oberen Totpunkt (BMT) und Zündeinstellung (M 3)

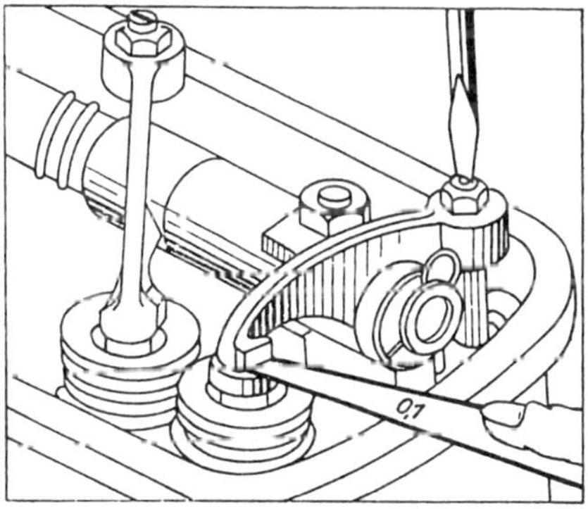

Abb. 18 Einstellen des Ventilspieles

Eine Kontrolle der Ventilstellungen ist über den Verteiler notwendig. Bei abgenommener Verteilerkappe zeigt der Verteilerfinger in Richtung des Zündkabelanschlusses des ersten Zylinders (an der Kappe markiert). Ist das der Fall, sind mit Sicherheit beide Ventile geschlossen.
Nach jeweils einer weiteren halben Umdrehung der Kurbelwelle (mit der Handkurbel) werden die Einstellpunkte der anderen drei Zylinder entsprechend der Zündfolge erreicht.

Einstellvorgang

Abbildung 18 zeigt, wo Einstellehre und Schraubenzieher angesetzt werden. Läßt sich die Lehre der entsprechenden Stärke – für Einlaßventile 0,08 mm, für Auslaßventile 0,10 mm – zwischen Kipphebel und Ventilschaft einführen und sitzt sie hier nicht zu fest, aber auch nicht zu lose, d. h., läßt sie sich bei mäßigem Druck verschieben, ist die Ventileinstellung in Ordnung. Anderenfalls wird das Spiel durch Drehen der Einstellschraube, nachdem die Kontermutter gelöst worden ist, entsprechend verändert und dabei das Ergebnis mit Hilfe der Einstellehre kontrolliert. Ist das richtige Spiel gefunden, wird die Einstellschraube mit dem Schraubenzieher festgehalten und die Kontermutter mit dem Schraubenschlüssel festgezogen.
Danach wird erneut, und zwar mehrmals, geprüft. Hierbei gilt, daß sich die Lehre, nachdem sie zwischen Kipphebel und Ventilschaft herausgezogen worden ist, wieder leicht dazwischenschieben läßt. Anderenfalls ist das Ventilspiel zu gering, was zur Beschädigung des betreffenden Ventils führen kann.
Abschließend folgt eine mehrmalige Kontrolle auf richtige Einstellung. Beim Festziehen der Kontermutter kann sich das eingestellte Spiel durch geringfügiges Mitdrehen der Einstellschraube nämlich wieder verändert haben. In diesem Falle beginnt das Einstellen von vorn – bis das Spiel stimmt.
Erwähnt sei noch, daß die handelsüblichen Lehrensätze gewöhnlich keine Lehre von 0,08 mm Stärke enthalten. Muß man für das Einstellen der Einlaßventile (0,08 mm Spiel) deshalb die Lehre mit 0,10 mm verwenden, so darf sich dieselbe beim Einstellvorgang nur relativ schwer hin und her bewegen lassen, im Gegensatz zum Einstellen der Auslaßventile (0,10 mm Spiel) wo sie sich schon bei mäßigem Druck bewegen lassen muß.

Einstellauswirkungen

Das Einstellen der Ventile – an und für sich eine Sache des Fachmannes – kann bei großer Gewissenhaftigkeit durchaus auch vom Laien durchgeführt werden. Man muß sich hierbei jedoch darüber im klaren sein, daß unsachgemäßes Arbeiten Nachteile der unterschiedlichsten Art mit sich bringt. Im äußersten Falle kann es zu einer erheblichen Leistungsminderung des Motors bis hin zu Ventilverbrennungen und damit zum Ausfall des Motors mit erheblichen Reparaturkosten kommen. Eine sachlich richtig vorgenommene Ventileinstellung nach den Hinweisen in dieser Arbeit sichert hingegen die volle Leistungsfähigkeit des Motors. Hinzu kommt ein sich aus der richtigen Ventileinstellung vom Geräusch her ergebender relativ ruhiger Lauf.

Öldichtringe erneuern

Nach dem Einbau der Ventile in die Zylinderköpfe sind die Zylinderköpfe zum Anbau an den Motor an und für sich fertig. Doch bevor man diese Arbeit ausführt, ist es sinnvoll, die Öldichtringe an den Ölabfluß- und Ventilstößelrohren zu erneuern, denn dieselben sind in der Regel verhärtet. Außerdem neigen sie nach längerer Benutzung des Fahrzeugs zum Undichtwerden, und das insbesondere dann, wenn die Stößelstangen demontiert worden sind und die Öldichtringe somit abermals verwendet werden sollen. Wie geht man dabei vor?

An Ölabfluß- und Ventilstößelrohren: Wird beim Abstellen des Fahrzeugs bemerkt, daß rund um den Motor Öl auf die Erde tropft bzw. der Motor unterhalb der Ableithauben stark verölt ist, sind die schon erwähnten Dichtringe an Ölabfluß- und Ventilstößelrohren (s. Abb. 9) undicht und müssen gewechselt werden. Dazu werden – der Zylinderkopf ist ja noch abgebaut – zuerst die Ventilstößelstangen in die Stößel der Nockenwelle am Kurbelgehäuse eingesetzt und die neuen Öldichtringe und Federn aufgesteckt. Dann wird der Zylinderkopf aufgesetzt und werden die Stößelstangen in die Ölrohre eingeführt. Dabei ist darauf zu achten, daß die Ventilstößelrohre und die Abflußrohre mit den Bohrungen im Kurbelgehäuse mittig übereinstimmen, um eine richtige Abdichtung zu erzielen. Stimmen die Ölbohrungen nicht überein, sind die Ventilstößelrohre zu richten. Das kann wie folgt geschehen: Wir spannen den Zylinderkopf in einen Schraubstock. Über das zu richtende Rohr wird ein zweites passendes Rohr gesteckt und damit das Ölrohr in die richtige Lage gedrückt.

Am Ölkühler: Bei undichten Öldichtringen am Ölkühler sind der vordere Teil des Motors und die Spritzwand zum Fahrgastraum hin stark mit Öl behaftet. Sind die Zubehörteile zum Motor nicht bereits demontiert, ist damit, wie in den Abschnitten über die Ventile beschrieben, zu verfahren, d. h., es sind Vergaser, Luftfilter, Zündverteiler und obere Haube abzubauen. Dann kann der Ölkühler (3 Muttern) abgebaut und können die Öldichtringe erneuert werden. Es versteht sich von selbst, daß der Ölkühler bei dieser Gelegenheit gründlich gereinigt wird. Dazu gehört, daß die Kühlrippen vom Schmutz befreit werden. Die Kühlwirkung ist dann wieder eine bessere.

Beim Typ 965 A fallen beim Wechseln der Öldichtringe im Prinzip die gleichen Arbeiten an wie bei den Typen 966/968. Lediglich der Ausbau der unteren Ableithauben – sie sind ja nicht vorhanden – und des Zündverteilers fallen weg.

Auf Grund der engen räumlichen Verhältnisse im Motorraum des Typs 965 A ist es einfacher, die Öldichtringe bei ausgebautem Motor zu wechseln. In diesem Falle müssen Batteriekabel, Bowdenzüge für Drossel- und Luftklappenbetätigung, Zuleitungen zur Zündspule, zur Lichtmaschine (an der Klemmleiste) und zum Regler, die Anschlüsse für Öltemperatur- und Öldruckanzeige, die Zuleitung zur Kraftstoffpumpe, die hintere Stoßstange und das Mittelteil der Motorraumverkleidung gelöst bzw. entfernt werden. Danach den Motor anheben und die Lagerböcke der Motoraufhängung von der Spritzwand lösen. Jetzt ist der Motor so weit anzuheben, daß sich die Befestigungsschrauben der Lagerböcke herausdrehen lassen, ohne daß dieselben klemmen. Nunmehr kann der Motor so weit abgelassen werden, daß die 4 Befestigungsmuttern für Motor und Getriebe entfernt werden können. Jetzt ist der Motor erneut anzuheben und sind die Lagerböcke wieder anzusetzen. Damit ist der Motor frei, und zwei Mann können ihn herausheben, wenn er dabei so weit nach hinten gezogen wird, daß sich Kupplung und Getriebewelle voneinander trennen. Ansonsten fallen an den Zylinderköpfen die gleichen Arbeiten an wie bei den Typen 966/968.

Kolben und Zylinder

Spätestens nach dem Einbauen der Ventile in die Zylinderköpfe und somit v o r dem Wechseln der Dichtringe an Ölabfluß- und Ventilstößelrohren müssen wir entscheiden, in welcher Richtung unsere Kontroll- und Reparaturarbeiten weitergehen sollen. Waren undichte oder verbrannte Ventile die Ursache für eine ungenügende Kompression und damit für die verminderte Leistung des Motors, so könnten die Zylinderköpfe nach dem Wechseln der Dichtringe an Ölabfluß- und Ventilstößelrohren wieder montiert werden. Hat unsere Fehlerdiagnose hinsichtlich der Kompression (s. Abschnitt „Kompressionskontrolle") aber ergeben, daß an der verminderten Leistung des Motors auch die Kolbenringe beteiligt sein könnten, nutzen wir die Gelegenheit – die Zylinderköpfe sind ja noch nicht montiert und der Zugang zu den Kolben ist uns somit möglich – für eine gründliche Kontrolle von Kolbenringen, Kolben und Zylindern.
Voraussetzung ist wieder, daß auch diese Arbeit systematisch vorbereitet wird. Es kann einem nämlich durchaus passieren, daß beispielsweise die Diagnose „Kolbenring fest" nur zum Teil stimmt, denn auch Kolben und Zylinder können bereits so weit verschlissen sein, daß sie gleich mit ausgewechselt werden sollten. Das bedarf natürlich einer weit gründlicheren Vorbereitung, als vielleicht nur das Ersetzen der Kolbenringe. Darum ist in Tabelle 6 auch alles das an Ersatzteilen zusammengestellt, was für eine derart große Reparatur benötigt werden könnte. Es soll Ihnen bei der Ersatzteilbeschaffung helfen.
Bei der Ersatzteilbeschaffung ist zu beachten, daß die neueren Saporoshez veränderte Kolben sowie Kolbenringe besitzen. Vom Fahrzeughersteller wird dazu ausgeführt, daß durch die Verwendung dieser neuen Kolben und Kolbenringe der Ölverbrauch sinkt. Bei Reparaturen an Kolben bzw. Kolbenringen ist somit zu beachten, daß die neuen Ringe nicht zu den Kolben alter Ausführung passen. Es müssen also Kolben und Ringe komplett gewechselt werden.

Zylinder festlegen

Vorausgegangen sind ja schon die Arbeitsgänge, die im Abschnitt „Zylinderkopf abbauen" beschrieben worden sind; die Zylinder liegen also frei. Und da sie lediglich von den Befestigungsschrauben der Zylinderköpfe gehalten werden, die Zylinderköpfe ja aber abgebaut sind, könnten die Zylinder durch

die Kolben beim Drehen der Kurbelwelle hochgehoben werden und hierbei Schäden an Kolben und Ringen entstehen. Es ist deshalb ratsam, die einzelnen Zylinder mit Hülsen, Flacheisen und den Befestigungsmuttern der Zylinderköpfe zu sichern.
Die Flacheisen sollten etwa 100 mm lang, 20 mm breit und 6 mm stark sein. In der Mitte müssen sie zwei Löcher von mindestens 10,5 mm Durchmesser im Abstand von 37 mm tragen. Diese Flacheisen werden nun über die mittelsten unteren Stehbolzen geschoben, entsprechende Hülsen von 80 mm Länge aus einem Stück Rohr über jeweils einen der Stehbolzen gesteckt und das Ganze mit einer Mutter vom Zylinderkopf leicht festgezogen. Beginnt danach die Arbeit an den Kolben, wird die Sicherung vom betreffenden Zylinder entfernt, und eine Gefährdung der anderen Zylinder bzw. Kolben ist ausgeschlossen.

Kolben wechseln

Voraussetzung für das Wechseln der Kolben ist, daß die Zylinder freiliegen. Und da das bei unserer Annahme noch der Fall ist – die Zylinderköpfe sind ja noch nicht wieder montiert worden –, können wir unmittelbar zur praktischen Ausführung der Arbeit übergehen. Im anderen Falle müssen selbstverständlich erst alle die Arbeiten ausgeführt werden, die im Abschnitt „Zylinderköpfe abbauen" beschrieben worden sind.
Vorab sei ausdrücklich festgestellt, daß das Wechseln der Kolben **keine** Arbeit für den Laien ist. Wer sich unter Anleitung eines Fachmannes dennoch daranmachen möchte, muß wissen, daß sich die Kolben zwar notfalls am im Fahrzeug befindlichen Motor wechseln lassen, das Wechseln bei ausgebautem Motor aber wesentlich leichter durchzuführen ist. Noch günstiger läßt sich diese Arbeit ausführen, wenn die Kolben zusammen mit den Pleueln aus dem Motor ausgebaut werden. Doch eben das sollte nur der Fachmann tun, denn dazu muß nicht nur das Blech, das an der Ölwanne angeschraubt ist, abgenommen, es müssen auch Ölwanne und Ölpumpe ausgebaut werden. Ein Überblick über die notwendigen Arbeiten sei für den interessierten Laien dennoch in den folgenden Abschnitten gegeben.
Ferner sei darauf hingewiesen, daß zum Herausdrücken der Kolbenbolzen die Vorrichtung nach Abbildung 19 zu verwenden ist. Man kann sich dieselbe aus geeignetem Material selbst anfertigen. Sie besteht aus einem Bolzen mit Endstück, einer Hülse und einer Mutter.

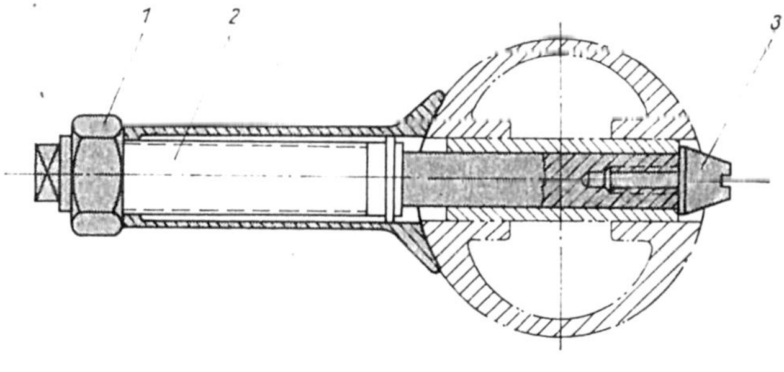

Abb. 19
Vorrichtung zum Herauspressen der Kolbenbolzen;
1 — Zugmutter,
2 — Zugbolzen,
3 — Zugpilz

Ausbauhinweise

Das Ausbauen der Pleuel mit Kolben geschieht wie folgt: Nach dem Abbau der Ölpumpe und der Ölwanne werden die Pleuelschrauben entsplintet (bei den neueren Ausführungen sind keine Kronenmuttern mit Splinten mehr vorhanden, die Pleuelschrauben sind hier mit aus Blech gestanzten Kontermuttern gesichert). Sind diese Muttern abgenommen worden, wird mit einem Hammerstiel gegen die Pleuelschrauben gestoßen, und die Pleuellagerdeckel lösen sich vom Pleuel und können abgenommen werden. Man achtet hierbei darauf, ob die Pleuellagerdeckel und die Pleuel nach den Nummern der Zylinder (s. Abb. 28) gezeichnet sind. Entdeckt man keine Zeichen oder sind dieselben schlecht zu erkennen, so zeichnet man Pleuel und Pleuellagerdeckel durch Körnerschläge nach eigenem Gutdünken derart, daß Verwechslungen untereinander und der Einbau in falscher Lage ausgeschlossen sind, denn Pleuel, Pleuellagerdeckel und Pleuellagerschalen dürfen weder vertauscht noch verdreht wieder eingebaut werden. Anderenfalls können schwere Schäden an den Lagerstellen auftreten. Bewährt hat sich deshalb auch, Pleuellagerdeckel und Lagerschalen nach den Zylindern zu numerieren, dieselben der Reihe nach auf einem dafür vorbereiteten Platz (Brett oder Tuch) abzulegen und nach dieser Reihenfolge Pleuel mit Kolben und Laufbuchsen hinzuzufügen, sobald dieselben aus dem Kurbelgehäuse nach oben herausgenommen worden sind.
Pleuel mit Kolben werden nunmehr einzeln in einen Schraubstock gespannt, wobei die Schraubstockbacken unterhalb des Kolbens am Pleuel angreifen sollen. Nun werden die Kolbenbolzensicherungen mit einer Spitzzange entfernt und danach die Kolbenbolzen mit der Vorrichtung nach Abbildung 19 oder einem passenden Dorn und einem Hammer vorsichtig herausgeschlagen. Der Dorn soll sich wenigstens 3 cm in den Kolbenbolzen hineinstecken lassen, etwa 10 cm länger als der Kolbenbolzen sein und einen wenigstens um 0,5 mm kleineren Durchmesser haben als das Kolbenauge.
Der Festsitz der Kolbenbolzen ist abhängig von der Laufleistung des Motors. Bei höherer Laufleistung lassen sich die Bolzen in der Regel leichter entfernen als bei einer noch relativ niedrigen Laufleistung.

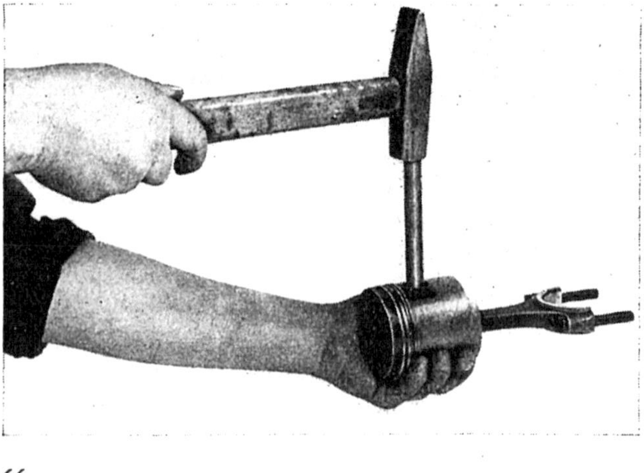

Abb. 20
Auch auf diese Art lassen sich die Kolbenbolzen entfernen

Das Herausnehmen der Kolbenbolzen läßt sich auch so durchführen: Kolben mit Pleuel werden mit einer Hand so gehalten, daß sich der Kolbenbolzen in senkrechter Lage befindet. Nun wird der schon erwähnte Dorn von oben angesetzt und der Kolbenbolzen mit der anderen Hand mit einem Hammer herausgeschlagen (Abb. 20). Das Pleuel (und vorsichtshalber auch Kolben und Kolbenbolzen) werden nun zu den dazugehörigen Teilen gelegt. Abschließend werden alle zerlegten Teile der Reihe nach in Waschbenzin gereinigt und wieder auf der jeweils mit der dazugehörigen Zylindernummer gezeichneten Ablage deponiert.

Paarungen

Es gibt vier unterschiedlich starke Kolbenbolzen (s. Tab. 6). Der Maßunterschied vom schwächsten zum jeweils nächststärkeren Bolzen beträgt 1/100 Millimeter. Dementsprechend sind auch die Bohrungen im Kolben und im Pleuel gestuft. Beim Kauf neuer Bolzen und auch Kolben sind diese Maße zu beachten, denn die Kolbenbolzen müssen sich in die Buchse des Pleuelkopfes mit Daumendruck einschieben lassen.
Als Paarungsmerkmale dienen Farbmarkierungen. Beim Kauf neuer Teile achtet man deshalb auch auf diese Markierungen und erwirbt möglichst Kolbenbolzen mit Kolben der Gruppe III oder IV (grün bzw. weiß markiert). Sie passen in der Regel gut zu den Pleuelaugen. Bei den Kolben der Gruppen I und II (rot bzw. gelb markiert) sitzen diese Kolbenbolzen möglicherweise zu locker in der Pleuelbuchse.

Tabelle 6: Paarungsspiele von Kolben, Kolbenbolzen und Zylindern

Benennung und Kennzeichnung	Fertigungsmaße	Benennung und Kennzeichnung	zulässige Einbauspiele min.	max.
Einbauspiele beim 40/45-PS-Motor				
Kolben (Zeichnung auf Kolbenboden)		**Zylinder** (Zeichnung an der oberen Rippe)		
A	75.93-75.94	A (rot)	0,05	0,07
Б	75.94-75.95	Б (gelb)	0,05	0,07
В	75.95-75.96	В (grün)	0,05	0,07
Kolbenbolzen (Zeichnung mit Farbe in der Bohrung)		**Kolben** (Zeichnung mit Farbe am Bolzenauge)		
I (rot)	21.9900-21.9925	I (rot)	0,00	0,0050
II (gelb)	21.9925-21.9950	II (gelb)	0,00	0,0050
III (grün)	21.9950-21.9975	III (grün)	0,00	0,0050
IV (weiß)	21.9975-22.0000	IV (weiß)	0,00	0,0050

Benennung und Kennzeichnung	Fertigungsmaße	Benennung und Kennzeichnung	zulässige Einbauspiele min.	max.
Einbauspiele beim 30-PS-Motor				
Kolben (Zeichnung auf Kolbenboden)		**Zylinder** (Zeichnung an der oberen Rippe)		
A	71.96-71.95	A (rot)	0,05	0,07
Б	71.95-71.94	Б (grün)	0,05	0,07
B	71.94-71.93	B (schwarz)	0,050	0,070
Kolbenbolzen (Zeichnung mit Farbe in der Bohrung)		**Kolben** (Zeichnung mit Farbe am Bolzenauge)		
I (schwarz)	20.0000-19.9975	I (schwarz)	0,005	0,00
II (grün)	19.9975-19.9950	II (grün)	0,005	0,00
III (gelb)	19.9950-19.9925	III (gelb)	0,005	0,00
IV (rot)	19.9925-19.9900	IV (rot)	0,005	0,00

So wird es jedenfalls vom Fahrzeughersteller vorgeschrieben. Die Erfahrungen zeigen aber, daß die erwähnten geringen Maßunterschiede bei den Kolbenbolzen kaum einen Einfluß auf die praktische Verwendung haben. Wenn die Buchse im Pleuelkopf noch nicht als ausgeschlagen zu bezeichnen ist, paßt in der Regel jeder Kolbenbolzen. Etwas anderes ist es mit den Maßen Kolben/Zylinder. Aber darauf kommen wir noch.

Lehre

Eine Lehre sollten wir beim Auswechseln der Kolben immer beherzigen: Kolbenbolzen und Kolben müssen zueinander passen! Die entsprechenden Maßangaben enthält Tabelle 6.
Wer den Idealzustand verwirklichen kann, neue Kolben mit Kolbenbolzen erst nach Demontage der Altteile zu beschaffen, kann sich glücklich schätzen. In diesem Falle hat er nämlich die Möglichkeit, die Stärke der neuen Kolbenbolzen anhand der alten Bolzen nach der schon erwähnten Daumendruckmethode zu ermitteln und danach die Paarung von Kolbenbolzen und Kolben vorzunehmen. Aber wer baut schon sein Fahrzeug auf Verdacht auseinander. Es wird darum in der Regel dabei bleiben müssen, die Paarung von Kolbenbolzen und Kolben nach den Werten der Tabelle 6 vorzunehmen.
Ähnliches gilt übrigens für die Paarung von Kolben und Zylinder. Tabelle 6 gibt auch hierzu die notwendige Anleitung. Hier sei lediglich erwähnt, daß ein Einbauspiel von minimal 0,05 mm bis maximal 0,07 mm gewährleistet sein muß.

Kolbenringe erneuern

Der betreffende Zylinder, von dem die Sicherung vorher entfernt worden ist, wird durch leichte Schläge mit dem Gummihammer gelöst, abgenommen und abgestellt. Ein sorgfältiges Abstellen ist notwendig, um Verwechslungen auszuschließen, falls weitere Zylinder abgenommen werden müssen. Schließlich muß man immer damit rechnen, daß die einzelnen Zylinder wieder verwendet werden können oder vielleicht sogar wieder verwendet werden müssen.
Der Kolben, von dem die Ringe abgenommen werden sollen, wird nun durch Drehen der Kurbelwelle mit der Handkurbel in die oberste Totpunktlage gebracht. Das ist die Lage, an der er am weitesten aus dem Kurbelgehäuse herausragt. Damit hierbei Kolben und Ringe nicht beschädigt werden, muß das Drehen sehr vorsichtig erfolgen.
R i n g e n o c h b e w e g l i c h: Sind die Kolbenringe in ihren Nuten noch beweglich, werden sie dennoch abgenommen und in dem dazugehörigen Zylinder auf ihre weitere Verwendbarkeit hin geprüft. Dazu wird der Ring etwa bis zur Laufstelle des Kolbens in die Laufbuchse des Zylinders geschoben und hier das Spiel am Stoß mit der Fühllehre (Abb. 21) gemessen. Es darf bei benutzten Teilen nicht größer als 1,8···2,0 mm sein. Ist es größer, müßte der Kolbenring erneuert werden.
Doch damit beginnt die Problematik. Durch den Betrieb des Motors unterliegen Kolben, Kolbenringe und Zylinderlaufbuchse einem natürlichen Verschleiß, wobei insbesondere die Laufbuchse des Zylinders durch die ständigen Auf- und Abwärtsbewegungen des Kolbens infolge der damit verbundenen jeweils anderen Stellung des Pleuels mit der Zeit eine leicht ovale Form annimmt. Werden bei dieser Form der Laufbuchse in die Kolben neue Ringe eingesetzt, tragen diese nicht in vollem Umfang, sondern nur an einigen Stellen. Die

Abb. 21
Messen des Kolbenringspieles bei eingelegtem Ring mit Hilfe einer Fühllehre

Folge davon ist, daß sich die neuen Kolbenringe nach ca. 3000 km Laufleistung der leicht ovalen Form des Zylinders wieder angepaßt haben und somit etwa die gleiche Undichtheit aufweisen wie die alten Ringe. Vor dem Einbau neuer Ringe ist daher genau zu untersuchen, wie Kolben und Zylinder insgesamt aussehen und ist danach – möglichst mit Hilfe eines Fachmannes – zu entscheiden, ob es nicht richtiger wäre, Kolben und Zylinder komplett zu wechseln. Das wird insbesondere dann zweckmäßig sein, wenn sich seitlich an den Kolben bereits schwarze Stellen (Ölkohle) gebildet haben und der Motor schon eine relativ hohe Laufleistung hinter sich gebracht hat. Aus eigenen Erfahrungen kann nur zu letzterem geraten werden, denn das Wechseln der Ringe allein bringt keinen Erfolg von langer Dauer, es schiebt nur das komplette Wechseln der Kolben und Zylinder auf einige tausend Kilometer hinaus.

Ringefest: Anders liegt der Fall, wenn einige Kolbenringe in ihren Nuten festsitzen, was durch Überhitzung des Motors im Fahrbetrieb oder nach etwa 15 000 ··· 20 000 km Laufleistung des Motors durchaus möglich sein kann. In einem solchen Fall wird zuerst versucht, die festsitzenden Ringe wieder freizubekommen, ohne sie dabei jedoch zu zerbrechen, denn sie können anschließend wieder verwendet werden. Diese Arbeit ist sehr mühevoll, außerdem erfordert sie Fingerspitzengefühl.
Sitzt der Ring am Stoß fest, läßt sich das Lockern des Ringes am günstigsten mit einem Madenschraubenzieher durchführen, indem versucht wird, den Schraubenzieher am Ringstoß unter den Ring zu schieben und denselben hiermit etwas anzuheben. Bewegt sich der Ring, ist er mit dem Finger wieder in die Nut zurückzudrücken und erneut mit dem Schraubenzieher anzuheben, bis sich die festsitzende Stelle des Ringes aus der Nut des Kolbens herausdrücken läßt. Jetzt wird der Ring abgenommen, gereinigt und auch die Nut des Kolbens von der Ölkohle befreit, die den Ring festhielt. Anschließend wird der Ring geprüft (s. Abb. 24). Kann er wieder verwendet werden, muß er sich leichtgängig in der Kolbennut bewegen lassen. Als Voraussetzung dazu ist es jedoch notwendig, die Stelle der Kolbennut, an der der Ring festsaß und die darum in der Regel zu eng ist, mit einer kleinen Feile (auch Kontaktfeile) entsprechend nachzuarbeiten, bis sie die richtige Weite hat und der Ring sich darin wieder leicht drehen läßt.

Kolbenklemmer: Sitzen die Kolbenringe eines Kolbens jedoch rundum fest und sind an der Kolbenlauffläche in Längsrichtung stärkere Riefen (Abb. 22 a) zu erkennen, sagt man, dieser Kolben hat „gefressen". Das „Fressen" eines Kolbens kann nach kurzer Laufleistung des neuen Motors auftreten. Zu scharfes Fahren während der Einfahrzeit ist meist die Ursache. Einen „gefressenen" Kolben muß man zusammen mit dem Zylinder austauschen.
Sind an der Kolbenlauffläche jedoch nur Schmierstellen (Abb. 22 b) als Ursache für das Festgehen der Kolbenringe zu erkennen, so kann ein solcher Kolben, nachdem die Kolbenringe abgenommen worden sind, an den Schmierstellen mit ganz feinem, möglichst gebrauchtem und damit stumpfem Schmirgelleinen wieder poliert werden. Zusätzlich ist es notwendig, die Ringnuten eines solchen Kolbens gewissenhaft zu reinigen. Dazu werden sie mit einem zerbrochenen alten Ring (Abb. 23) fein säuberlich ausgestoßen. Auf diese Art läßt sich die

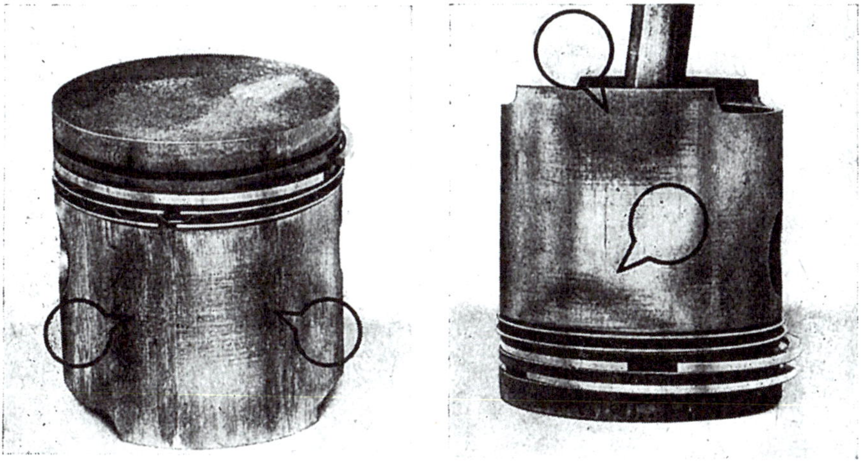

Abb. 22 Kolben unterschiedlicher Laufqualität. Die starken Schmierstellen und Riefen am Kolben a — der Zylinder weist sie gleichfalls auf — machen ihn für eine weitere Verwendung unbrauchbar. Kolben b zeigt dagegen nur blanke Stellen aus der Einlaufzeit; er kann wieder verwendet werden

Ölkohle sehr gut entfernen. Abschließend wird die Leichtgängigkeit der Ringe in der Nut, wie schon beschrieben, hergestellt (Abb. 24).
Die Ölabflußbohrungen in den Kolben (Abb. 25) verstopfen in der Regel nicht, es sei denn, die Ursache für ihr Zugehen ist ein Schaden irgendwo am Motor. Untersuchen wir jedoch Kolben oder Kolbenringe, kontrollieren wir diese Bohrungen auf jeden Fall mit.
Vor dem Einbau der neuen Kolbenringe prüfen wir dieselben auf das richtige Einbauspiel (s. Abb. 21). Ist es zu klein, kann der Ring am Stoß etwas abgefeilt werden, bis das notwendige Spiel gegeben ist. Es soll zwischen 0,25 und 0,55 mm liegen. Für die Scheiben der Ölabstreifringe wird ein Spiel von 0,9 bis 1,5 mm angegeben.
Nunmehr beginnt das Einsetzen der Kolbenringe. Der Ölabstreifring wird zuerst eingesetzt, und zwar in die untere Nut des Kolbens. Es sind in Wirklichkeit zwei Ringe mit Radial- und Axialspreizfeder. Dann kommt der mittelste Ring an die Reihe. Er ist verzinnt und hat scharfe Kanten. Der letzte, der obere Ring, ist verchromt und hat abgestumpfte Kanten. An den Innenflächen der beiden oberen Ringe, den Kompressionsringen, sind Kehlen vorhanden, die beim Einbau nach oben gerichtet sein müssen. Abbildung 26 zeigt die richtige Einbaulage der Kolbenringe beim 40/45-PS-Motor, Abbildung 27 die Verteilung der Ringe einschließlich Lage der Ringstöße am 30-PS-Motor.

Zusätzlich sei noch auf folgendes hingewiesen:

1. Das Aufziehen der Kolbenringe kann man sich erleichtern, indem man sich aus dünnem Blech oder Plastmaterial eine Art konische Haube schafft, diese über den Kolben stülpt und hierüber die Kolbenringe gleiten läßt. Das gibt insbesondere dem Laien die Gewißheit, daß die Kolben bei der Montage der Ringe nicht beschädigt worden sind.

Abb. 23
Ein zerbrochener alter Kolbenring dient zum Reinigen der Kolbenringnuten

Abb. 24
Auf diese Art prüft man die Leichtgängigkeit der Kolbenringe in den Kolbenringnuten

2. Auch neue Kolbenringe sind vor dem Einbau genauestens zu prüfen. Infolge Verwechslung beim Kauf kann es durchaus möglich sein, daß man Ringe erhalten hat, die nicht zum Schliff (Durchmesser) des Zylinders passen.

3. Als Schutzmaßnahme für den Kurbeltrieb, aus dem ja die Pleuel herausragen und der somit offen ist, sei empfohlen, denselben während der Reparatur mit einem sauberen Putzlappen abzudecken, damit keine Verunreinigungen (Ölkohle, Stücke von Kolbenringen u. a. m.) in das Kurbelgehäuse gelangen können.

Kolben aufziehen

Sind alle Teile, also Pleuel, Kolben, Kolbenbolzen und Sicherungsringe vorhanden, können die Kolben aufgezogen, d. h. Kolben und Pleuel mit den Kolbenbolzen verbunden werden. Dazu sind jedoch wiederum einige Vorbereitungen notwendig. Als erstes gilt es, die Kolben auf etwa 80···85 °C zu erwärmen. Die Bohrungen in den Kolben werden dadurch ein wenig weiter, und die Kolbenbolzen lassen sich relativ leicht in die Kolben einführen. Hat sich das Kolbenmaterial wieder abgekühlt, sitzt der Kolbenbolzen fest und kann mit den Sicherungsringen vorschriftsmäßig gesichert werden.

Abb. 25
Zugesetzte Ölabflußbohrungen reinigt man mit einem Madenschraubenzieher

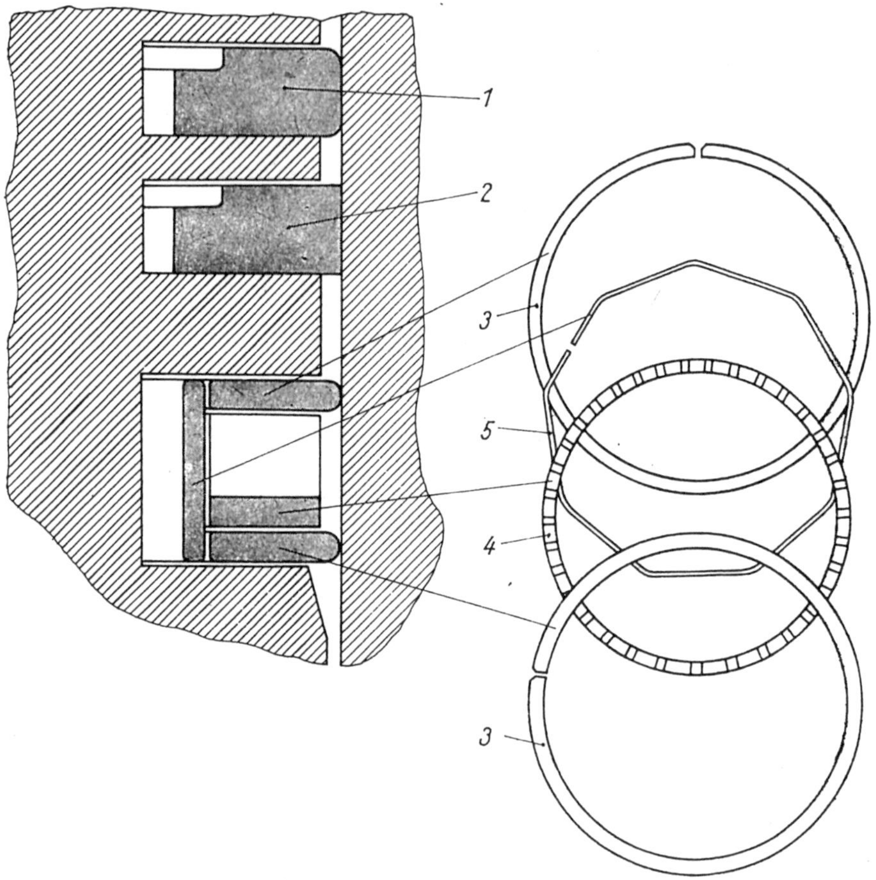

Abb. 26 Kolbenring-Einbaulage beim 40/45-PS-Motor; 1 — oberer Kompressionsring, 2 — unterer Kompressionsring, 3 — Ölabstreifring, 4 — Axial-Abstandsring, 5 — Radial-Abstandsring. Die Verteilung der Kolbenringstöße entspricht der des Bildes 27. Zusätzlich gilt: Die Stöße der beiden Abstandsringe liegen jeweils über den Kolbenbolzenaugen

Zweckmäßig zum Erwärmen der Kolben ist ein Ölbad, das auf einer elektrischen Heizplatte oder auf einer Gasflamme auf die geforderte Temperatur gebracht wird und in das die Kolben gelegt werden, denn die gesamte Kolbenmasse muß sich erwärmen. Der Fahrzeughersteller schreibt für das Erwärmen der Kolben ein Wasserbad vor. In der Werkstattpraxis werden die Kolben oftmals auf einer schwach eingestellten Heizplatte oder einer Gasflamme erwärmt, ohne daß sie dadurch Schaden nehmen. Kolben- und Ölabstreifringe dürfen sich in diesem Zustand der Montage noch nicht an den Kolben befinden.

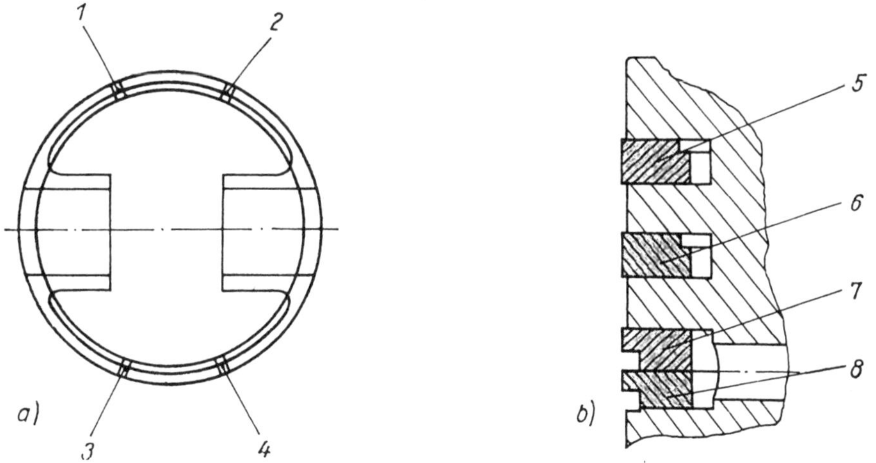

Abb. 27 Kolbenring-Einbaulage mit Ringstoßverteilung beim 30-PS-Motor; a — Lage der Kolbenringstöße, 1 — oberer Kompressionsring, 2 — erster Ölabstreifring, 3 — zweiter Ölabstreifring, 4 — unterer Kompressionsring; b — Kolbenringverteilung, 5 — oberer Kompressionsring, 6 — unterer Kompressionsring, 7 — erster Ölabstreifring, 8 — zweiter Ölabstreifring

Einbaurichtung

Es ist sorgfältig darauf zu achten, daß Kolben und Pleuel in der richtigen Lage zusammengebaut werden. An den Kolbenböden sind deshalb Pfeile vorhanden. Sie müssen bei eingebauten Kolben in Richtung der Steuerräder zeigen, also in Richtung der Keilriemenscheibe.
Das Aufziehen der Kolben wird einem erleichtert, indem man schon das Pleuel in der richtigen Stellung in den Schraubstock spannt. Diese richtige Stellung

Abb. 28
Markierung am Pleuelfuß, im Werk angebracht

markieren die Zeichen an Pleuel und Pleueldeckel, auf die wir beim Ausbau dieser Teile geachtet haben und die wir gegebenenfalls ergänzten bzw. sichtbar machten. Oder anders gesagt: Das Pleuel wird so in den Schraubstock gespannt, wie es im Motor eingebaut war. Das heißt, die schon erwähnten Markierungen der Pleuel – Abbildung 28 zeigt ein Beispiel – müssen, wenn sie im eingebauten Zustand nach rechts zeigten, auch im Schraubstock nach rechts weisen. In diesem Falle zeigen dann auch die Pfeile auf den Kolbenböden in Richtung des Monteurs. Das ist die Richtung, in der die Steuerräder des Motors liegen.

Einbaumethode

Während des Anwärmprozesses des Kolbens werden der zum Kolben gehörende Zylinder und der neue Kolbenbolzen zurechtgelegt. In letzterem ist bereits der Dorn eingeführt, mit dem die alten Bolzen herausgeschlagen worden sind, in ersterem die Kolbensicherung auf der der Pfeilspitze abgewandten Seite, mit dem Stoß nach unten zeigend.
Hat der Kolben die vorgeschriebene Temperatur erreicht, wird er mit einem Putzlappen erfaßt, auf das im Schraubstock eingespannte Pleuel gesetzt und der Kolbenbolzen mit dem Dorn von vorn in das Kolbenauge und in die vorher eingeölte Pleuelkopfbuchse gesteckt, bis er an den bereits eingesetzten Sicherungsring anstößt. Jetzt wird das Pleuel mit dem Kolben aus dem Schraubstock herausgenommen und der Kolben in den bereitstehenden Zylinder (s. Abb. 29) eingeführt.
Das wird auf Grund der Erwärmung und Ausdehnung des Kolbenmaterials nicht sofort voll gelingen, aber mit zunehmendem Erkalten rutscht der Kolben schließlich ganz hinein. Auf diese Weise wird gesichert, daß sich der Kolben beim Abkühlprozeß nicht verzieht, denn er wird durch den Zylinder rundherum gleichmäßig abgekühlt. Ist der Kolben einigermaßen abgekühlt, wird er aus dem Zylinder wieder herausgezogen und der zweite Sicherungsring in das andere Kolbenauge eingesetzt, ebenfalls mit dem Stoß nach unten. Nach vollständiger Abkühlung der Kolben müssen die Kolbenbolzen fest in den Kolben sitzen. Eine Bewegung darf nur in den Pleuelkopfbuchsen möglich sein.

Kolben einsetzen

Dem nun fälligen Einsetzen der Kolben in die Zylinder geht das Aufziehen der Kolbenringe voraus. Im Abschnitt „Kolbenringe erneuern" wurde es schon beschrieben. Darum hier gleich einige Ausführungen zur Praxis des Kolbeneinsetzens.
Bevor mit dem Einsetzen der Kolben mit den Pleueln in die Zylinder begonnen wird, sind die jeweils zusammengehörenden Kolben und Zylinder so aufzustellen, daß sie in der richtigen Einbaulage zusammengefügt werden können. Als Merkmale für die richtige Einbaulage seien genannt: Der 1. und 2. Zylinder müssen mit ihren breiten Kühlrippen zum Steuerräderdeckel zeigen. Die

Pfeile auf den Böden der beiden dazugehörenden Kolben weisen ebenfalls in diese Richtung. Anders beim 3. und 4. Zylinder. Ihre breiten Kühlrippen müssen in Richtung der Schwungscheibe und die Pfeile auf den dazugehörenden Kolben entgegengesetzt, also zu den schmalen Kühlrippen der Zylinder, zeigen.
Werden diese Merkmale beachtet, kann eigentlich nichts schief gehen. Beachtet man sie nicht, müssen die Kolben herausgenommen und erneut eingesetzt oder im eingebauten Zustand in den Zylindern gedreht werden. Insbesondere das Drehen der Kolben kann die Stellung der Ringe verändern (die Stöße erhalten eine andere Anordnung, und die Ringe dichten dann nicht mehr richtig), was u. U. eine neue Demontage und Montage der Kolben nach sich zieht.
Abbildung 29 zeigt das Einsetzen eines Kolbens in seinen Zylinder. Wird der

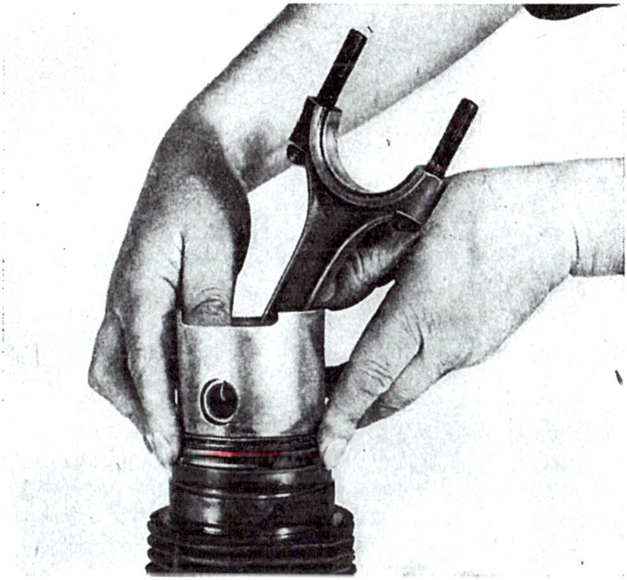

Abb. 29
So werden Kolben und Zylinder zusammengefügt; bei leichtem Druck auf die Ringe spuren dieselben ein

Zylinder dazu auf den Kopf gestellt, geht das, ein wenig Fingerfertigkeit vorausgesetzt, recht schnell vonstatten. Tritt hierbei dennoch einmal eine Störung auf, so darf auf keinen Fall versucht werden, den Kolben mit Hilfe des Pleuels mit Gewalt in den Zylinder hineinzudrücken. Der Einsetzvorgang ist in diesem Falle zu unterbrechen, und es ist zu prüfen, ob sich vielleicht ein schon eingeführter Ring verklemmt hat. In diesem Falle muß der Einsetzvorgang nach Kontrolle der Stellung der Kolbenringe, wie sie in den Abbildungen 26/27 gezeigt wird, von neuem beginnen.
Bei exakt verlaufendem Einsetzvorgang hört man übrigens das Einspuren jedes einzelnen Kolbenringes, wenn dieser von der Zylinderschrägung (Phase) in die parallele Zylinderlaufbahn gelangt.

Pleuel und Zylinder

Auch bei dieser Arbeit kommen uns wieder die Markierungen an den Pleueln und Lagerschalen (s. Abb. 28) zustatten. Wir richten uns konsequent danach. Bevor wir Zylinder mit Kolben und Pleuel auf die betreffende Stelle des Kurbelgehäuses aufsetzen, drehen wir zunächst die Kurbelwelle mit der Handkurbel so, daß der betreffende Kurbelwellenzapfen nach unten zeigt. Danach führen wir Pleuel mit Kolben (ohne Lagerschalen und Lagerdeckel) in das Kurbelgehäuse ein und legen den Zylinder mit der im Abschnitt „Kolben und Zylinder" schon erwähnten selbstgefertigten Vorrichtung fest.
Nicht zu vergessen ist hierbei, v o r dem Einführen von Pleuel und Kolben die Papierdichtung unter dem Zylinder zu erneuern. Steht keine Originaldichtung zur Verfügung, so fertigt man sich dieselbe aus etwa 0,3 mm starkem Papier. Die Maße sind: Durchmesser innen 86 mm, außen 95 mm.
Jetzt ölen wir den Kurbelzapfen leicht ein und setzen die Lagerschalen an. Die obere Lagerschale kommt in den Pleuelfuß, die untere Lagerschale in den Lagerdeckel. Dabei achten wir auf die richtige Lage der Schalen, damit die Aussparungen zur Sicherung gegen ein Verdrehen (Abb. 30) richtig eingreifen. Daran schließt sich die Kontrolle darüber an, ob Lagerdeckel und Lagerschale so zusammengefügt wurden, daß die schon mehrfach erwähnten Markierungen übereinstimmen.

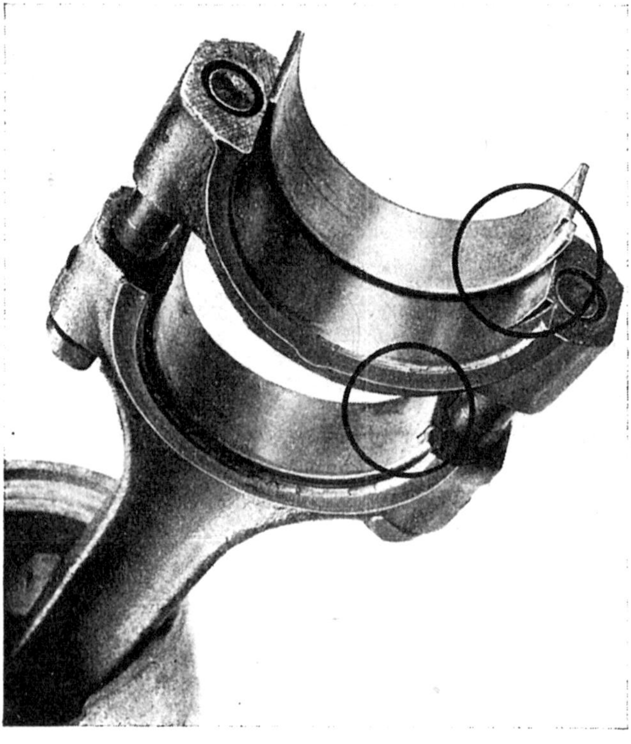

Abb. 30
Zum Einbau vorbereitete Lagerschalen; die Aussparungen zur Sicherung gegen ein Verdrehen müssen ineinandergreifen

Nunmehr werden die Pleuelschraubenmuttern gleichmäßig, aber noch nicht endgültig, festgezogen, denn wir schalten erneut eine Kontrolle ein. Dazu drehen wir die Kurbelwelle eine Umdrehung durch, um festzustellen, ob wirklich alle Teile in die richtige Lage gebracht worden sind, also nichts kantet, nichts klemmt. Läßt sich die Kurbelwelle nicht drehen, befindet sich vielleicht eine Lagerschale nicht in der richtigen Lage. Es muß dann der Lagerdeckel nochmals abgenommen und geprüft werden, was falsch sitzt, um den Fehler zu beseitigen. Jetzt erst werden die Pleuelschraubenmuttern endgültig festgezogen, nach Werksangaben mit einem Kräftemoment von 4,5· · ·5,2 kpm. Danach wird die Kurbelwelle zwecks Kontrolle erneut eine Umdrehung durchgedreht. Stimmt alles, werden die Muttern versplintet. Hierbei dürfen die Muttern bei Nichtübereinstimmung der Schlitze in den Muttern mit den Löchern in den Schraubenbolzen niemals zurückgedreht werden.
Die Befestigung der Pleuel auf der Kurbelwelle mit Kontermuttern, also mit doppelten Muttern und ohne Splinte, wie bei den neueren SAS-Typen, erleichtert das Festziehen der Pleuellagerschrauben sehr. Die jeweilige Sicherungsmutter wird hierbei, nachdem sie an der ersten Mutter anliegt, nur um 1,5 bis 2 Schlüsselflächen weitergedreht, und die Pleuelschraube ist gesichert.
Sind alle Pleuel mit Kolben und Zylindern auf diese Art montiert und ist ihr Sitz sorgfältig geprüft worden, können abschließend Ölpumpe mit Saugrohr und Ölwanne angebaut werden, wobei wieder auf einwandfreie Dichtungen zu achten ist. Danach folgen die weiteren Arbeiten, wie im Abschnitt „Zylinderköpfe" beschrieben. Hinzu kommen gegebenenfalls noch die Arbeiten, die sich aus den Abschnitten „Zündanlage", „Vergaser" usw. ergeben.

Stehbolzen

Es kann bei einer Reparatur am Motor durchaus vorkommen, daß eine Befestigungsschraube der Zylinder und Zylinderköpfe (Stehbolzen) abbricht, aus dem Kurbelgehäuse herausreißt oder das Herausreißen dieser Schraube überhaupt die Ursache der Reparatur ist. Wer die Möglichkeit hat, sich diese Schrauben anfertigen zu lassen, kann das nach den Maßen in Abbildung 31 tun. Sie gelten sowohl für den 30-PS-Motor als auch für den 40- bzw. 45-PS-Motor.

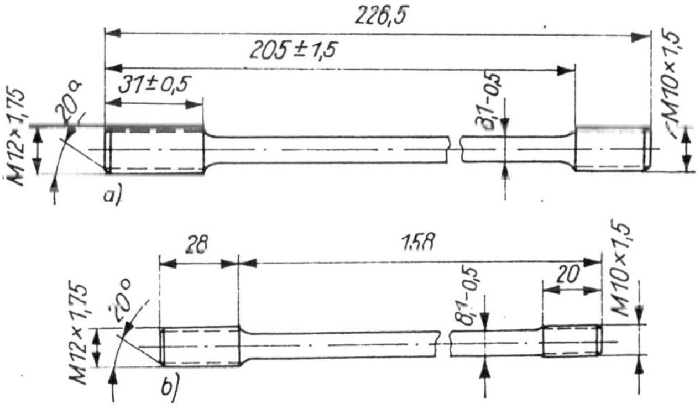

Abb. 31
Zugbolzen für Zylinderköpfe und Zylinder; a — für den 40/45-PS-Motor, b — für den 30-PS-Motor

Beim Herausbohren des Bolzenrestes, was möglichst mit einem Linksbohrer geschehen sollte, und Bohren sowie Schneiden des Gewindeloches – der Zylinderkopf muß vorher natürlich abgebaut worden sein – ist das Kurbelgehäuse gut mit Putzlappen abzudichten, damit keine Späne hineingelangen können. Die Maße für das Gewindeloch sind: Gewindebohrer M 12 × 1,75, Gewindelochlänge 29 mm. Zu achten ist bei dieser Arbeit insbesondere darauf, daß das Gewinde genau senkrecht zum Block geschnitten wird. Anderenfalls kann es einem passieren, daß die neue Befestigungsschraube bald wieder ausreißt oder abbricht.
Die Einbauhöhen der Befestigungsschrauben für den 30-PS-Motor sind 158,5 bis 159,5 mm, für den 40- bzw. 45-PS-Motor 196,5 bis 197,5 mm.

Probelauf und Probefahrt

Nachdem alle Teile am Motor wieder ordnungsgemäß montiert worden sind, wird der Probelauf des Motors vorbereitet. Dazu gehört, daß der Vergaser mit Hilfe des Handhebels an der Kraftstoffpumpe mit Kraftstoff gefüllt wird, bis am Hebel nur noch der Leerweg zu spüren ist. Das Einströmen des Kraftstoffes in den Vergaser hört man übrigens, wenn der Kraftstoff durch das Schwimmernadelventil fließt. Ist dieses Geräusch nicht mehr zu hören, ist der Vergaser mit Kraftstoff gefüllt. Zu achten ist hierbei darauf, daß der Vergaser nicht überläuft, also außen naß wird. In diesem Falle muß der Fehler erst beseitigt werden, bevor der Motor gestartet wird. Hinweise dazu sind im Abschnitt „Vergaser" zu finden. Die Zündkerzen sollten bei dieser Gelegenheit ebenfalls gründlich überprüft und je nach Laufleistung, zumindest aber bei der Erneuerung der Kolben und Zylinder, gewechselt werden. Der richtige Abstand der Elektroden zueinander beträgt beim Zündkerzentyp M 14 × 240 0,7 bis 0,9 mm.
Die Zündanlage wird nach den Hinweisen im Abschnitt „Zündanlage" überprüft und eingestellt. Das Kurbelgehäuse ist mit neuem Motorenöl zu füllen.
Nun kann der Motor angelassen werden, wie es im Abschnitt „Kaltstart" beschrieben worden ist. Ist er angesprungen, dreht man die Leerlaufanschlagschraube etwas weiter nach rechts, damit sich ein etwas erhöhter Leerlauf ergibt. Läuft der Motor, sollte man sich, zufrieden mit der geleisteten Arbeit, eine Pause von 5 Minuten gönnen und denselben in dieser Zeit weiterlaufen lassen. Danach schaltet man ihn ab und überprüft rundherum, ob irgendwo Öl, also eine Undichtheit, zu bemerken ist. Wird derartiges nicht festgestellt, wird der Motor erneut gestartet, aber die Leerlaufeinstellung so weit zurückgenommen, daß er mit normaler Leerlaufdrehzahl läuft. Die endgültige Leerlaufeinstellung erfolgt erst nach einer Probefahrt, bei der der Motor seine Betriebstemperatur erreicht hat.
Die Leerlaufeinstellung beschreibt die Betriebsanleitung. Je gründlicher man sie vornimmt, um so besser ist es für den Motor. Wir merken uns folgendes: Zuerst einmal wird die Leerlaufanschlagschraube (3 in Abb. 47) so weit zurückgedreht (links herum), bis der Motor eine niedrige Drehzahl erreicht hat, aber noch nicht ausgeht. Dann wird die Leerlaufgemischregulierschraube (1 in Abb. 47) langsam hineingeschraubt (rechts herum). Verlangsamt sich hierbei

die Drehzahl, wird die Schraube wieder zurück (links herum) gedreht und hierbei die Stellung gesucht, bei der die Motordrehzahl bei unverändert gebliebener Stellung der Leerlaufanschlagschraube am größten ist. Nunmehr kann die Leerlaufanschlagschraube soweit zurückgedreht werden, daß der Motor beim Treten der Kupplung nicht stehenbleibt.
Eine Probefahrt ist insbesondere nach dem Einbau neuer Kolben und Zylinder sehr gewissenhaft vorzunehmen. Am besten, man richtet sich hierbei nach den Hinweisen im Abschnitt „Einfahren oder nicht?" und nach den Empfehlungen der Betriebsanleitung für das Einfahren des neuen Motors.

Nocken- und Ausgleichwelle

Reparaturen an Nocken- und Ausgleichwelle sind dem Laien nicht möglich, es kann nur die Vertragswerkstatt helfen. Dennoch sei hier einiges zu diesen beiden Wellen gesagt.
Die Nockenwellenlagerung sowie die Lagerung der Ausgleichwelle sind beim 30-PS-Motor des Typs 965 A relativ störanfällig. Ein Fehler macht sich durch starkes Klopfen am Stirnraddeckel bemerkbar. Das Klopfen ist noch deutlicher zu hören, wenn der Deckel vom Öleinfüllstutzen abgeschraubt worden ist.
Bei den 40- und 45-PS-Motoren der Typen 966/968 sind die Lagerungen der Nocken- und Ausgleichwelle wesentlich verbessert worden. Fehler sind darum recht selten. In der Regel ist es so, daß Reparaturen hieran nur bei einer Grundinstandsetzung des Motors, d. h. bei einer Generalüberholung nach längerer Laufzeit, vorgenommen zu werden brauchen. Dennoch sollten wir auch ein Ohr hierfür haben, wenn im Motor ungewohnte Geräusche zu hören sind, die u. U. von diesen beiden Wellen herrühren könnten, und rechtzeitig einen Fachmann konsultieren.

Ölzentrifuge

Im Abschnitt „Fahrzeugvorstellung" ist bereits erwähnt worden, daß das Motorenöl bei den SAS-Typen nicht durch Filter, sondern durch eine Zentrifuge oder Ölschleuder (Abb. 32) gereinigt wird. Diese Schleuder ist in der Riemenscheibe, die auf der Kurbelwelle sitzt, angeordnet und reinigt bei Betrieb des Motors ständig das im Motor umlaufende Öl.
Erfreulich für uns ist, daß eine Reparatur an der Ölschleuder in der Regel nicht notwendig ist, wohl aber eine gründliche Reinigung von Zeit zu Zeit, vielleicht alle 8000 · · · 10000 km.
Zum Zwecke der Reinigung werden, nachdem der Keilriemen abgenommen worden ist, die Schrauben des Deckels mit einem 10 mm-Schlüssel gelöst und der Deckel entfernt. Aber Vorsicht! Die Ölschleuder enthält etwa 0,2 l Öl, das schon beim Lockern des Deckels in das Spritzblech unterhalb des Motors fließt und, wenn es hier stehenbleibt, den Motor im Fahrbetrieb relativ schnell und stark verschmutzt. Man fängt das Öl deshalb am besten in einem flachen Behälter auf, bevor es Schaden anrichten kann.

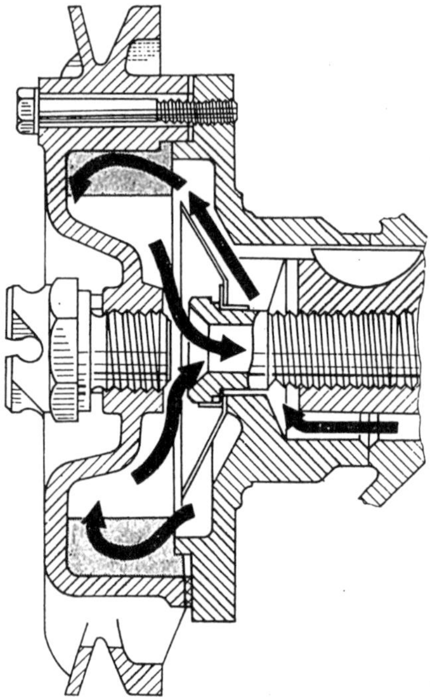

Abb. 32
Ölzentrifuge im Schnitt, die Pfeile zeigen den Weg des Motorenöles, die gerasterten Flächen die Ölschlammablagerungen bei ca. 20 000 km

Der Ölschlamm sitzt in allen Vertiefungen der Ölschleuder, insbesondere an ihren äußeren Innenwänden und setzt hier die Zulaufkanäle mit der Zeit zu, wenn er nicht entfernt wird. Für den Motor hieße das, die Reinigung seines Öles wäre blockiert. Motorschäden wären unausbleiblich die Folge.
Ölschlammablagerungen in der Höhe, wie sie Abbildung 32 zeigt, führen schon fast zum Ausfall der Ölreinigung. Wer bei seinem Fahrzeug ähnliche Mengen Ölschlamm in der Ölzentrifuge vorfindet, kann sicher sein, daß er sich ca. 20 000 km nicht um deren Reinigung bemüht hat.
Zwischen Ölschleuderdeckel und Motorengehäuse liegt eine Dichtung. Ist sie defekt, was sich durch Ölablagerungen an der Riemenscheibe der Kurbelwelle bemerkbar macht, wird sie erneuert. Diese Dichtung trägt beim 30-PS-Motor die Ersatzteilnummer 965–101–7025-G 3 und beim 40- bzw. 45-PS-Motor die Ersatzteilnummern 968–101–7065.

Ölpumpe

Die Ölpumpe bedarf kaum einer Reparatur, weil sie sehr zuverlässig arbeitet. Ist der Motor, wie im Abschnitt „Kolben und Zylinder" beschrieben, aber zerlegt, ist es angebracht, auch die Ölpumpe zu kontrollieren.
Die uns an der Ölpumpe möglichen Kontrollen bzw. Reparaturen seien kurz erläutert: Die 5 Befestigungsschrauben des Deckels – vorausgesetzt, die Ölwanne ist abgebaut – werden gelöst und der Deckel mit Dichtung abgenom-

men. Die Dichtung darf hierbei nicht beschädigt werden, anderenfalls ist sie zu erneuern. Nun wird die Ölpumpe in Waschbenzin gereinigt und das Spiel zwischen den Flanken der Zahnräder mit einer Lehre gemessen. Es darf nicht größer als 0,22 mm sein. Die nächste Prüfung gilt dem Spiel zwischen Zahnrädern und Gehäusedeckel. Dieses Spiel soll nicht über 0,12 mm betragen. Liegen diese Werte höher oder ist schon mit bloßem Auge zu erkennen, daß die einzelnen Ölpumpenteile stark ausgeschlagen sind, wechselt man die Ölpumpe komplett. Ist jedoch nur das Spiel zwischen den Stirnseiten der Zahnräder und dem Gehäuse etwas zu groß, prüfen wir das mit einem Lineal aus Metall, einem Winkelschenkel oder einer Schiebelehre (Abb. 33) genauer, denn haben die Stirnflächen der Zahnräder zum Deckel mehr als 0,10 mm Spiel, kann die Pumpe nicht den erforderlichen Öldruck aufbauen. Man behilft sich in diesem Falle damit, daß man das Gehäuse der Pumpe auf einer glatten Fläche, belegt mit feinem Schmirgelleinen, bis auf das vorgeschriebene Maß zwischen Stirnfläche der Zahnräder und Deckel abschleift. Zuvor ist die Achse des angetriebenen Zahnrades herauszuschlagen (Pumpe möglichst zwischen zwei Hartholzklötzchen legen). Die Dichtfläche darf dabei nicht beschädigt werden. Als Mindestabstand muß jedoch ein Spiel von 0,04 mm verbleiben.
Vor dem Einbau der Ölpumpe sind alle Teile gründlich zu reinigen. Die Dichtung am Deckel wird gegebenenfalls durch eine neue ersetzt. Diese Dichtung kann man sich notfalls aus Durchschlagpapier selber fertigen. Ein stärkeres

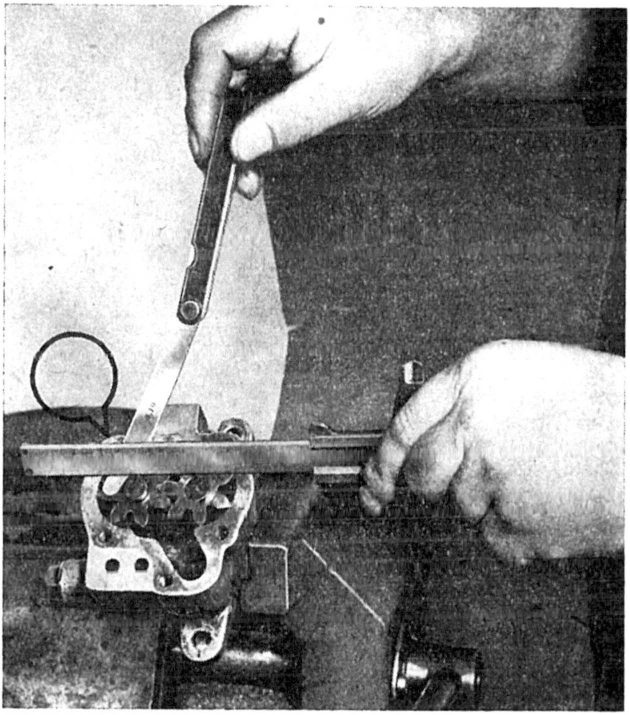

Abb. 33
Mit Lineal und Fühllehre läßt sich das Spiel zwischen Zahnrädern und Pumpengehäuse ermitteln

Dichtungsmaterial würde das Spiel zwischen Zahnrädern und Deckel wieder zu groß werden lassen.

Druckminderventil

Als weitere Maßnahme vor dem Einbau der Ölpumpe ist das Druckminderventil – es sitzt seitlich am Ölpumpengehäuse – zu prüfen. Wenn eine genaue Prüfung auch nur auf einem speziellen Prüfstand möglich ist, so bleibt uns jedoch die Begutachtung des technischen Zustandes der Einzelteile. Hierzu wird die Verschlußschraube gelöst und werden Feder und Kugel herausgenommen. Danach werden alle Teile gereinigt und geprüft. Sind an der Kugel keine Druckstellen zu sehen, ist die Feder nicht gebrochen, und sind auch keine Reibstellen an den Windungen der Feder zu bemerken, wodurch der Federdruck gebremst werden könnte, wird das Ventil wieder zusammen- und eingebaut. Zuvor ist jedoch der Kanal, der die Einzelteile aufnimmt, mit Hilfe von Waschbenzin und einem Holzstäbchen gründlich zu reinigen. Metallische Reinigungshilfsmittel könnten den Sitz der Kugel beschädigen. Das Druckminderventil soll zwischen 4···6 kp/cm^2 öffnen und das Öl in das Kurbelgehäuse des Motors durchlassen.
Zu den neueren Saporoshez ist wieder zu bemerken, daß die Konstruktion der Ölpumpe verändert worden ist, wodurch sich die Leistungsfähigkeit der Pumpe und der Druck im Schmiersystem erhöhten.
Abschließend nur noch die Bemerkung, daß beim Einbau der Ölpumpe auf eine einwandfreie Abdichtung zwischen Ölpumpe und Saugrohr zu achten ist.
Beim 30-PS-Motor ist die Ölpumpe im Steuergehäusedeckel angeordnet und bedarf keiner besonderen Wartung. Sollten jedoch Steuergehäusedeckel oder auch Ölwanne demontiert worden sein, kontrolliert man den Sitz des Gummidichtringes am Ölsaugrohr. Er liegt zwischen Steuergehäusedeckel und Kurbelgehäuse.

Keilriemen

Aus Abbildung 34 gehen Methode und Ergebnis der Keilriemenspannung hervor. Dennoch sollte man dazu folgendes wissen: Die Ausgleichscheiben können aus der geteilten Riemenscheibe des Lüfterantriebes herausgenommen und hinter die Druckkappe gelegt werden. Dadurch wird die bewegliche Riemenscheibenhälfte weiter an die feststehende Riemenscheibenhälfte herangedrückt, und der Keilriemen wird straffer, weil er jetzt höher zwischen den beiden Riemenscheibenhälften läuft.
Zum Spannvorgang selbst wird die Mutter gelöst. Dabei wird der vierte Gang eingelegt, auf die Mutter ein Ringschlüssel gesetzt und mit einem Gummihammer vorsichtig auf den Ringschlüssel geschlagen, bis sich die Mutter gelöst hat. Festgezogen wird diese Mutter in der gleichen Weise, nur in umgekehrter Reihenfolge. Das Spiel bei gespanntem Keilriemen soll 12···15 mm

Abb. 34
Methode und Ergebnis der Keilriemenspannung beim 40/45-PS-Motor

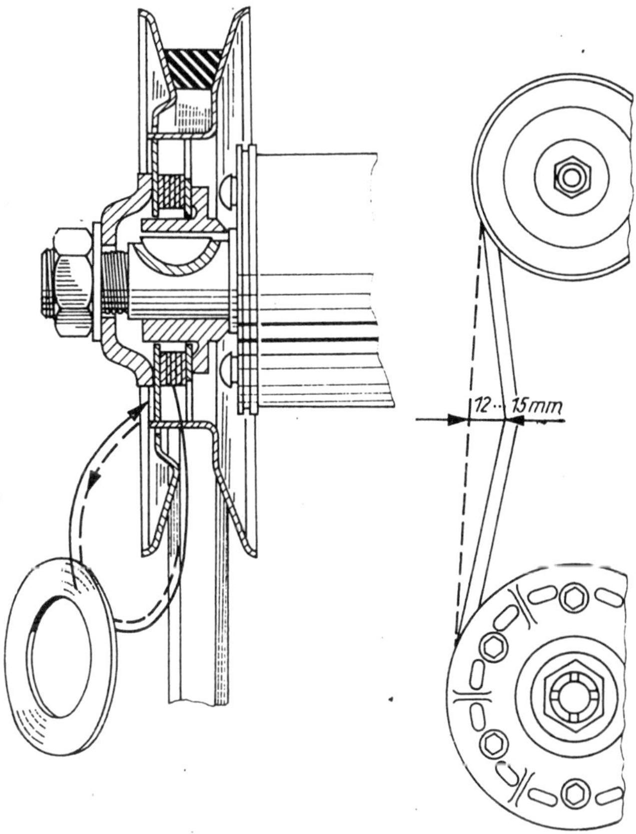

betragen. Beim SAS 965 A wird zum Spannen des Keilriemens das Spannband des Lüfters gelöst und der Lüfter danach im Uhrzeigersinn gedreht, bis die erforderliche Keilriemenspannung erzielt ist.

Kühlsystem und Öltemperatur

Seitdem die sowjetischen Pkw vom Typ Saporoshez in größerer Stückzahl auf den Straßen unserer Republik gefahren werden, gab es besonders in den Sommermonaten Hinweise von den Fahrzeugbesitzern, daß die Öltemperatur über die zulässige Grenze ansteigt, wenn der Wagen schnell und zügig gefahren wird. Manche sahen darin eine Einschränkung des Gebrauchswertes, andere vermuteten einen konstruktiven Mangel und erhöhten die Ölmenge oder sorgten für zusätzliche Ölkühlung. Mit solchen, zum Teil recht kostspieligen Änderungen wird zwar die Wirkung von Fehlern kompensiert, aber die eigentliche Ursache, also der Fehler selbst, nicht beseitigt. Der VEB Imperhandel hat diese Problematik eingehend untersucht und eine Reihe von Feh-

lerquellen festgestellt, die sich jedoch sämtlich durch exakte Einstellung oder durch Austausch schadhafter Teile beseitigen lassen. Bei einwandfreiem Zustand des Wagens wird der serienmäßige Motor auch bei hochsommerlichen Temperaturen nicht zu heiß, vorausgesetzt, er wird nicht überfordert.
In der Betriebsanleitung wird eine maximale Geschwindigkeit von 120 km/h genannt, die der Wagen auch erreicht. Diese Höchstgeschwindigkeit kann aber nicht als Dauergeschwindigkeit verstanden werden. Das gilt für alle Kraftfahrzeuge. Die Saporoshez-Typen bilden in dieser Beziehung keine Ausnahme. 100 bis 105 km/h kann man dem SAS 966/968 über lange Strecken zumuten, wobei die Öltemperatur nicht wesentlich über 100 °C ansteigen darf. Für höhere Dauergeschwindigkeiten ist der serienmäßige 40-PS-Motor nicht ausgelegt, ganz abgesehen davon, daß auf unseren Autobahnen nur 100 km/h gefahren werden dürfen. Wer den Saporoshez für sportliche Einsätze nutzen und schneller machen möchte, kann mit einer vergrößerten Ölwanne, einem zusätzlichen Ölkühler oder auch mit einer kleineren Keilriemenscheibe auf der Lüfterwelle die Kühlung des Motors der erhöhten Beanspruchung anpassen. Doch diese Änderungen gehören bereits in das Gebiet sportlichen Frisierens und werden auf eigene Gefahr vorgenommen. Für die normale verkehrsübliche Benutzung des Saporoshez sind sie nicht notwendig.

Funktionsweise

Es gibt jedoch auch Wagen, wie einige Reklamationen zeigen, bei denen die Öltemperatur bei hohen Außentemperaturen auf 110 °C ansteigt, obwohl sie kaum schneller als 80 km/h gefahren werden. Hier liegt meist ein Fehler am Kühlsystem vor. Dem luftgekühlten Heckmotor des SAS 966/968 wird die Kühlluft durch die seitlichen Luftschächte zugeführt, deren verstellbare Klappen im Sommer voll geöffnet sein müssen. Es ist vorgekommen, daß sich eine der

Abb. 35
Mit einem Stück Holz läßt sich die Klappe im rechten Luftschacht offenhalten

Abb. 36
Starke Verschmutzung der Klappen in den Ableithauben ist das Zeichen dafür, daß sie während der Fahrt geschlossen blieben, obwohl sie geöffnet sein sollten, und somit der erwärmten Kühlluft den Weg ins Freie versperrten

Klappen von ihrer Achse gelöst und unter dem Einfluß des Fahrtwindes teilweise geschlossen hat. Man kann sie bis zur Reparatur mit einem Holzstück blockieren (Abb. 35), um den Kühlluftkanal offen zu halten.
Im Motorraum wird die Külluft vom Axiallüfter angesaugt und durch die Zylinderkühlrippen schräg nach unten links und rechts in die Ableithauben gedrückt. Die Zylinderrippen und die Lamellen des Ölkühlers, der in Fahrtrichtung vor dem Lüfter unter dem Luftleitblech sitzt, dürfen nicht zu stark verschmutzt sein, sonst wird die Wärmeableitung behindert, und die Öltemperatur steigt ebenfalls an.
In der Heckwand befinden sich links und rechts der Kennzeichentafel Luftschlitze, die vom Werk mit einer Plastfolie zugeklebt sind. Diese Schlitze müssen beim SAS 966 und 968 mit dem 40- und auch 45-PS-Motor geschlossen sein, sonst strömt hier ein Teil der durch die seitlichen Luftschächte eintretenden Kühlluft wieder aus und geht für die Motorkühlung verloren. Sollte sich die Folie lösen, so kann sie mit Chemikal Klebstoff (Tube 0,65 M) wieder befestigt werden, nachdem die Klebeflächen mit Waschbenzin gründlich gesäubert wurden. In der Sowjetunion läuft der SAS 966 B mit der gleichen Karosserie, aber mit dem 30-PS-Motor vom alten Typ 965 A, dessen Axiallüfter die Luft von den Zylindern absaugt und nach hinten durch diese Schlitze herausdrückt. Deshalb können sie nicht generell wegfallen.
Die Betriebstemperatur wird beim 40-PS-Motor durch zwei von Thermostaten gesteuerte Drehklappen geregelt, die sich links und rechts in Höhe des Bodenbleches in den Ableithauben befinden (Abb. 36). Bei kaltem Motor schließen die Klappen die Luftaustritte nach unten und leiten die von den Zylindern kommende Kühlluft durch je zwei Fenster in den Motorraum. Hier wird die schon erwärmte Luft vom Gebläse erneut angesaugt, an den Zylindern stärker erwärmt usw. Das Umluftprinzip (vorhandene Luft kreist im Motorraum) sorgt für eine rasche Erwärmung des kalten Motors und vermeidet im Winter den unterkühlten Betrieb, bei dem Viertaktmotoren schlecht ziehen und einem hohen Verschleiß unterliegen.

Bei 80···100 °C Öltemperatur müssen die Thermostate die Klappen so weit gedreht haben, daß die Fenster zum Motorraum geschlossen und die Luftaustritte nach unten ins Freie voll geöffnet sind. Bei einigen untersuchten Fahrzeugen öffnete ein Thermostat (meistens der rechte) die Klappe nur zur Hälfte. Dadurch strömte ein Teil der erwärmten Kühlluft weiter in den Motorraum und heizte den Motor, der bereits die Betriebstemperatur erreicht hatte, weiter auf. Nach Abschrauben des Oberteiles der Ableithaube kommt man an den Thermostaten heran, kann den Splintbolzen an der Verbindung zwischen der Drehklappe und der Einstellhülse lösen und die Hülse einige Umdrehungen herausschrauben, damit der Thermostat die Klappe weiter öffnet. Ändert sich nach dieser Korrektur die Stellung der Klappe nicht, so muß der Thermostat erneuert werden. Unterwegs kann man sich mit einem S-förmigen Drahthaken helfen, der an der Unterkante der voll geöffneten Klappe und am Rand des Oberteils der Ableithaube eingehängt wird. Der S-Haken blockiert die Drehklappe in voll geöffneter Stellung (Abb. 37).

Abb. 37
Mit S-förmigen Drahthaken lassen sich die Klappen, wenn sie nicht oder nicht voll öffnen, offenhalten. Der erwärmten Kühlluft wird so der Weg ins Freie ermöglicht

Falsche Zündeinstellung

Auch bei falscher Zündeinstellung ergeben sich höhere Öltemperaturen. Es wurde festgestellt, daß einige Motoren mit Spätzündung liefen und dadurch zu heiß wurden, obwohl die Zündung nach der Markierung „M 3“ auf der Keilriemenscheibe genau eingestellt war. Die Markierungen für den Zeitzündpunkt „M 3“ und den oberen Totpunkt „BMT“ stimmten mit der entsprechenden Stellung der Kurbelwelle nicht überein. Besteht dieser Verdacht, so sollte (in einer Vertragswerkstatt) der obere Totpunkt genau festgestellt und eine neue Einstellmarkierung am Gehäusedeckel entsprechend der gefundenen Stellung der Marke „BMT“ an der Riemenscheibe angebracht werden. Dieser Gehäusemarkierung wird dann der Zündzeitpunkt „M 3“ gegenübergestellt und danach die Zündung neu eingestellt.

Temperaturanzeige

Bisher wurde davon ausgegangen, daß der Temperaturgeber und das Anzeigegerät im Armaturenbrett einwandfrei funktionieren. Auch hier können Fehler dazu führen, daß die Anzeige mit der tatsächlichen Temperatur nicht übereinstimmt. Zur Kontrolle der Öltemperatur eignet sich zum Beispiel ein Stockthermometer mit einer Skala bis 200 °C, wie es für Zentralheizungen angeboten wird (Preis 4,50 M). Der 120 mm lange und maximal 8,5 mm dicke Fühler am Stockthermometer paßt in die Gewindebohrung im Kurbelgehäuse, in die der Halter des Ölmeßstabes eingeschraubt ist (Abb. 38). Nahe dieser Meßstelle ist der elektrische Temperaturgeber in die Ölwanne eingeschraubt, so daß an beiden Meßstellen gleiche Temperaturen angenommen werden können.

Abb. 38
Mit einem Stockthermometer läßt sich die Öltemperatur exakt ermitteln

Vom Hersteller des Saporoshez werden für die elektrische Öltemperaturanzeige folgende Toleranzen angegeben:

Anzeige 40 °C = Temperatur 34 bis 52 °C
Anzeige 80 °C = Temperatur 75 bis 85 °C
Anzeige 110 °C = Temperatur 105 bis 115 °C

Ergibt die Kontrolle mit einem Stockthermometer, daß die vom elektrischen Gerät angezeigte Öltemperatur nicht im Bereich der zulässigen Toleranz liegt, so müssen der Geber oder das Anzeigegerät erneuert werden.

Praktische Erfahrungen

Im praktischen Fahrbetrieb schwankt die Öltemperatur je nach Belastung des Motors und Fahrgeschwindigkeit. Im Stadtverkehr steigt sie normalerweise nur unwesentlich über 80 °C, auf Fernverkehrsstraßen stellen sich meist Temperaturen um 90 °C ein, und bei 100 km/h auf der Autobahn ist mit etwa 100 °C zu rechnen. Die Öltemperatur muß aber wieder sinken, wenn zum Beispiel bei einer Geschwindigkeitsbegrenzung langsamer gefahren wird. Bleibt sie auch bei reduzierter Belastung bzw. Geschwindigkeit genauso hoch wie vorher, so liegt ein Fehler vor.
Auch bei 30 °C Außentemperatur ergab sich bei Probefahrten mit exakt eingestelltem SAS 968 bei Dauergeschwindigkeiten zwischen 105 und 110 km/h eine Öltemperatur von 100 °C, die über die gesamte Fahrstrecke von 100 km nicht weiter anstieg. Als anschließend 115 km/h gefahren wurden, stieg die Öltemperatur nach etwa 20 km auf 110 °C und sank auf den folgenden wieder mit 100 km/h gefahrenen 20 km auf 100 °C. Sie fiel auf 80 °C, als danach 40 km mit Geschwindigkeiten zwischen 60 und 80 km/h gefahren wurden.
Auf solche Temperaturschwankungen sollte geachtet werden. Sie sind ein Zeichen dafür, daß am Motor und am Kühlsystem alles in Ordnung ist. Steigt die Öltemperatur schon im Stadtverkehr auf 100 °C oder sinkt sie zum Beispiel bei einer Geschwindigkeitsbegrenzung an einer Autobahnraststätte nicht ab und steigt gar höher als vorher an, wenn nach der langsameren Fahrt wieder die gleiche Geschwindigkeit wie zuvor gewählt wird, so öffnet meist ein Thermostat eine Drehklappe nicht vollständig.
Normalerweise liegt die Öltemperatur auf Fernverkehrsstraßen im Durchschnitt stets niedriger als auf der Autobahn, weil hier hohe Dauergeschwindigkeiten über lange Strecken nicht möglich sind. Selbst bei Außentemperaturen bis 34 °C stellten sich auf Strecken von über 200 km bei scharfer Fahrweise mit zulässigen Geschwindigkeiten (bis 90 km/h) Öltemperaturen zwischen 90 und 100 °C ein. Andererseits stieg die Öltemperatur auch bei intensiver Kühlung durch einen starken Gewitterregen auf 110 °C, als sich eine Klappe im seitlichen Luftschacht von der Achse gelöst und zur Hälfte geschlossen hatte. Diese Beispiele zeigen, daß bereits kleine Unregelmäßigkeiten die Öltemperatur beträchtlich beeinflussen.
Eine Öltemperatur von 110 °C gewährleistet immer noch eine ausreichende Schmierfähigkeit des Motorenöls. Manche Motoren laufen mit noch höheren Öltemperaturen, aber bei ihnen wird die Temperatur der Zylinder durch die Wasserkühlung konstant gehalten. Beim luftgekühlten Saporoshez liegen die Zylindertemperaturen aber bereits weit über 110 °C, wenn das Ölthermometer diese Temperatur anzeigt. Deshalb empfiehlt der Hersteller, mit Öltemperaturen, die nahe dem Skalenende des Anzeigegerätes (110 °C) liegen, langsamer zu fahren, um erhöhten Verschleiß zu vermeiden.

Technische Veränderungen

Durch die Initiative einiger Werkstätten wurden für den SAS 966/968 größere Ölwannen angeboten und für den SAS 965 A um 20 mm dickere Zwischenringe gefertigt. Beide Varianten erhöhten das Fassungsvermögen um etwa 1 l. Die größere Ölmenge kühlt den Motor intensiver, und die Öltemperaturen sinken im Durchschnitt um 10 bis 15 °C. Bei sorgfältiger Ausführung können sich damit keine nachteiligen Folgen ergeben.
Änderungen an der Auspuffanlage (separater Auspuff für die rechten Zylinder) senken die Öltemperatur nur unwesentlich. Auch Leistungssteigerungen sind allein durch eine geänderte Abgasführung nicht zu erwarten. Lediglich das Außengeräusch der Auspuffanlage wird beeinflußt. Dafür lohnt sich jedoch der Aufwand kaum.

Arbeiten an der Heizung

Das Luftheizsystem aller drei Saporoshez-Ausführungen ist recht wirksam. Man kann es unabhängig vom Motor betreiben und somit auch den Fahrgastraum beheizen, wenn der Motor nicht läuft. In einer speziellen Brennkammer wird Kraftstoff verbrannt und die hierbei erwärmte Luft dem Fahrgastraum mit Hilfe eines Gebläses zugeführt. Für die Kraftstoffzufuhr sorgt eine elektrisch angetriebene Kraftstoffpumpe, den Kraftstoffverbrauch regelt ein Kraftstoffverbrauchsregler, und die Steuerung der Heiztemperatur übernimmt ein Temperaturumschalter.
Über mögliche Fehler am Heizsystem informiert Anlage 3, gleichfalls über die gegebenenfalls möglichen Hilfsmaßnahmen. Hier sei in diesem Zusammenhang noch festgestellt, daß Arbeiten an der Heizung gefährliche Auswirkungen (Brand) haben können. Man beauftragt damit besser die Vertragswerkstatt. Ferner sei darauf hingewiesen, daß die Heizanlage nicht einwandfrei funktioniert, wenn dem Kraftstoff Obenschmieröl zugesetzt wird. Es kommt in diesem Falle zu Aussetzungen im Brennprozeß.
Aus Sicherungsgründen ist die Heizung 6···8 Minuten vor dem Anfahren einer Tankstelle abzuschalten!
Zur Heizanlage des Saporoshez sind bereits viele persönliche Erfahrungen in der Fachpresse veröffentlicht und hierbei auch konstruktive Veränderungen vorgeschlagen worden. Dies ist nicht der Platz, um hierzu ausführlich Stellung nehmen zu können. Eines sei in aller Kürze jedoch gesagt: Wenn auch die eine oder andere Veränderung am Heizsystem im konkreten Einzelfall zum Erfolg geführt haben sollte, so ist in den meisten, wenn nicht sogar in allen Fällen, der eigentliche Fehler dadurch nur verdeckt oder überbrückt worden. Den Beweis für diese Behauptung tritt der Saporoshez selbst an. Tausende Fahrzeuge fahren mit funktionierender Heizanlage, ohne daß daran jemals Veränderungen, wohl aber exakte Einstellungen vorgenommen worden sind.

Temperaturumschalter

Das für die Funktion der Heizanlage des Saporoshez hauptsächlich verantwortliche Aggregat ist der Temperaturumschalter (Abb. 39). Von ihm wird die Anlage je nach vorhandener Temperatur in der Brennkammer an- oder abgeschaltet. Ist hieran etwas nicht in Ordnung, kommt es naturgemäß zu Störungen. Und warum? Der Abschaltvorgang wird durch den Quarzstift (7) eingeleitet. Bei funktionssicherer Anlage dehnt sich dessen Hülse auf Grund der Hitzeentwicklung in der Brennkammer aus und schaltet die Heizung ein. Der Glüh- oder Anheizvorgang ist in diesem Moment beendet. Weist die Anlage jedoch Fehler auf oder ist die Temperatur in der Brennkammer zu niedrig, so wird die Heizung wieder abgeschaltet. Der Glüh- oder Anheizvorgang beginnt von neuem. Diese Erscheinung des An- und Abschaltens tritt gewöhnlich bei längeren Autobahnfahrten im 100-km/h-Tempo auf, wo, bedingt durch den relativ hohen Luftdurchsatz in der Heizanlage, die Temperatur in der Brennkammer so stark absinken kann, daß sie sich eben wieder abschaltet.
Wer nun meint, den Verbindungsstutzen der Saugleitung mit mehreren Löchern versehen zu müssen, um den durch den Fahrtwind eintretenden hohen Kaltluftstrom zu verringern und somit die Temperaturverhältnisse in der Brennkammer günstiger zu gestalten, der mag dadurch sogar erreichen, daß seine Heizanlage nicht mehr ausfällt. Der hierfür verantwortliche Fehler liegt aber im Temperaturschalter (3). Hier müssen wir die Stellschraube (2) etwa um eine halbe Umdrehung herausdrehen. Dann ist dieser Fehler in der Regel behoben. Hilft auch das nicht, arbeitet möglicherweise der Quarzstift (7) nicht einwandfrei oder ist derselbe sogar gebrochen. In diesem Falle werden die Stellschraube (2) gelöst, die Feder (4) und das Endstück vom Gehäuse abgenommen und der Quarzstift (7) ausgewechselt. Als Prüfungskriterium für den auf diese Art instandgesetzten Schalter (3) kann gelten: Beim Zusammendrücken des neueingesetzten Quarzstiftes muß im Schalter ein Knacken zu hören sein. Vor dem Einbau des neuen Quarzstiftes wird das Rohr (8) von der hier möglicherweise vorhandenen Ölkohle befreit.
Wurde der Quarzstift (7) gewechselt oder der Schalter zerlegt, muß der Schalter neu einreguliert werden. Hierzu wird die Stellschraube (2) zunächst so weit hineingeschraubt, bis im Schalter ein Knacken zu hören ist. Dann nehmen wir die Heizung in Betrieb und regulieren sie endgültig ein.
Am Zugschalter für die Heizanlage wird die erste Stufe eingeschaltet. Der Gebläsemotor läuft an, und die Heizspirale sowie die Kontrollspirale glühen auf. Nach ca. 60 Sekunden, höchstens nach 1,5 Minuten, wird der Schalter in die zweite Stufe gezogen. Nunmehr muß nach weiteren 45···60 Sekunden der Schalter die Heizanlage auf normalen Betrieb umschalten. Die Kontrolllampe am Armaturenbrett muß aufleuchten und die Kontrollspirale erlöschen. Ein weiteres Zeichen ist, daß sich der Ton des Gebläses verändert; er wird höher, das Gebläse läuft schneller. Kommt dieser Umschaltvorgang auf Normalbetrieb nach insgesamt 3···4 Minuten nicht zustande, wird die Heizanlage abgeschaltet. Nach Stillstand wird die Kontermutter (1) gelöst und die Stellschraube (2) etwa eine viertel bis eine halbe Umdrehung herausgeschraubt. Ist die Heizung wieder in Betrieb genommen und erfolgt jetzt das Umschalten in der angegebenen Zeit, so wird die Stellschraube wieder gesichert. Soll die

Abb. 39
Temperaturumschalter der Heizanlage;
1 — Sicherungsmutter,
2 — Stellschraube,
3 — Temperaturschalter,
4 — Feder, 5 — Schaltstift, 6 — Stange,
7 — Quarzstift,
8 — Röhrchen

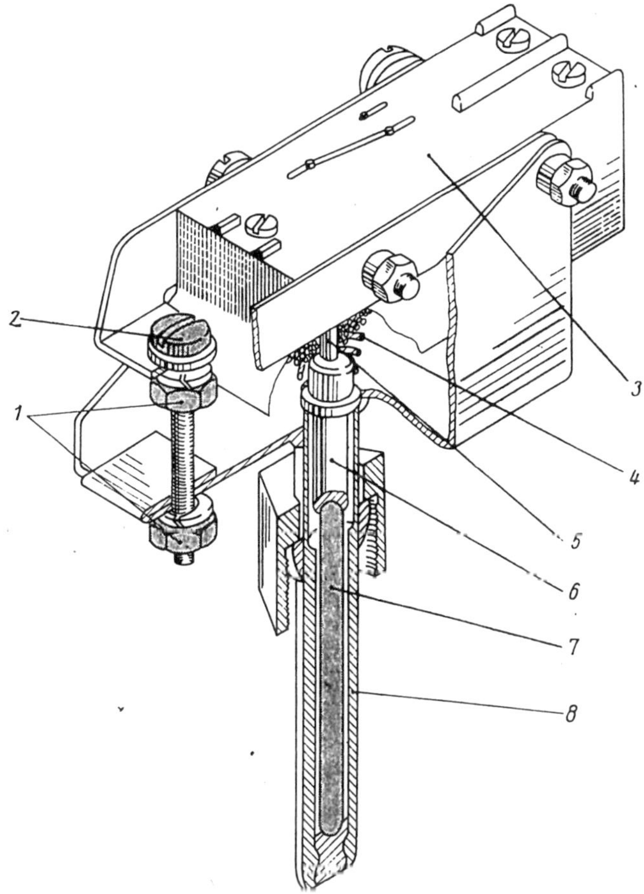

Heizanlage abgeschaltet werden, wird der Zugschalterknopf ganz hineingedrückt. Nach 3···5 Minuten muß der Gebläsemotor stehenbleiben und die Kontrollampe erlöschen. Läuft der Motor weiter, ist die Stellschraube (2) wieder etwas hineinzudrehen. Dieses Hineindrehen kann aber höchstens eine achtel Umdrehung ausmachen, dann muß der Gebläsemotor stehenbleiben.

Kraftstoffverbrauchsregler

Voraussetzung für die Wirkung der vorstehenden Korrekturmaßnahmen ist, daß alle anderen zur Heizung gehörenden Bauteile einwandfrei funktionieren. Ist beispielsweise das Magnetventil (11) des Kraftstoffverbrauchsreglers (Abb. 40) nicht in Ordnung, wird die Heizanlage auch nach dem Ausschalten weiterlaufen. Die Ursache ist folgende:
Das bereits erwähnte Magnetventil (11) öffnet beim Einschalten der zweiten Stufe des Zugschalters die Kraftstoffzufuhr aus der Schwimmerkammer zur

Düse (7). Das Ventil (11) wird dabei angehoben. Die Düse (7) bestimmt die Kraftstoffmenge, die zur Verbrennung in die Brennkammer gelangt. Wird nun die Heizung abgeschaltet, schließt das Ventil (11) die Kraftstoffzufuhr zur Düse (7), und zur Verbrennung kann nur noch der Kraftstoff gelangen, der sich im Düsenkanal befindet. Als Folge läuft der Gebläsemotor bis zum völligen Abschalten der Heizanlage durch den Temperaturumschalter weiter. Dieser Vorgang ist auch hörbar. Nach dem Abschalten der Heizung mit dem Zugschalter hört das „Bullern" im Brennraum der Heizung allmählich auf, und nur der Gebläsemotor läuft noch.

Das Funktionieren des Elektromagnetventils (11) kann bei abgeschalteter Heizanlage geprüft werden. Hierzu wird die Verschlußschraube (6) herausgenommen. Es darf hierbei aus dem Düsenkanal kein Kraftstoff austreten. Tritt Kraftstoff aus, so schließt das Magnetventil (11) nicht und muß erneuert werden.

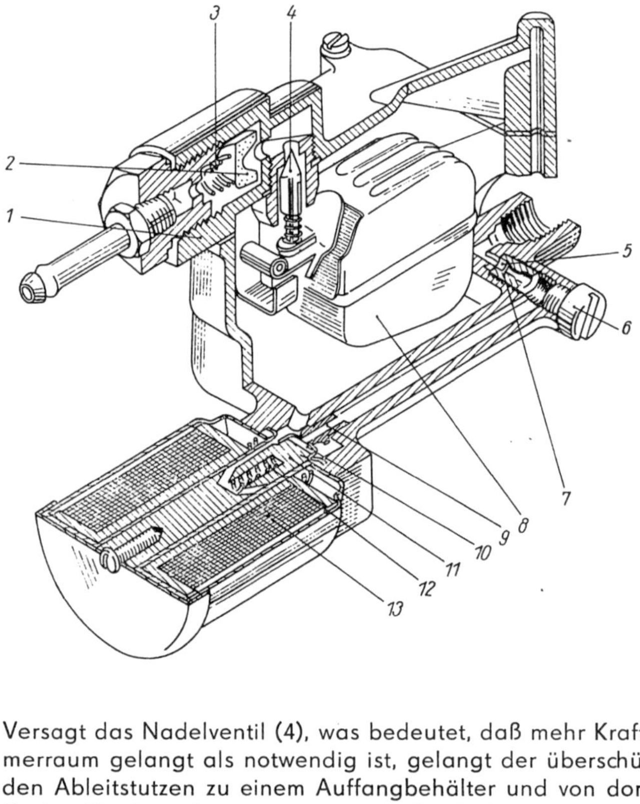

Abb. 40
Kraftstoffverbrauchsregler der Heizanlage;
1 — Reglerdeckel,
2 — Filter, 3 — Feder,
4 — Nadelventil,
5 — Dichtscheibe,
6 — Verschlußschraube,
7 — Düse, 8 — Schwimmer, 9 — Ventilsitz,
10 — Dichtscheibe,
11 — elektromagnetisches Ventil, 12 — Feder,
13 — Spule für Ventil 11

Versagt das Nadelventil (4), was bedeutet, daß mehr Kraftstoff in den Schwimmerraum gelangt als notwendig ist, gelangt der überschüssige Kraftstoff über den Ableitstutzen zu einem Auffangbehälter und von dort ins Freie, was den Kraftstoffverbrauch insgesamt natürlich erhöht.

Das Zerlegen des Kraftstoffverbrauchsreglers wird erforderlich, wenn die Schwimmerkammer von Kraftstoffrückständen zu reinigen ist oder der Ventilsitz (9), die Dichtung (10) sowie das Nadelventil (4) eine Reparatur erfordern. Dies geschieht wie folgt:

- Deckelschrauben entfernen und Deckel, Schwimmer (8) sowie Nadelventil (4) herausnehmen.
- Verschlußschraube (6) entfernen und Düse (7) mit einem 4 mm breiten Schraubenzieher herausdrehen. Die hinter der Düse (7) liegende Dichtung (5) ist mit herauszunehmen.
- Halteschraube der Elektromagnetspule entfernen und die Spule (13) abheben.
- Vier Schrauben vom Ventilgehäuse entfernen und Gehäuse, Führungsbuchse des Ventilkernes, Feder (12) und Dichtung (10) abnehmen.
- Vom Reglerdeckel die große Schraube des Zuführungsanschlusses zusammen mit dem Stutzen abnehmen und die Feder (3) sowie das Filter (2) herausnehmen.

Nunmehr sind alle Teile in Waschbenzin gründlich zu reinigen und ist gegebenenfalls das Nadelventil (4) komplett zu erneuern. Der Zusammenbau erfolgt in umgekehrter Reihenfolge. Hierbei ist insbesondere auf die richtige Lage der Dichtung (5) vor der Düse (7) zu achten. Wird sie beim Einbau verklemmt oder gar zerdrückt, ist die Funktion der gesamten Heizanlage nicht mehr gewährleistet.

Kraftstoffpumpe

Beim Einschalten der zweiten Stufe der Heizung wird die elektrisch angetriebene Kraftstoffpumpe – Abbildung 41 zeigt die Funktionsweise – in Betrieb gesetzt. Sie fördert den Kraftstoff zum Kraftstoffverbrauchsregler. Durch das gleichzeitige Freigeben des schon erwähnten Düsenkanals durch das elektromagnetische Ventil (11 in Abb. 10) gelangt der Kraftstoff in den Brennraum der Heizung, entzündet sich an der Glühkerze, und die Heizanlage beginnt zu arbeiten. Störungen an der Kraftstoffpumpe können an ihrem elektrischen Teil (verschmorte Kontakte), aber auch an der Kraftstoff fördernden Seite durch Verhärtung der Membran oder undichte Ventile auftreten.
Sind die elektrischen Kontakte (2/3) verschmort, werden sie nach Entfernen der Plastekappe mit einer Kontaktfeile behandelt. Abschließend wird die Anlage bei noch abgenommener Kappe kurz eingeschaltet und hierbei geprüft, ob die Kraftstoffpumpe arbeitet. Wenn ja, wird der Abstand der Kontakte zueinander mit der Stellschraube (1) auf 2 mm einreguliert. Dazu wird der bewegliche Kontakt (3) in Richtung Gehäuse gedrückt und nun der Abstand gemessen.
Arbeitet die Kraftstoffpumpe nicht, muß mit einer Prüflampe am Kabelanschluß geprüft werden, ob Spannung anliegt. Liegt keine Spannung an, so wird der vermutliche Fehler in der elektrischen Zuleitung auf die im Abschnitt „Störungssuche mit Prüflampe" beschriebene Art gesucht und behoben. Bringt das keinen Erfolg, könnte die Kraftstoffpumpe selbst einen Defekt haben. In diesem Falle muß sie ausgewechselt werden.
Die Kraftstoff fördernde Seite der Kraftstoffpumpe wird in zwei Ausführungen gefertigt. Bei der älteren Ausführung ist auf der Saugseite ein Filtersieb (4) eingesetzt. Es kann nach dem Abschrauben des Anschlußstutzens herausgezogen werden.

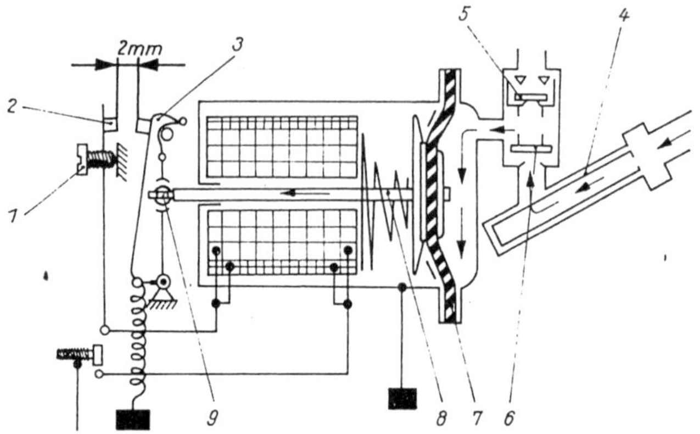

Abb. 41
Kraftstoffpumpe der Heizanlage;
1 — Stellschraube,
2 — feststehender Kontakt, 3 — beweglicher Kontakt, 4 — Filter,
5 — Druckventil,
6 — Saugventil,
7 — Membran,
8 — Gestänge,
9 — Gelenkstück

Ähnlich die Ventile (5) und (6) der Auslaßseite. An sie kommt man gleichfalls nach dem Abschrauben des Anschlußstutzens heran. Beim Herausnehmen der Ventile merkt man sich deren Lage. Das einzelne Ventilplättchen ist mit dem vorstehenden Mittelteil zum Gehäuse hin einzusetzen. Dann folgen eine Dichtscheibe, das Ventilgehäuse mit dem Druckventil, die zweite Dichtscheibe und schließlich der Anschlußstutzen. Das Druckventilplättchen ist vorher in das Ventilgehäuse einzusetzen. Das vorstehende Mittelteil muß zur Sicherungsklammer hinzeigen.
Bei der neueren Pumpenausführung wird das Ventilgehäuseoberteil von vier Schrauben gehalten. Sind sie gelöst, kommt man an die Ventilplättchen heran. Beim Zusammenbau ist auf eine einwandfreie Abdichtung zu achten.
Die Pumpenmembran (7) ist mit ihrem Gestänge (8) in das Gelenk des Antriebshebels (9) eingeschraubt und hier auch einstellbar. Zum Wechseln der Membran (7) wird das Membranoberteil, das von sechs Schrauben gehalten wird, gelöst. Hierbei merkt man sich die Lage des Oberteiles, anderenfalls passen die Anschlüsse der Kraftstoffleitungen nicht mehr.
Beim Einsetzen der neuen Membran wird gleichzeitig der Hub der Membranstange einreguliert und auch der Öffnungspunkt der Kontakte bestimmt. Dies geschieht wie folgt: Das Membrangestänge (8) mit der Membran (7) wird so weit in das Kontakthebelwerk (9) hineingeschraubt, bis sich beim Druck auf die Membran die Kontakte nicht mehr öffnen. Nunmehr wird das Membrangestänge wieder so weit herausgeschraubt, bis sich die Kontakte beim Drücken gegen die Membran auf die schon erwähnten 2 mm öffnen. Gegebenenfalls wird der Kontaktabstand mit der Stellschraube (1) einreguliert.

Heizanlage SAS 965 A

Die Heizanlage ist bei allen drei Saporoshez-Ausführungen vom Konstruktions- und Arbeitsprinzip her gleich. Das gilt für Schaltung und Bedienung sowie für die Arbeitsweise von Kraftstoffpumpe, Kraftstoffverbrauchsregler, Elektromagnetventil und Temperaturumschalter. Und dennoch besitzt die Heiz-

anlage des SAS 965A einen Vorteil. Sie ist im Motorraum untergebracht und kann infolgedessen für das Vorwärmen des Motors bei strengem Frost genutzt werden. Das Umrüsten für diesen Zweck geschieht wie folgt: Griff des Schiebers ziehen und drehen. Dadurch wird die Warmluftzufuhr nach vorn abgesperrt. Jetzt den Deckel abnehmen und den biegsamen Metallschlauch – er gehört zur Fahrzeugausrüstung – aufstecken. Nunmehr das andere Ende des Metallschlauches in den Rohrstutzen an der hinteren Haube am Motor einführen, nachdem auch hier der Deckel abgenommen worden ist. Jetzt die Heizanlage in Betrieb setzen und je nach Außentemperatur 15···30 Minuten laufen lassen. Die von der Heizanlage erwärmte Luft gelangt durch den Metallschlauch zu den Zylinderköpfen und Zylindern und wärmt diese sehr gut vor. Der Motor springt bei dieser Behandlung auch bei den niedrigsten Außentemperaturen sofort an, ohne daß die Batterie die anderenfalls unerläßliche Kältebelastung ertragen muß.
Läuft der Motor, wird die Heizanlage abgeschaltet. Jetzt kann der Griff wieder gedreht werden, wodurch dieser in die Endstellung zurückspringt und die erwärmte Luft nunmehr in den Fahrgastraum leitet. Abschließend werden der Metallschlauch abgenommen und die Verschlußdeckel der Stutzen wieder aufgesetzt.

Kraftstoffverbrauch

Es wird oft behauptet, die Heizung des Saporoshez verbraucht auf 100 Kilometer Fahrstrecke 1···1,5 Liter Kraftstoff. Ist das wirklich der Fall? Gewissenhaft durchgeführte Versuche mit Hilfe eines Kraftstoffverbrauchsmeßgerätes brachten Aufklärung. Es wurden folgende Werte ermittelt:

Verbrauch im Stand	= 0,32 l/h
Verbrauch bei Autobahnfahrt mit 100 km/h	= 0,64 l/h
Verbrauch bei Landstraßenfahrt auf 100 km	= 0,64 l
Verbrauch bei Landstraßenfahrt in einer Stunde	= 0,32 l

Ähnliche Ergebnisse hatten wir rein gefühlsmäßig erwartet. Und das ganz einfach deshalb, weil insbesondere bei höheren Geschwindigkeiten mit einem höheren Luftdurchsatz in der Heizungsanlage und folglich mit einem höheren Heizkraftstoffverbrauch gerechnet werden muß.
Dennoch bleibt das Fazit, daß uns alle drei Saporoshez-Ausführungen auf je 100 Kilometer Herbst-, Winter- oder Frühjahrsfahrten mit rund 1,– Mark Heizkraftstoffkosten zusätzlich belasten. Die Zahl derjenigen Saporoshez-Besitzer, die ihre Heizung mit Katalytbenzin und damit weit billiger betreiben möchten und die sich deshalb einen separaten Kraftstofftank für die Heizung einbauen, wird deshalb auch immer größer. Sollten Sie das ebenfalls vorhaben, beachten Sie bitte, was die Kraftfahrzeugtechnische Anstalt (KTA) als zuständige staatliche Dienststelle dazu festgelegt hat.

Separater Kraftstofftank

„Dem Einbau eines Kraftstofftanks für die Heizung im Motorraum der Pkw SAS 965 A, 966 und 968 wird unter folgenden Bedingungen zugestimmt:

- Beim Einbau des Tanks sind die Bedingungen der §§ 50 und 51 der StVZO einzuhalten.
- Die Entlüftung des Kraftstofftanks darf nicht innerhalb des Motorraumes erfolgen.
- Gegen Wärmestrahlung auf den Tank ist ein wirksamer Schutz vorzusehen.
- Einhaltung der Bedienungsvorschrift über gefahrlose Brennstoffeinfüllung."

Die §§ 50 und 51 der StZVO besagen u. a., daß Kraftstoffbehälter korrosionsfest hergestellt und bei einem doppelten Betriebsdruck auf Dichtheit geprüft sein müssen. Auftretender Überdruck muß sich durch geeignete Vorrichtungen (Öffnungen, Sicherheitsventil u. dgl.) selbsttätig ausgleichen. Der Behälter muß an seinem tiefsten Punkt eine Ablaßvorrichtung haben. Entlüftungsöffnungen sind gegen Durchschlagen von Flammen zu sichern. Kraftstoff darf aus dem Füllverschluß oder den zum Ausgleich von Überdruck bestimmten Vorrichtungen auch bei Schräglage, Kurvenfahrten oder Stößen nicht ausfließen.
Kraftstoffleitungen sind so auszuführen, daß Verwindungen des Fahrzeuges, Bewegungen des Motors u. dgl. keinen nachteiligen Einfluß auf die Haltbarkeit ausüben. Ferner sind Rohrverbindungen durch Verschraubungen ohne Lötung oder mit hartaufgelötetem Nippel herzustellen. Als Kraftstoffleitungen können fugenlose, elastische Metallschläuche oder kraftstoffeste andere Schläuche verwendet werden. Sie müssen gegen mechanische Beschädigungen geschützt sein. Kraftstoffleitungen, Vergaser und alle anderen kraftstoffführenden Teile sind gegen betriebsstörende Wärme zu schützen und so anzuordnen, daß abtropfender oder verdunstender Kraftstoff sich weder ansammeln noch an heißen Teilen oder an elektrischen Geräten entzünden kann.
Der Vorschriften sind also eine ganze Menge zu beachten. Hinzu kommen erhebliche handwerkliche Arbeiten, insbesondere dann, wenn der separate Tank im Kofferraum untergebracht werden soll. In diesem Fall muß u. a. die Kraftstoffpumpe für die Heizung gleichfalls in den Kofferaum gelegt sowie die freiwerdende Leitung im Motorraum sicher verschlossen werden. Alles also Arbeiten, die wohlüberlegt ausgeführt werden wollen und darum auch der Hilfe des Fachmannes bedürfen.

Heizungserfahrungen

Der Vorwärmprozeß wird bekanntlich durch Ziehen des Heizungsschalters in die erste Stufe eingeleitet. Mitunter kommt es hierbei nun vor, daß die Heizung bei dieser Schalterstellung bereits anspringt (der Gebläsemotor läuft schneller, die Kontrollampe leuchtet auf), obwohl kein direkter Fehler in der Heizanlage vorliegt. Die Ursache ist das schon erwähnte Magnetventil (11 in Abb. 40), das durch Verunreinigung nicht mehr dicht schließt und infolgedessen schon Kraftstoff in die Brennkammer gelangen läßt. In einem solchen Falle wird der Heizungsschalter drei- bis viermal in die zweite Stufe gezogen und die Heizung danach völlig abgeschaltet. Sie läuft in diesem Falle noch 5 · · · 8 Minuten weiter, bis der im Düsenkanal befindliche Kraftstoff verbraucht ist. Dann bleibt sie endgültig stehen. Jetzt kann sie wieder wie normal in Betrieb genommen werden. Meist ist durch das mehrmalige Ziehen des Schalters und somit Einschalten der Heizung der Schmutz aus der Düse herausgespült worden. Ist das nicht der Fall, so wiederholt man den Einschaltvorgang mehrere Male. Eigene Erfahrungen besagen, daß die Heizung beim vierten Mal bestimmt richtig anläuft und danach auch normal funktioniert. Klappt das nicht, so ist, wie im Abschnitt „Kraftstoffverbrauchsregler" beschrieben, das Magnetventil zu säubern.

Ein anderes Beispiel: Ist die Heizung richtig angelaufen und geht sie dann aber wieder aus und ist außerdem Kraftstoff zu riechen, so ist in der Regel das Nadelventil (4 in Abb. 40) undicht, und der Kraftstoff läuft ins Freie. In diesem Falle ist die Heizung ab- und nach Stillstand wieder einzuschalten. Ist der Fehler damit nicht behoben, ist das Nadelventil zu reinigen bzw. zu wechseln.

Ein drittes Beispiel: Eine weitverbreitete Ursache für den Ausfall der Heizung ist die Kraftstoffpumpe. Wird sie infolge eines fehlerhaften rechten Thermostaten überhitzt, weil dieser die Klappe im Ableitschacht nicht voll öffnet und infolgedessen die erwärmte Kühlluft nicht ins Freie gelangt, sondern auf die Pumpe trifft, setzt sie aus. Folglich muß man, wenn einem das unterwegs passiert, dafür sorgen, daß diese Klappe trotz defektem Thermostaten offenbleibt. Der im Abschnitt „Kühlsystem und Öltemperatur" erwähnte S-förmige Haken ist dafür vorübergehend geeignet. Anschließend muß der Fehler jedoch endgültig behoben werden.

Eine Möglichkeit ist, die Kraftstoffpumpe in den Kofferraum zu verlegen. Die bessere, den Thermostaten zu erneuern und zur Sicherheit ein spezielles Luftleitblech über der Kraftstoffpumpe anzubringen, das die gegebenenfalls zu heiße Kühlluft ableitet. Das Herstellerwerk hat beispielsweise den letzteren Weg beschritten. Die neueren Saporoshez besitzen bereits dieses Ableitblech über der Kraftstoffpumpe, womit gesichert ist, daß dieselbe auch im Winter einwandfrei funktioniert, wo sie unter Umständen der relativ heißen Kühlluft ausgesetzt ist, weil die Klappen an den Ableithauben auf Grund der niedrigen Außentemperaturen ja gegebenenfalls völlig geschlossen bleiben und die erhitzte Kühlluft somit nicht ins Freie gelangt, sondern im Motorraum zirkuliert.

Bei der Heizanlage des SAS 965 A tritt nach langjährigem Gebrauch des Fahrzeuges meist nur ein Fehler auf: Die Heizung springt nicht an, Kraftstoff läuft aber aus dem Abflußrohr ins Freie. Ursache ist in der Regel die verbrauchte Heizspirale in der Glühkerze oder die verbrauchte Kontrollspirale. Zur Beseitigung dieses Mangels kann man entweder Glühkerze und Kontrollspirale erneuern oder auch die Kontrollspirale ausbauen, eine Wicklung abkneifen und dieselbe erneut einbauen. Danach funktioniert die Heizung wieder.

Im übrigen beeinflußt die Größe der Durchlaßöffnung der Düse (7 in Abb. 40) die Heizleistung und damit auch den Kraftstoffverbrauch der Heizung. Weicht also der Kraftstoffverbrauch von den vorstehend genannten Werten erheblich ab, so kann als Ursache dafür diese Düse in Frage kommen. Bevor man jedoch Veränderungen hieran vornimmt, konsultiert man zweckmäßigerweise einen Fachmann.

Arbeiten an der Kraftstoffanlage

Die Kraftstoffanlagen aller drei Saporoshez-Typen, bestehend aus Kraftstoffbehälter, Kraftstoff-Vorratsanzeiger, Kraftstoffleitungen, Kraftstoffpumpe, Vergaser und, wenn man will, Luftfilter, sind im Prinzip gleich. Über verkupferte Stahlrohrleitungen von 6 mm Durchmesser und die notwendigen flexiblen Verbindungsschläuche versorgt die Kraftstoffpumpe den Vergaser mit dem notwendigen Kraftstoff und der Vergaser den Motor mit dem erforderlichen Kraftstoff-Luft-Gemisch. Störungen an diesem relativ komplizierten Versorgungssystem – kompliziert deshalb, weil kleinste Schmutzteilchen die Kraftstoffzufuhr unterbrechen können – sind immer möglich, in der Regel aber leicht zu beheben. Für die konkrete Störungssuche enthält Anlage 2 „Fehlermöglichkeiten am Motor" eine ganze Reihe wertvoller Hinweise, aber auch die nachfolgenden Ausführungen bieten genügend Anhaltspunkte.

Kraftstoffbehälter

Der Kraftstoffbehälter an sich ist problemlos. Über lange Jahre erfüllt er seine Aufgabe. Es sei denn, es ist Schmutz hineingeraten – vielleicht an der Tankstelle oder von Kinderhand –, der nun zusammen mit dem Kraftstoff angesaugt wird und das Düsensystem des Vergasers immer wieder verstopft. In einem solchen Falle muß der Behälter gereinigt (ausgespült) werden. Bevor man ihn dazu ausbaut, versucht man sein Glück bei den Typen 966/968 erst so: Unter die Ablaßschraube wird ein sauberes Gefäß gestellt, das den noch im Behälter befindlichen Kraftstoff aufzunehmen in der Lage ist. Dann wird die Ablaßschraube entfernt, um den Kraftstoff abzulassen. Während des Ablassens rüttelt ein Helfer am Fahrzeug und unterstützt auf diese Weise den Spülvorgang. Ist die Ablaßschraube wieder eingedreht, wird der abgelassene Kraftstoff gefiltert (durch ein Tuch), wieder eingefüllt und eine längere Probefahrt gemacht. Treten keine Störungen mehr auf, dürfte der Schaden behoben sein. Anderenfalls muß der Kraftstoffbehälter ausgebaut und mit Kraftstoff gründlich ausgespült werden. Beim Kraftstoffbehälter des Typs 965 A ist analog zu verfahren.
Sollte der Kraftstoffbehälter wirklich einmal mechanisch beschädigt und undicht geworden sein, konsultiert man die Vertragswerkstatt. Sie wird entscheiden, ob er sich schweißen läßt, denn Kraftstoffbehälter dürfen nur von dafür zugelassenen Betrieben instandgesetzt werden.

Kraftstoffleitungen

Die kritischen Punkte in der Kraftstoffleitung sind die Verbindungsstellen zwischen den verkupferten Stahlrohrleitungen und den Gummischläuchen sowie die Verbindungsmuttern am Vergaser, an der Kraftstoffpumpe und am Entnahmerohr des Kraftstoffbehälters. Man sieht sich diese Stellen bei den planmäßigen Durchsichten deshalb gründlich an, um rechtzeitig sich ankündigende

Undichtheiten zu entdecken und zu beseitigen. Darüber hinaus sollte man die Verbindungsmuttern von Zeit zu Zeit, vielleicht bei den größeren Durchsichten im Frühjahr und im Herbst oder vor der Urlaubsfahrt, nachzuziehen versuchen. Aber Vorsicht! Übermäßiger Kraftaufwand beschädigt sehr leicht die Gewinde. Lassen sich Undichtheiten – sie machen sich durch Feuchtigkeit an den Anschlüssen bemerkbar – durch Nachziehen der Muttern nicht beseitigen, kann man den betreffenden Rohrkegel etwas weiter aufbördeln, um den Anschluß so wieder dicht zu bekommen. Hilft auch das nicht, sind die schadhaften Teile auszuwechseln.

Kraftstoffpumpe

Am Kraftstoffversorgungssystem wäre nun die Kraftstoffpumpe – Abbildung 42 zeigt sie im Schnitt – das nächste Aggregat, mit dem man vertraut sein sollte, um sich unterwegs gegebenenfalls selbst helfen zu können. Doch dazu muß man zunächst einmal wissen, daß die Kraftstoffpumpe nur arbeiten kann, wenn der Motor durch den Anlasser bewegt wird oder aus eigener Kraft läuft. Ferner sollte man wissen, daß die Kraftstoffpumpe über ihren Antriebsstößel von der Nockenwelle des Motors aus angetrieben wird, in einer Stunde schon bei 250 ··· 300 U/min der Antriebswelle mindestens 12 l Kraftstoff zu fördern in der Lage ist und stets eine intakte Membran – dieselbe fördert in Verbindung mit dem Druck- und Saugventil den Kraftstoff – sowie ein durchlässiges Filtersieb besitzen muß, wenn sie zufriedenstellend arbeiten soll.
Die Wartung der Kraftstoffpumpe ist relativ einfach. Man nimmt von Zeit zu Zeit – vielleicht alle 5000 km – den Pumpendeckel ab und reinigt Filtersieb (2)

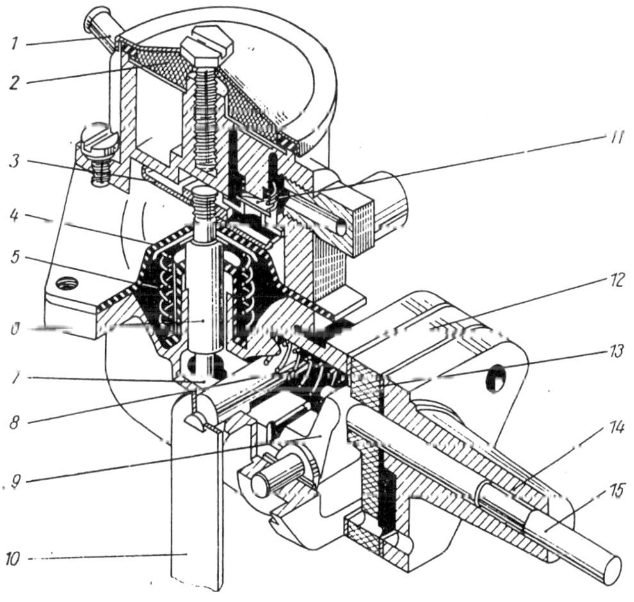

Abb. 42
Kraftstoffpumpe;
1 — Zulaufstutzen,
2 — Filtersieb,
3 — Druckteller,
4 — Membran,
5 — Feder,
6 — Membranstange,
7 — Antriebshebel,
8 — Feder, 9 — Antrieb,
10 — Handhebel,
11 — Druckventil,
12 — Zwischenstück,
13 — Dichtbeilage,
14 — Stößelführung,
15 — Antriebsstößel

und Siebglocke. Dann erfüllt sie in der Regel wieder ihre Aufgabe. Liegen jedoch ernstere Störungen vor, die nach dem Reinigen des Filtersiebes nicht verschwunden sind, z. B. Kraftstoffmangel bei höheren Drehzahlen des Motors, sollte man die Ursache suchen und den Mangel dauerhaft beheben.

Förderleistung prüfen

Wird eine zu geringe Förderleistung der Kraftstoffpumpe vermutet, kann man die Förderleistung der Pumpe im eingebauten Zustand prüfen. Dazu wird die Kraftstoffleitung am Vergaser gelöst und das nunmehr freie Leitungsende in eine leere, durchsichtige und möglichst unzerbrechliche Flasche, z. B. vom Scheibenwaschanlagenzusatz, gesteckt. Nun startet eine zweite Person den Motor wie üblich (beim SAS 965 A kann man das allein machen, der Anlasser läßt sich vom Motorraum aus betätigen). Nach wenigen Umdrehungen der Kurbelwelle oder nach spätestens 20 Sekunden muß die Kraftstoffpumpe einen kräftigen Strahl Kraftstoff in die Flasche spritzen. Tut sie das nicht und der Kraftstoff wird vielleicht nur tropfenweise gefördert, so ist die Kraftstoffpumpe defekt.
Bevor wir Weiteres unternehmen, schalten wir den nächsten Prüfvorgang ein. Dieser besteht darin, daß wir mit dem Handhebel (10) prüfen, ob bei seiner Betätigung Kraftstoff gefördert wird. Wenn ja, so wird der Arbeitshub des Antriebshebels (9), den dieser von der Nockenwelle her bekommt, in der Pumpe nicht wirksam, wodurch beim Betrieb des Motors zu wenig oder gar kein Kraftstoff gefördert wird. Ursache kann sein, daß der Abstand zwischen Pumpenflansch und Anlagefläche am Motorgehäuse zu groß ist, so daß der Antriebsnocken der Kurbelwelle den Stößel (15) der Kraftstoffpumpe gar nicht erreicht. Die Hilfsmöglichkeit besteht darin, den fraglichen Abstand durch Hinwegnehmen von Dichtungsbeilagen (s. Abschnitt „Pumpe einbauen") zu verringern.
Wird auch bei Betätigung des Handhebels kein Kraftstoff gefördert, so liegt der Fehler in der Kraftstoffpumpe selbst. Man baut sie in diesem Falle am besten aus und untersucht sie gründlich. Ihr Ausbauen ist einfach. Es sind nur Kraftstoffzu- und -ableitung sowie die zwei Befestigungsmuttern abzuschrauben. Dann kann sie mit Zwischenstück, Führungsstange und Beilagen abgenommen werden. Auf die Muttern ist besonders zu achten. Sie haben ein Gewinde M 8 $\times$ 1, sind in der DDR nicht handelsüblich und darum, wenn sie verlorengehen, nur schwer zu ersetzen.

Pumpe reparieren

Im voraufgegangenen Abschnitt war als Störungsursache mangelnde Förderleistung angenommen worden. Also gilt es, die Kraftstoffpumpe zu zerlegen und instandzusetzen. Auch das ist relativ einfach. Es werden zuerst die 5 Schrauben entfernt, die den Pumpenkopf halten, und der Pumpenkopf abgenommen. Vorher markiert man den Sitz des Kopfes am Gehäuse, damit beim späteren Zusamemnbau die Anschlüsse der Kraftstoffleitungen wieder passen. Jetzt wird die Befestigungsschraube des Deckels herausgedreht und werden Schraube mit Beilage, Deckel mit Beilage und Filtersieb (2) abgenommen. Deckel und Filtersieb werden nunmehr mit Kraftstoff ausgewaschen. Anschließend wird geprüft, ob das Sieb vielleicht gerissen ist. Wenn ja, wird es ersetzt.

Als nächstes sind die 2 Schrauben zu lösen, die das Druckventil (11) am Pumpenkopf halten, und Ventil mit Beilage, Ventilplättchen und Feder herauszunehmen. Die Ventilfeder soll im freien Zustand 5,5 mm lang sein. Ist sie kürzer, kann sie, wie alle anderen Federn der Pumpe, durch Auseinanderziehen auf das richtige Maß gebracht werden. Nun wird die Pumpenmembran (4) heruntergedrückt und dabei gedreht, bis sich die Membranstange (6) aus der Hebelnut löst und zusammen mit Stangendichtung, Anschlagscheibe und Membranfeder herausgenommen werden kann. Anschließend wird die Membran, die die Ursache für die Störung sein kann, geprüft. Selbst wenn sie in Ordnung ist, wird sie ersetzt, denn ihre drei Schichten Lackgewebe altern verhältnismäßig schnell, und als Folge davon sinkt die Förderleistung der Pumpe.

Die Membranfeder, deren Prüfung nunmehr folgt, soll im freien Zustand 40 mm lang sein. Die Gummidichtung an der Membranstange muß fest anliegen. Beim Aufschieben auf die Stange soll ein Widerstand spürbar sein. Man kann diese Dichtung auch prüfen, indem ein wenig Kraftstoff zwischen Stange und Dichtung gegossen wird. Läuft der Kraftstoff an der Membranstange herunter, ist die Dichtung defekt und zu erneuern.

Ähnlich beim Handhebel (10), der nun an der Reihe ist. Auch hier werden Feder und Sicherungsring abgenommen, dann die Welle und der Hebel herausgenommen und die Gummidichtungen geprüft. Sitzen letztere locker auf der Welle, werden sie erneuert. Die Welle des Hebels muß fest im Gehäuse sitzen. Ein Antriebshebel mit zuviel Spiel wird gleichfalls ersetzt. Die Antriebshebelfeder soll im freien Zustand 21 mm lang sein.

Alle Teile der Kraftstoffpumpe müßten nunmehr eigentlich wieder funktionieren. Bauen wir sie darum wieder zusammen, nachdem wir sie vorher gründlich in Kraftstoff gereinigt haben. Dabei beachten wir, daß vor dem Zusammenbau des Pumpenkopfes noch die Ventilplättchen zu erneuern und das Druckventil (11) mit Beilage und Federn zusammenzufügen sind. Die Ventilplättchen dürfen dabei nicht verklemmt werden. Ferner wollen wir daran denken, daß vor dem Festziehen der Schrauben zur Befestigung des Pumpenkopfes am Pumpengehäuse der Handhebel (10) ganz nach unten gezogen werden muß, damit die Membran den größtmöglichen Hub erzeugen kann. Nach dem Zusammenbau haben wir zu prüfen, ob sich Antriebsstößel (15) und Handhebel (10) ohne Rucken und Klemmen bewegen lassen. Wenn nicht, muß der Fehler beseitigt werden.

Bei diesem Zustand der Kraftstoffpumpe, der erfahrungsgemäß nach 80 000 bis 100 000 km erreicht ist, ist es natürlich sinnvoll, die Pumpe komplett zu ersetzen. Ein Erneuern der einzelnen Teile macht sehr viel Mühe, ganz abgesehen davon, das die Kleinteile u. U. nur schwer erhältlich sind. Tabelle 7 gibt dennoch einen Überblick über die Ersatzteile der Kraftstoffpumpe.

Tabelle 7: Ersatzteile für die Kraftstoffpumpe

Bezeichnung	Stück	Ersatzteilnummern 30- und 40/45-PS-Motor
Kraftstoffpumpe komplett	1	965-110-6010
Ventilfeder	2	965-110-6027
Ventilplättchen	2	965-110-6030
Filtersieb	1	965-110-6046
Dichtung	1	965-110-6049
Feder der Handantriebswelle	1	965-110-6099
Antriebshebel	1	965-110-6110
Feder zum Antriebshebel	1	965-110-6118
Welle zum Antriebshebel	1	965-110-6128
Membran	1	965-110-6141
Feder zur Membran	1	965-110-6150
Gummikappe zum Membranstößel (nur für 40/45-PS-Motor)	1	966-110-6154
Dichtung zum Pumpenflansch	1	965-110-6179
Dichtung zum Zwischenstück	1—3	965-110-6175
Dichtung zum Zwischenstück	1—3	965-110-6180

Funktionsprüfung

Ob sich unsere Instandsetzungsmühen gelohnt haben, prüfen wir zweckmäßigerweise v o r dem Anbau der Kraftstoffpumpe. Dazu schließen wir an der Saugseite der Pumpe ein Stück PVC-Benzinschlauch mit einem Innendurchmesser von 4 mm und einer Länge von rund 1 000 mm an. Tauchen wir diese Schlauchleitung nunmehr in eine Flasche mit Kraftstoff, deren Kraftstoffspiegel sich rund 850 mm unterhalb der Kraftstoffpumpe befindet, so muß die Kraftstoffpumpe, mit dem Handhebel hintereinander voll betätigt, nach maximal 30 Hüben Kraftstoff fördern. Tut sie das, können wir mit unserer Instandsetzungsarbeit zufrieden sein. Ansonsten achten wir bei diesem Prüfversuch noch darauf, daß an den Abdichtungsstellen am Pumpenkopf und Deckel kein Kraftstoff entweicht.
Eine einfache und dennoch bewährte Methode, die Kraftstoffpumpe auf richtige Funktion zu prüfen, ist das abwechselnde Zuhalten der Anschlüsse mit einem Finger. Wir halten z. B. den Sauganschluß zu und betätigen mit der anderen Hand den Antriebshebel drei- bis viermal. Nunmehr nehmen wir nach 3···5 Sekunden den Finger vom Sauganschluß. Hierbei muß das Vakuum (Sog) am Finger zu spüren sein. Außerdem ist das Einströmen der Luft zu hören. Den gleichen Vorgang wiederholen wir mit dem Druckanschluß. Anstelle des Soges muß hier ein Druck zu spüren sein.

Pumpe einbauen

Vor dem Einbau der Kraftstoffpumpe gilt es, den Abstand zwischen Antriebshebel (9) und Anlagefläche des Pumpengehäuses zu messen. Das Versenkmaß

soll bei Beginn des Arbeitshubes, also bei völlig reingedrücktem Hebel (9), im Bereich von 0,4···2,2 mm liegen. Nun wird die Kurbelwelle gedreht, bis der Antriebsstößel (15) am weitesten aus dem Motorgehäuse herausragt. Danach werden die Beilagen (13) und das Zwischenstück (12) angesetzt und das herausragende Stück des Antriebsstößels (15) bis zur Anlagefläche der Pumpe gemessen. Der Stößel (15) soll über die Beilage um 1,2···1,8 mm mehr herausragen, als der Antriebshebel von der Anlagefläche des Pumpengehäuses bei Ausschaltung des Leerweges zurückgesetzt ist.
Beispiel: Der Antriebshebel ist um 1,6 mm versenkt, die Antriebsstange steht 1,2 mm hervor. Um einen Arbeitshub der Kraftstoffpumpe von 1,2···1,8 mm zu gewährleisten, müssen die 1,2 mm zu den 1,6 mm hinzugezählt werden; also 1,6 mm + 1,2 mm = 2,8 mm. 2,8 mm ist somit das Maß, um welches der Antriebsstößel (15) herausragen muß. Dieses Maß wird durch Wegnehmen oder Zulegen von Beilagen (13) erreicht. Die Kraftstoffpumpe kann danach eingebaut werden. Hierbei sind die Befestigungsmuttern nicht übermäßig anzuziehen, da sich anderenfalls der Flansch der Pumpe verzieht und Öl durchläßt.
Im Rahmen der Leistungsverbesserung des Saporoshez wird neuerdings auch eine neue Kraftstoffpumpe, und zwar die Pumpe vom Shiguli/Lada, eingebaut. Diese Pumpe arbeitet im Prinzip so wie die in Abbildung 42 gezeigte. Ein Austausch der Pumpen ist jedoch nicht möglich; die Anschlüsse der Kraftstoffleitungen sind jeweils anders.

Luftfilter

Vom Luftfilter – Abbildung 43 zeigt das Funktionsschema – muß man wissen, daß er ein Naßfilter ist, der die mit der Frischluft angesaugten Staub- und Wasserpartikelchen in seinem Filtersystem bindet und somit vom Motor fernhält. Die Frischluft wird hierbei durch den mittleren Schacht über die im Außen-

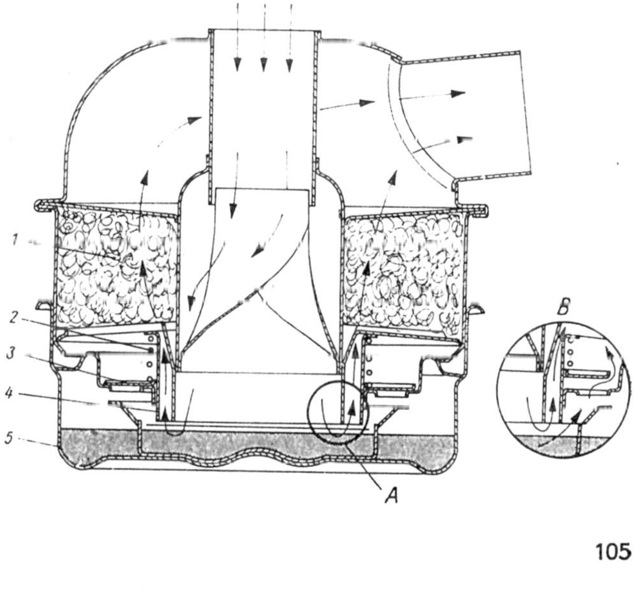

Abb. 43
Luftfilter;
1 — Filterpackung,
2 — Feder, 3 — Filterscheibe, 4 — Hülse,
5 — Ölwanne;
A = Luftleitweg bei niedrigen Motordrehzahlen, B = bei mittleren und hohen Drehzahlen

mantel angeordnete, federbelastete Filterscheibe und anschließend über das Ölbad und das Filtermaterial geführt. Die groben Schmutzteilchen werden im Ölbad aufgefangen; die feineren Teilchen verbleiben in der Filterpackung.
Der Hersteller schreibt vor, daß der Luftfilter alle 6 000 km zu reinigen ist. Eigene Erfahrungen besagen, daß eine zweimalige Reinigung im Jahr zweckmäßig ist. Dazu wird das Spannband gelöst und der Filter komplett abgenommen. Sind auch die Klammern geöffnet, die die Ölwanne (5) halten, können Ölwanne sowie Filterscheibe (3) mit Feder (2) und Hülse (4) abgenommen werden. Nunmehr wird das alte Öl entfernt und das Filtergehäuse einschließlich Filterpackung (1) für längere Zeit in Waschbenzin gelegt. Der Hersteller nennt dazu eine Zeit von 5···6 Stunden. Eigene Erfahrungen besagen, daß 15 Minuten genügen, wenn der Filter zweimal im Jahr gereinigt wird.
Vor dem Zusammenbau des Filters muß die Filterpackung (1) völlig trocken sein. Man läßt den Filter darum mindestens 15···20 Minuten an der Luft liegen. Anderenfalls kann es passieren, daß der Restkraftstoff beim Anlassen des Motors mit angesaugt wird und der Motor zu rasen beginnt. Außerdem verrußen die Zündkerzen.
Die Ölwanne (5) des Luftfilters wird nach dem Reinigen mit ca. 0,2 l frischem Motorenöl gefüllt.

Vergaser

Alle Saporoshez-Motore haben Fallstromvergaser mit horizontaler Luftzufuhr. Abbildung 44 zeigt den Vergaser K 125 Б in schematischer Form, Tabelle 8 enthält die notwendigen Ersatzteile, die bei einer Reparatur u. U. benötigt werden.

Tabelle 8: Ersatzteile für Vergaser K 125 Б

Bezeichnung	Stück	Ersatzteilnummern	
		30-PS-Motor	40/45-PS-Motor
Vergaser kpl.	1	966A-110-7010	968-110-7010
Flanschdichtungen	2—3	966A-110-7025	
Schwimmergehäusedichtung	1	K125-110-7012	
Vergaserschwimmer	1	K125-110-7200	K125G-110-7200
Schwimmernadelventil	1	K125-110-7330	

Wissen muß man vom Vergaser, daß er das Kraftstoff-Luft-Gemisch für den Motor aufbereitet und seine feinen Düsenbohrungen durchaus einmal durch feinste Schmutzteilchen verstopfen können, was ihn und damit den gesamten Motor ausfallen läßt. Darum ist gut beraten, wer die Funktionsweise des Vergasers einigermaßen kennt, denn dann ist die Selbsthilfe im Störungsfalle, wofür Anlage 2 eine ganze Menge Ursachen anführt, viel leichter möglich.
Einbegriffen in die kontinuierliche Weiterentwicklung des Saporoshez wurde auch der Vergaser mit dem Ziel, das Startverhalten des Motors im kalten sowie im warmen Zustand zu verbessern. Der neue Vergaser K 127 trägt die Ersatzteilnummer 968-110-7010-A.

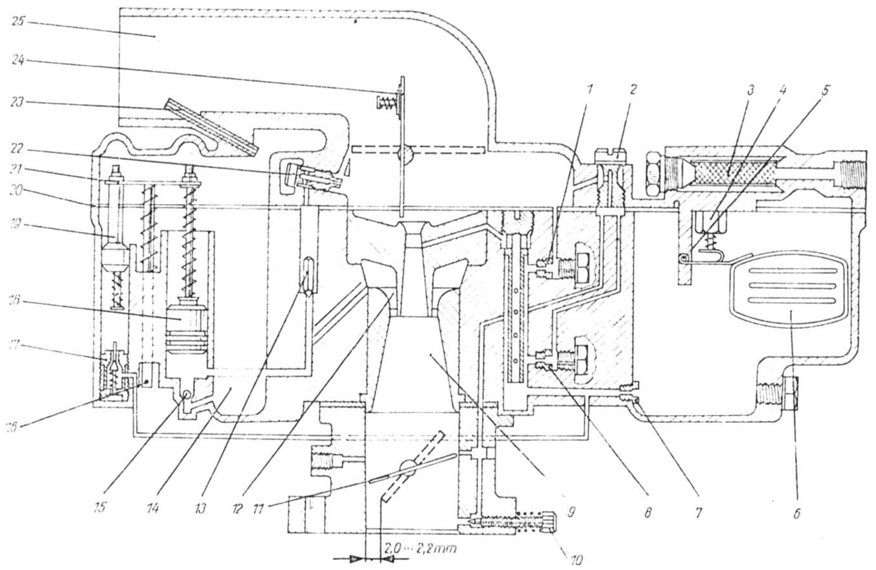

Abb. 44 Vergaser im Schnitt; 1 — Luftdüse des Hauptsystems, 2 — Leerlaufdüse, 3 — Siebfilter, 4 — Schwimmernadelventil, 5 — Schwimmerachse, 6 — Schwimmer, 7 — Hauptdüse, 8 — Leerlaufdüse, 9 — Lufttrichter, 10 — Leerlaufgemischschraube, 11 — Drosselklappe, 12 — Nebenlufttrichter (für Zerstäuber), 13 — Druckventil der Beschleunigungspumpe, 14 — Schwimmergehäuse, 15 — Rückschlagventil der Beschleunigungspumpe, 16 — Antriebsstange der Beschleunigungspumpe, 17 — Spardüsenventil, 18 — Kolben der Beschleunigungspumpe, 19 — Betätigungsstange des Spardüsenventils, 20 — Deckeldichtung, 21 — Verbindungsplatte, 22 — Beschleunigungspumpendüse, 23 — Ausgleichrohr, 24 — Luftklappe, 25 — Schwimmergehäusedeckel

Erwähnt sei in diesem Zusammenhang, daß sich Störungen wie falsche Leerlaufeinstellung oder undichtes Schwimmernadelventil (zu erkennen am Naßwerden des Mischkammergehäuses; der Motor geht dann auch im Leerlauf aus und springt nur bei voll durchgetretenem Gaspedal wieder an) durchaus am eingebauten Vergaser suchen und beheben lassen. Wer den Vergaser jedoch ausbaut, kann bequemer daran arbeiten und auch größere Störungen viel leichter beheben.

Vergaser abbauen und zerlegen

Muß der Vergaser abgebaut werden, was jedoch sehr selten notwendig sein wird, ist die Kraftstoffleitung zu lösen und die Leitung des Unterdruckverstellers abzuschließen. Ferner ist die Befestigungsschelle des Verbindungsschlauches zum Luftfilter zu öffnen und der Schlauch zurückzuschieben. Danach werden Luft- und Drosselklappenbetätigung am Vergaser abgenommen und die zwei Befestigungsmuttern entfernt. Nun kann der Vergaser mit Dichtungen und Zwischenstück abgenommen werden. Aber Vorsicht, die beiden Muttern haben ein Gewinde M 8 × 1, sind in der DDR nicht handelsüblich und darum bei Verlust nur schwer zu ersetzen.

Soll oder muß der Vergaser zerlegt werden, ist zuerst die Verschlußschraube des Siebfilters (3) zu entfernen und der Filter herauszunehmen. Danach sind die sechs Schrauben, die den Schwimmergehäusedeckel halten, abzunehmen. Nunmehr kann der Schwimmergehäusedeckel angehoben und vorsichtig um etwa 180° umgelegt werden, bis sich die Verbindungsstange vom Luftklappenhebel zum Hebel für niedrige Drehzahl abnehmen läßt. Die Deckeldichtung darf hierbei nicht beschädigt werden, anderenfalls ist sie zu ersetzen. Nun lassen sich Schwimmerachse (5) herausziehen sowie Schwimmer (6) abnehmen und Ventilnadel (4) mit Dichtungsscheibe entfernen. Hierbei ist wieder darauf zu achten, daß die Dichtungsscheibe (7 in Abb. 45) an der Ventilnadel (6 in Abb. 45) nicht beschädigt oder bei späterem Zusammenbau des Vergasers vielleicht sogar vergessen wird. In diesem Falle wäre die einwandfreie Funktion des Vergasers nicht mehr gewährleistet. Anschließend wird das Spritzrohr der Beschleunigungspumpe herausgenommen.

In diesem Zustand der Demontage des Vergasers sind die Düsen und die Düsenbohrungen sowie die Beschleunigungspumpendüse zugänglich und können gereinigt werden. Das Reinigen der Düsen geschieht entweder durch Auswaschen in Waschbenzin oder mit Hilfe von Druckluft. An der im Fahrzeug befindlichen Luftpumpe ist deshalb zusätzlich eine Luftdüse befestigt, die man dafür verwendet.

Hat man bei dieser Kontrolle festgestellt, daß der Schwimmer (6) undicht ist, was zum Überlaufen des Vergasers bzw. zu hohem Kraftstoffverbrauch führte, und sich im Schwimmer Kraftstoff befindet (durch Schütteln des Schwimmers ist das zu ermitteln), so sucht man die undichte Stelle und entfernt den im Schwimmer befindlichen Kraftstoff. Das kann dadurch geschehen, daß man den Schwimmer in kochendes Wasser hält, bis der im Schwimmer befindliche Kraftstoff verdampft ist. Damit es hierbei infolge der auftretenden Kraftstoffdämpfe nicht zur Explosion des Schwimmers kommt, entfernt man den Behälter mit dem kochenden Wasser vom Herd. Ein Erhitzen des Wassers mit dem Tauchsieder schließt diese Gefahr von vornherein aus. Nunmehr muß das Loch im Schwimmer, das den Kraftstoff hineingelassen hat, zugelötet werden. Das Gewicht des Schwimmers darf sich hierbei nicht verändern. Es muß im Bereich 13,3 ± 0,7 g verbleiben.

Der nächste Schritt bei unserer Vergaserkontrolle bzw. -reparatur ist das Zerlegen des Schwimmergehäuses. Hierzu sind die Leerlaufdüse (8), die Leerlaufluftdüse (2) und die Hauptdüse (7) herauszuschrauben. Danach ist die Klammer vom Druckventil der Beschleunigungspumpe (13) zu entfernen und das Druckventil herauszunehmen.

Haben ein schlechter Leerlauf des Motors und ein zu hoher Kraftstoffverbrauch zum Zerlegen des Schwimmergehäuses geführt, kann sich u. U. das Spardüsenventil (17) gelockert haben. In diesem Falle sind die zwei Schrauben zur Befestigung des Schwimmergehäuses am Mischkammergehäuse zu lösen. Danach ist auf die Antriebsstange (16) der Beschleunigungspumpe zu drücken und das Gestänge von der Antriebsstange sowie vom Hebel der Drosselklappenachse abzunehmen. Jetzt kann die Antriebsstange (16) zusammen mit Platte (21) sowie Kolben (18) und Feder herausgenommen werden.

Diese Gelegenheit wird mit dazu benutzt, den Sicherungsring vom Rückschlagventil (15) mit Hilfe einer Pinzette zu entfernen und durch Kopfstellen des

Schwimmergehäuses die Kugel (4 mm Durchmesser) aus dem Rückschlagventil (15) zu entnehmen. Sie sitzt u. U. fest, und zwar dann, wenn zusammen mit dem Kraftstoff Wasser in das Schwimmergehäuse eingedrungen ist und die Kugel hierdurch korrodierte. Jetzt kann das Spardüsenventil (17) mit Dichtung kontrolliert und wieder festgeschraubt werden. Parallel dazu prüft man die Schrauben, die die Drosselklappe (11) halten, auf festen Sitz. Alle Teile werden abschließend in Waschbenzin gereinigt und die Düsen einschließlich Düsenbohrungen in den Gehäusen mit Druckluft – wie schon geschildert – durchgeblasen.

Einstellarbeiten

Schwimmernadelventil: Hat man den alten Schwimmer repariert oder auch einen neuen Schwimmer eingebaut, das Schwimmernadelventil muß in jedem Falle neu eingestellt werden. Abbildung 45 gibt einen Überblick über das Schwimmernadelventil einschließlich der notwendigen Maße. Diese Maße oder Werte werden durch vorsichtiges Biegen der beiden Zungen (2) und (3) erreicht. Dabei darf der Schwimmer (1) nicht auf die Schwimmernadel (6) gedrückt werden. Die Dichtung (7) könnte Schaden nehmen, und die ganze Reparatur wäre umsonst ausgeführt.

Spardüsenventil: Das Spardüsenventil (17 in Abb. 44) – verantwortlich oder zuständig für die Kraftstoffzufuhr im Vollastbereich – kann selbstverständlich auch eingestellt werden. Und zwar soll bei voll geöffneter Drosselklappe der Abstand der Stellmutter zur Antriebsplatte (21) 3 ± 0,5 mm betragen. Dieses Maß wird durch die an der Antriebsplatte vorhandene Mutter mit Hilfe einer Flachzange eingestellt (Abb. 46). Es sorgt dafür, daß in den höchsten Drehzahlen (Vollastbereich) der erforderliche Kraftstoff zugeführt wird.

Drossel- und Luftklappe: Haben wir den Vergaser soweit zusammengesetzt, kontrollieren wir das Öffnen der Drosselklappe bei geschlossener Luftklappe. Dabei soll der Abstand zwischen der Mischkammerwand und der Dros-

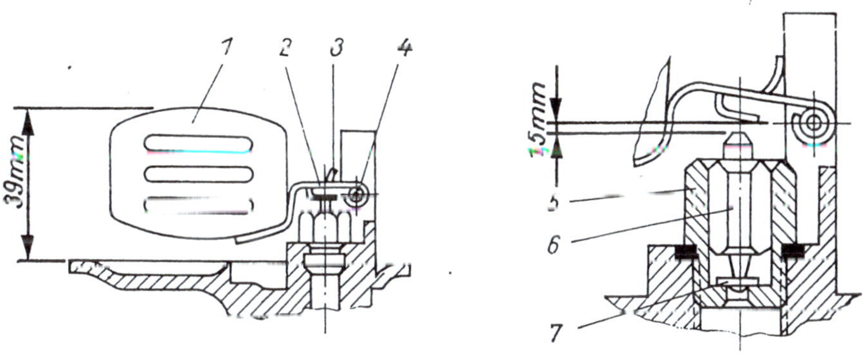

Abb. 45 Schwimmersystem; 1 — Schwimmer, 2 — Schwimmerzunge, 3 — Begrenzer des Schwimmerweges, 4 — Schwimmerachse, 5 — Schwimmernadelventil, 6 — Schwimmernadel, 7 — Dichtscheibe

Abb. 46
Die Stellmuttern der Antriebsstange des Spardüsenventils und der Kolbenstange der Beschleunigungspumpe müssen zur Antriebsplatte einen Abstand von 3,0 ± 0,5 mm bei voll geöffneter Drosselklappe aufweisen. Der Abstand läßt sich mit Hilfe einer Schiebelehre ermitteln

selklappe 2,0· · ·2,2 mm betragen (s. Abb. 44). Dieses Maß kann mit einem Spiralbohrerschaft oder Draht entsprechender Stärke gemessen werden. Ist es notwendig, den Abstand zu verändern, geschieht das durch Biegen der Verbindungsstange von Drossel- und Luftklappe (4 in Abb. 47).

Vergaser zusammen- und anbauen

Das Zusammenbauen des Vergasers erfolgt in umgekehrter Reihenfolge, wobei insbesondere auf die Dichtungsringe an den Verschlüssen und am Spardüsenventil (17 in Abb. 44) zu achten ist. Wer sich ein Sortiment dieser Fiberringe vorher besorgt, kann alle Dichtringe durch neue ersetzen, was insofern von Vorteil ist, weil neue Ringe eben besser dichten als alte. Besonders erwähnt sei in diesem Zusammenhang, daß sich der Kolben der Beschleunigungspumpe (18 in Abb. 44) nach der Reparatur des Vergasers leicht im Pumpenzylinder bewegen lassen muß. Das kann man feststellen, indem man ihn mit der Hand hin und her bewegt. Seine Leichtgängigkeit muß auch nach Anbau von Mischkammer- und Schwimmergehäuse gewährleistet sein. Ist das nicht der Fall, kann die schon erwähnte Verbindungsplatte (21 in Abb. 44) verzogen sein. Sie kann mit einer Flachzange gerichtet werden.

Beim Einbau des Schwimmergehäusedeckels (25 in Abb. 44) ist dieser zuerst mit der Verbindungsstange vom Luftklappenhebel und vom Hebel für niedrige Drehzahlen zu verbinden. Dann ist der Deckel um 180° umzulegen und auf das Schwimmergehäuse aufzusetzen, nachdem vorher die Deckeldichtung aufgelegt worden ist.
Beim Anbauen des Vergasers ist darauf zu achten, daß die Flanschdichtungen noch brauchbar sind, anderenfalls sind sie zu ersetzen. Ferner sollten die Befestigungsschrauben nicht zu fest angezogen werden, um ein Vorspannen des Flansches vom Mischkammergehäuse zu verhindern. Abschließend werden die Seilzüge für Drossel- und Luftklappenbetätigung sowie die Verbindung zum Luftfilter angeschlossen.

Leerlauf einstellen

Der Vergaser ist nunmehr wieder komplett am Motor montiert, und es kann der Leerlauf des Motors grob eingestellt werden. Dazu wird zunächst der Vergaser mit Hilfe des Handhebels an der Kraftstoffpumpe (10 in Abb. 42) voll Kraftstoff gepumpt. Danach wird die Stellschraube für den Leerlauf, die Drosselklappenanschlagschraube (3 in Abb. 47), gelöst und anschließend bis zum Berühren der Zunge, die die Drosselklappe öffnet, um weitere 1,5···2 Umdrehungen hineingeschraubt. Jetzt ist die Stellschraube für die Gemischgüte (1 in Abb. 47) an der Reihe. Sie ist ebenfalls bis zum Anschlag hinzudrehen, aber nicht mit Gewalt, um danach wieder 1,5···2 Umdrehungen zurückgenommen zu werden. Jetzt kann der Motor angelassen werden. Die endgültige Leerlaufeinstellung erfolgt bei warmgelaufenem Motor, wenn dieser eine Öltemperatur von 60 bis 70 °C erreicht hat.
Eine schadstoffarme Vergasereinstellung ist übrigens nur mit Hilfe eines Testgerätes, wie es die Werkstätten besitzen, möglich.

Drosselklappenbetätigung

Die Drosselklappenbetätigung, bestehend aus Pedal, Seilzug und Stange mit Ausgleichfeder, ist sichtbar in Abbildung 47. Sollte hieran einmal eine Reparatur notwendig sein, so muß man folgendes beachten:

A u s - und E i n b a u : Es ist zunächst die Befestigungsschraube des Seiles an der Vergaserstange zu lösen und das Seil freizumachen. Danach ist das Seil vom Fußpedal abzuschließen und aus der Hülle sowie aus dem im Tunnel des Karosseriebodens verlegten Rohr herauszuziehen. Nunmehr kann es kontrolliert, geschmiert oder auch ersetzt werden. Das Einbauen des Seiles geschieht in umgekehrter Reihenfolge.
Ist es notwendig, die Drosselklappenbetätigung komplett zu wechseln, also Seil und Hülle auszutauschen, ist zunächst die Klammer, die die Hülle am Tragebock des Motors hält, entsprechend aufzubiegen. Danach läßt sich die Hülle aus den Dichtungen an der vorderen Motorraumwand und aus der Abschluß-

platte am Bodentunnel herausziehen. Die neue Hülle kann nun von der anderen Seite her hineingeschoben werden. Hierbei ist es beim Herausführen der Hülle aus dem Bodentunnel vorteilhaft, die Abschlußplatte des Tunnels zu lösen, nunmehr das Seil durch die Platte zu führen und die Platte wieder zu befestigen. Diese Reparatur ist ohne Arbeitsgrube nicht ganz einfach auszuführen, weil das Handbremsseil, das Seil für die Luftklappenbetätigung am Vergaser und das Schaltgestänge gleichfalls durch die Abschlußplatte hindurchgeführt sind. Das Fahrzeug muß anderenfalls zumindest gut angehoben und sicher aufgebockt sein. Ansonsten gilt das zum Einbau der Drosselklappenbetätigung Gesagte.

Einstellung: Nach der Instandsetzung der Drosselklappenbetätigung muß dieselbe wieder eingestellt werden. Hierzu wird die Befestigungsschraube des Seiles an der Vergaserstange gelöst und am Ende des Seiles mit einer Flachzange so lange gezogen, bis das Fahrpedal in seine oberste Lage gekommen ist. Nunmehr wird das Seil in dieser Lage mit der Schraube festgemacht, und die Einstellung müßte in Ordnung sein. Ob sie in Ordnung ist, läßt sich daran ermitteln, ob die Drosselklappe bei losgelassenem Fahrpedal vollständig geschlossen und bei bis zum Anschlag niedergetretenem Fahrpedal vollständig geöffnet ist. Man kontrolliert das, indem man feststellt, ob sich bei Vollaststellung des Fahrpedals die Drosselklappe von Hand nicht weiter öffnen läßt und bei Leerlaufstellung der Hebel, der die Drosselklappe öffnet, an der Einstellschraube anliegt.

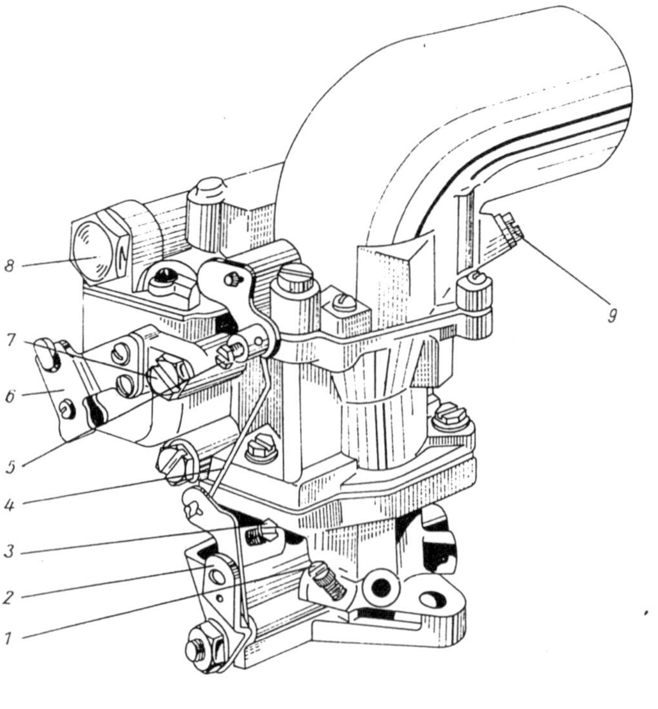

Abb. 47
Vergaser;
1 — Leerlaufgemischregulierschraube,
2 — Betätigungshebel der Drosselklappe,
3 — Drosselklappenanschlagschraube,
4 — Betätigungsstange der Luftklappe,
5 — Klemmschraube,
6 — Befestigungsbügel für Seilhülle,
7 Hauptluftdüse,
8 — Filter-Verschlußschraube,
9 — Spritzrohr der Beschleunigungspumpe

Luftklappenbetätigung

Die Luftklappe im Vergaser (24 in Abb. 44) – notwendig zum Starten des Motors und somit faktisch der Startvergaser des Saporoshez – wird mit dem am Bodentunnel angeordneten Griff betätigt, der mit der Luftklappenstange verbunden ist. Die Stange wiederum, im Bodentunnel verlegt und durch eine Hülle geführt, ist mit der Verbindungsstange des Vergasers (4 in Abb. 47) mittels Muffe und Klemmschraube verbunden und läßt die Luftklappe bei Betätigung des Griffes die entsprechende Stellung einnehmen. Wenn dieses ganze System, genauso wie das System der Drosselklappenbetätigung, auch entsprechend abgedichtet ist, so bleibt es nach längerer Betriebszeit des Fahrzeugs dennoch nicht aus, daß sich die Antriebe der beiden Systeme durch Korrosion festfressen oder zumindest schwergehen bzw. das Seil der Drosselklappenbetätigung aufsplintet oder in hartnäckigen Fällen sogar reißt. In einem solchen Falle muß man den Antrieb auseinandernehmen, gangbar machen bzw. die schadhaften Teile ersetzen.

A u s - und E i n b a u: Aus- und Einbau der Luftklappenbetätigung unterscheiden sich kaum von dem der Drosselklappenbetätigung. Man löst dazu zunächst Stange und Hülle vom Vergaser, indem man die Klemmschraube lockert, zieht danach die Antriebsstange am Griff aus der Hülle heraus und wartet oder ersetzt das schadhafte Teil. Der Zusammenbau erfolgt in umgekehrter Reihenfolge.
Muß der Antrieb komplett, also mit Hülle, gewechselt werden, geht man folgendermaßen vor: Es werden zwei Befestigungsschrauben des Halters am Bodentunnel gelöst und der Halter zusammen mit der Hülle aus dem Bodentunnel herausgezogen. Der Einbau erfolgt in umgekehrter Reihenfolge.

E i n s t e l l u n g: Zum Einstellen der Luftklappenbetätigung löst man die Schraube, die die Stange an der Gelenkmuffe hält, schiebt den Griff der Luftklappenbetätigung bis ca. 5 mm vor die unterste Stellung hinein, öffnet nunmehr die Luftklappe voll und stellt dieselbe in dieser Lage, ohne inzwischen die Stange in der Hülle verschoben zu haben, mit der Schraube an der Gelenkmuffe fest. Vorher wird die Hülle am Vergaser mit Schraube und Klammer gut festgezogen, und zwar derart, daß die Hülle nicht über den Halter hinausragt.
Ist die Luftklappenbetätigung richtig eingestellt, ragt der Griff in hineingeschobener Stellung ca. 5 mm aus dem Halter heraus. Das ist das Zeichen dafür, daß die Luftklappe (24 in Abb. 44) voll geöffnet ist. Andererseits verhindert dieses Spiel von ca. 5 mm, daß beispielsweise beim Nachgeben der Hülle aus irgendwelchen Gründen die Luftklappe nicht voll öffnet, auch wenn man den Griff vollständig hineingeschoben hat.

W a r t u n g: Eine spezielle Wartung der Drossel- und Luftklappenbetätigung ist vom Fahrzeughersteller nicht ausdrücklich vorgeschrieben und normalerweise auch nicht nötig. Dennoch empfiehlt es sich, bei den turnusmäßigen Arbeiten am Motor – vielleicht alle 5000 km – in die betreffenden Hüllen mit einer Ölkanne mehrere Male hintereinander etwas dünnflüssiges Spindel-,

Stoßdämpfer- oder Graphitöl von der Vergaserseite her einzubringen. Dieses Öl dringt bei Betätigung der beiden Klappen in die Hüllen ein und verhindert das Korrodieren oder gar Festrosten der darin gleitenden Betätigungselemente.

Arbeiten an der Kraftübertragung

Zum Kraftübertragungssystem gehören Kupplung, Wechselgetriebe, Ausgleichgetriebe, Antriebswellen (Halbachsen) und Räder. Allen diesen Baugruppen oder Teilen ist gemeinsam, daß sie bei jedem Fahrzeugeinsatz recht hoch beansprucht werden. Eine sorgfältige Beobachtung ihrer Wirkung bzw. ihres Verhaltens sowie eine sorgfältige Wartung zum richtigen Zeitpunkt – die Betriebsanleitung macht hierzu einige Vorschläge, weitere ergeben sich aus den Anlagen 4, 5 und 6 – ist somit nicht nur sinnvoll, sondern im Interesse einer langen Lebensdauer dieser Baugruppen und Teile auch zweckmäßiger bzw. notwendig. Zusätzlich sei bemerkt, daß die Beseitigung der in Anlage 5 aufgeführten größeren Schäden in der Regel nur der Vertragswerkstatt möglich ist, bis auf den Teil, der hier näher beschrieben wird.

Kupplung SAS 966/968

Die zwei Saporoshez-Typen 966/968 besitzen Einscheiben-Trockenkupplungen, die von den Kupplungspedalen über Arbeitszylinder hydraulisch betätigt werden. Fehler hieran sind relativ selten. Ist der Graphitring nach längerer Laufzeit des Fahrzeugs zu weit abgeschliffen, ergibt sich daraus, daß sich der erste Gang infolge eines zu großen Kupplungsspieles nicht mehr geräuschfrei einlegen läßt. Rutscht die Kupplung, ist die Mitnehmerscheibe zu weit abgeschliffen, oder die Kupplung ist infolge undichter Simmeringe an Kurbel- oder Getriebewelle mit Öl verschmiert.
Vielfach wird die Meinung vertreten, daß das Rutschen der Kupplung durch Nachstellen behoben werden kann. Das ist nicht möglich. In diesem Fall muß die Kupplung in der Werkstatt instand gesetzt werden. Uns bleibt jedoch das im Rahmen der planmäßigen Wartung des Fahrzeugs notwendige Kontrollieren und Neueinstellen des Kupplungsspieles bzw. das Erneuern einzelner Kupplungsbetätigungsteile. Tabelle 9 enthält die ggf. notwendigen Ersatzteile, Anlage 4 die Störungsmöglichkeiten.

Spiel einstellen

Mit Kupplungsspiel wird der Leerweg zwischen dem Schleifring am Ausrücklager und dem Gegenring am Kupplungsautomaten bezeichnet. Er wird sichtbar am Kupplungspedal. Hier muß der Leerweg je nach Kupplungshaupt-

Tabelle 9: Ersatzteile für die Kupplungsbetätigung

Bezeichnung	Stück	Ersatzteilnummern
SAS 966/968		
Arbeitszylinder, kpl.	1	966-160-2510-A
Kolben	1	966-160-2514
Sicherungsring	1	966-160-2518
Schutzmanschette	1	966-160-2519
Kolbenstößel	1	966-160-2520
Rückzugfeder	1	966-160-2104
SAS 965 A		
Kupplungsseil	1	965-160-2113-G
Schutzmanschette	1	965-160-2135
Einstellmutter	1	384-250-P8

zylinder 26···38 oder 34···46 mm betragen. Ist dieses Spiel größer, läßt sich der erste Gang nicht geräuschlos einlegen, ist kein Spiel vorhanden, schleift die Kupplung dauernd. Schäden erleidet sie in beiden Fällen. Man kontrolliert deshalb das Kupplungsspiel von Zeit zu Zeit und stellt die angegebenen Maße wieder her.

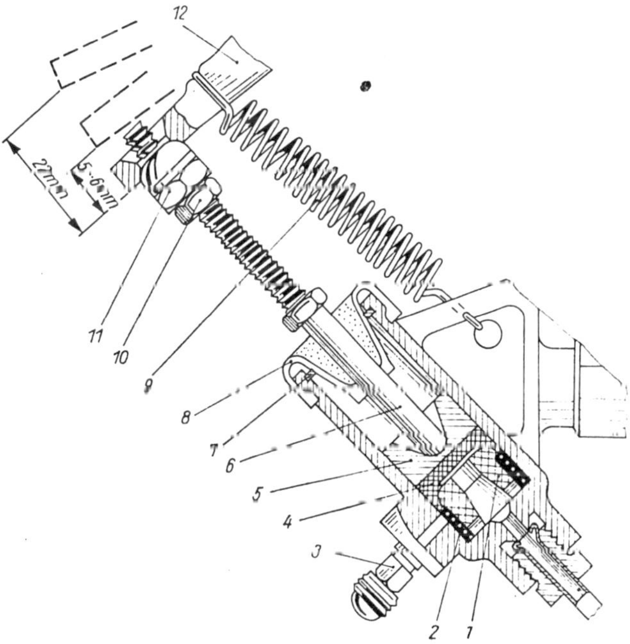

Abb. 48
Kupplungsarbeitszylinder,
1 — Abstandskegel,
2 — Feder,
3 — Entlüftungsventil,
4 — Dichtmanschette,
5 — Kolben,
6 — Betätigungsstange,
7 — Sperring,
8 — Schutzkappe,
9 — Rückholfeder,
10 — Gegenmutter,
11 — Einstellmutter,
12 — Kupplungshebel

Einen Überblick über den Kupplungsarbeitszylinder, an dem das Ein- oder Nachstellen der Kupplung vorgenommen wird, gibt Abbildung 48. Daraus ergibt sich, daß zum Einstellen der Kupplung zunächst die Rückholfeder (9) abgenommen werden muß. Danach wird der Kupplungshebel (12) entgegengesetzt zum Arbeitszylinder gedrückt, bis ein fester Widerstand zu spüren ist. Das sich hierbei zwischen Kupplungshebel (12) und Konusring oberhalb der Stellmuttern (10) und (11) ergebende Spiel soll 5···6 mm betragen. Ergibt es sich nicht, wird es nach Lösen der beiden Stellmuttern gesucht und entsprechend eingestellt. Abschließend wird die Stellmutter (11) mit der Kontermutter (10) wieder gesichert und die Rückholfeder eingehangen.
Das sich aus diesem Einstellvorgang am Kupplungspedal ergebende Spiel muß jetzt stimmen. Stimmt es nicht, ist der Einstellvorgang bis zum Erreichen des richtigen Spieles zu wiederholen.
Eine einfache Kontrollmethode des Kupplungsspieles sieht so aus: Nach einem Pedalweg von 3···4 cm muß sich am Pedal ein gewisser Widerstand bemerkbar machen. Das ist das Zeichen dafür, daß jetzt der eigentliche Kupplungsvorgang beginnt. Macht sich dieser Widerstand erst nach einem größeren Pedalweg bemerkbar, ist das Kupplungsspiel zu groß und muß nachgestellt werden. Dazu wird, wie bereits beschrieben, die Kontermutter (10) gelöst und die Stellmutter (11) mit Konusring in Richtung Kupplungshebel gedreht, bis das vorgeschriebene Spiel am Kupplungspedal erreicht ist. Der Vorteil dieser Methode: sie erspart das Aushängen der Rückholfeder.

Arbeitszylinder instand setzen

Am Kupplungsarbeitszylinder unterliegen infolge seiner hohen Beanspruchung im Fahrbetrieb insbesondere die Dichtmanschette (4) und der Kolben (5) dem Verschleiß. Die Dichtmanschette wechselt man infolgedessen bei jeder Demontage des Arbeitszylinders, ganz gleich, wie stark sie verschlissen ist. Am Kolben (5) sind die Verschleißmerkmale in der Regel als starke Abnutzung der Außenflächen zu erkennen. Setzt man solch einen Kolben zur Kontrolle wieder in den Arbeitszylinder ein, klappert er im Zylinder. Ein Kolben mit diesen Erscheinungen muß deshalb ersetzt werden.
Das Auseinanderbauen des Kupplungsarbeitszylinders ist recht einfach. Sind Schutzkappe (8) ab- und Sperring (7) herausgenommen, lassen sich alle weiteren Teile aus dem Zylinder entfernen, kontrollieren und gegebenenfalls ersetzen. Das Zusammenbauen geschieht in umgekehrter Reihenfolge, nachdem alle Teile gereinigt und mit Bremsflüssigkeit benetzt worden sind.
Alle Teile des Kupplungsarbeitszylinders können mit Wasser abgewaschen werden, denn Bremsflüssigkeit ist wasserlöslich. Man sollte die Teile aber dennoch in Spiritus nachreinigen, bevor man sie mit Bremsflüssigkeit benetzt, damit sie nicht korrodieren und als Folge davon ihre Funktion nicht mehr erfüllen. Kraftstoff jeder Art löst Bremsflüssigkeit nicht auf und reinigt darum hier auch nicht.

Hauptzylinder wechseln

Der Kupplungshauptzylinder (Abb. 49) arbeitet in der Regel über lange Zeit störungsfrei. Dennoch kann seine Instandsetzung notwendig werden, und zwar dann, wenn durch Verunreinigungen, die evtl. über den Vorratsbehälter beim Nachfüllen von Bremsflüssigkeit in den Zylinder gelangten, das Bodenventil nicht mehr dicht schließt. Als Folge baut sich beim Betätigen der Kupplung kein Druck im Zylinder auf, und die Kupplung kuppelt nicht aus. Es kann infolge des Schmutzes aber auch der Kolben im Zylinder schwer gehen oder gar klemmen.

In einem solchen Falle wird der Kupplungshauptzylinder zweckmäßigerweise ausgebaut. Dazu wird zuerst die Bremsflüssigkeit abgelassen, indem auf das Entlüftungsventil (3) des Kupplungsarbeitszylinders (s. Abb. 48) ein Schlauch gesteckt und das andere Ende des Schlauches in ein Glas oder eine Flasche geführt wird. Nunmehr öffnet man das Entlüftungsventil um 1···2 Umdrehungen und pumpt mit Hilfe des Kupplungspedals die Bremsflüssigkeit aus dem Hauptzylinder heraus. Ist das geschehen, wird der Bolzen (4) entsplintet und herausgenommen. Jetzt läßt sich die Rückholfeder (10) entfernen und das Gehäuse mit Dichtung losschrauben und am Pedal herablassen. Danach wird die Mutter, die das Pedal am Tragearm hält, gelöst, die Schraube (2) herausgetrieben, das Pedal vom Tragearm abgenommen und die Buchse mit Abstandshülse (3) aus dem Pedal herausgepreßt. Anschließend lassen sich die Anschlußmuttern der Rohrleitungen lösen und die Rohre abnehmen sowie die

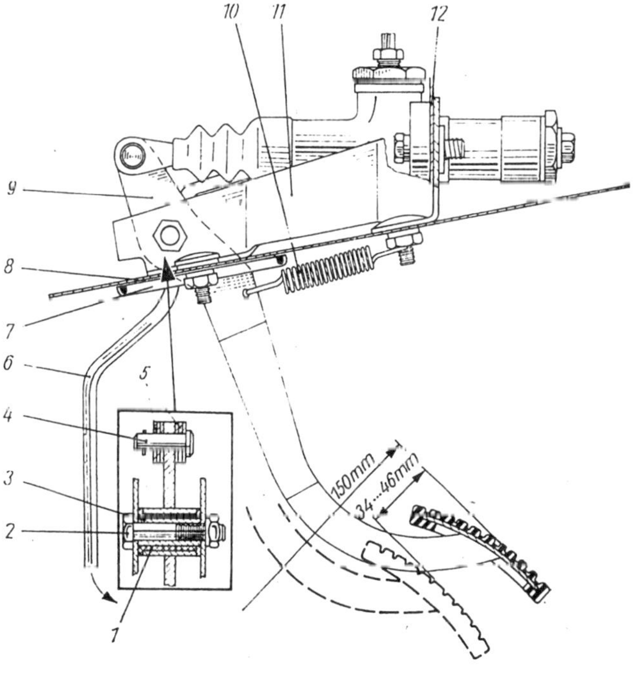

Abb. 49
Kupplungshauptzylinder; 1 — Buchse, 2 — Lagerungsschraube, 3 — Abstandshülse, 4 — Splintbolzen, 5 — Ausgleichscheiben, 6 — Verbindungsrohr, 7 — Abschlußplatte, 8 — Dichtung, 9 — Kupplungspedal, 10 — Rückholfeder, 11 — Tragarm, 12 — Paßbeilagen

Befestigungsschrauben des Haupt- und Arbeitszylinders losdrehen und die Zylinder entfernen.
Der Einbau der beiden Zylinder geschieht in umgekehrter Reihenfolge, wobei beim Anschluß des Pedals die Stellscheiben an der Gabel der Kolbenstange so zwischen Gabel und Pedal gelegt werden müssen, daß die Kolbenstange mit dem Zylinder fluchtet. Das Kupplungspedal soll einen Gesamtweg von 150 mm zurücklegen können. Ist dieser Weg kleiner, so ist eine zusätzliche Beilage (12) zwischen Tragearm (11) und Lagerungsflansch des Kupplungshauptzylinders einzulegen. Ist der Pedalweg wesentlich größer als 150 mm, so sind entsprechende Beilagen wegzunehmen.

Betätigung entlüften

Von den hydraulischen Bremsanlagen her ist sicherlich bekannt, daß sie entlüftet werden müssen, wenn sich darin Luftbläschen gebildet haben oder an den Bremsanlagen Reparaturen ausgeführt worden sind. Gleiches gilt für hydraulisch betätigte Kupplungen. Doch auch diese an und für sich geringfügige und relativ leicht auszuführende Wartungsarbeit will durchdacht und vorbereitet sein. Und zwar aus folgendem Grund: In der Anlage unseres Saporoshez – das gilt übrigens auch für die Bremsanlage – befindet sich, wenn das Fahrzeug noch verhältnismäßig neu ist, die sowjetische Bremsflüssigkeit. Beim Entlüften der Anlage wird nun aber zumindest ein Teil davon herausgepumpt und muß ersetzt werden. Aber womit? Sowjetische Bremsflüssigkeit ist in der DDR nicht handelsüblich. Also muß man das DDR-Fabrikat „Globo" nehmen. Dagegen spricht jedoch die Erfahrung, daß Globo-Bremsflüssigkeit mit ausländischer Bremsflüssigkeit nicht gemischt werden darf. Daraus ergibt sich, daß es bei der ersten notwendigen Entlüftung der Kupplungsbetätigung sinnvoll ist, die gesamte im Kupplungssystem befindliche Bremsflüssigkeit sowjetischen Ursprungs herauszupumpen und durch das DDR-Fabrikat zu ersetzen. Dann hat man die Gewißheit, daß nichts schiefgehen kann. Auch hierbei ist es ratsam, die Anlage mit Spiritus, zumindest aber mit dem DDR-Fabrikat „Globo", durchzuspülen. Das geschieht so, wie der Entlüftungsvorgang beschrieben worden ist.
Doch nun zum Entlüften der Kupplungsbetätigung. Es sollte in folgender Reihenfolge geschehen: In ein sauberes Glas oder eine Flasche mit einem Fassungsvermögen von etwa 0,5 Liter wird etwas Bremsflüssigkeit hineingetan. In dieser Bremsflüssigkeit endet der Entlüftungsschlauch, der mit dem anderen Ende auf das Entlüftungsventil des Kupplungsarbeitszylinders (3 in Abb. 48) gesteckt wird. Nun muß eine zweite Person zwei- bis dreimal hintereinander jeweils kräftig auf das Kupplungspedal treten und das Pedal dann in der untersten Stellung halten. Die erste Person dreht in diesem Moment das Entlüftungsventil etwas auf und läßt die unter Druck stehende Bremsflüssigkeit ab. Kurz vor dem Nachlassen des Druckes im Kupplungssystem muß das Entlüftungsventil wieder geschlossen werden. Das geschieht so lange, bis keine Luftbläschen mehr aus dem Entlüftungsschlauch austreten. Ist das erreicht, kann man sicher sein, daß der Kupplungsarbeitszylinder wieder voll funktionsfähig ist.
Nicht vergessen werden darf im Eifer des Gefechtes, die Bremsflüssigkeit im

Ausgleichbehälter während des Entlüftens immer wieder zu erneuern. Geschieht das nicht, wird schließlich auch der letzte Rest Bremsflüssigkeit herausgepumpt und somit Platz geschaffen für den Eintritt neuer Luftbläschen von dieser Seite her. In diesem Falle müßte die ganze Entlüfterei von vorn beginnen.

Kontrolltips

Nach dem Entlüften des Kupplungsarbeitszylinders soll die Kolbenstange einen Gesamtweg von etwa 22 mm bei einem Pedalweg von mindestens 150 mm (s. Abb. 49) zurücklegen können. Der Mindestweg der Kolbenstange wird mit 18 mm bei 5 mm Leerweg am Ende des Kupplungshebels angegeben. Weniger als 19 mm Kolbenstangenweg gewährleisten keine normale Betätigung der Kupplung. Außerdem kann daraus auf das Vorhandensein von Luft in der Anlage geschlossen werden.
Ein weiteres Kontrollmerkmal für das erfolgreiche Entlüften des Kupplungsarbeitszylinders ist, ob sich der erste Gang geräuschlos einlegen läßt.

Kupplung SAS 965 A

Die Kupplung des SAS 965 A ist gleichfalls eine Einscheiben-Trockenkupplung mit allen Merkmalen der Kupplungen der SAS-Typen 966/968. Sie wird jedoch nicht hydraulisch, sondern mechanisch betätigt, und zwar mit Hilfe eines Seilzuges. Das Seil verläuft im Bodentunnel in einem Metallrohr und liegt hier in einer elastischen Hülle. Tabelle 10 enthält die notwendigen Ersatzteile für die gegebenenfalls notwendig werdenden Reparaturen.

Ausrückantrieb wechseln

Zwecks Aus- und Einbau des Kupplungsausrückantriebes sind zunächst die beiden Muttern abzuschrauben, die zum Einstellen des Kupplungsspieles dienen, und ist das Gewindestück aus dem Seilbolzen herauszunehmen. Nunmehr kann die Gummischutzhülle abgenommen und der Bügel, der zur Befestigung der Hülle dient, entfernt werden. Jetzt läßt sich das Seil aus dem Lagerbock herausziehen. Ist auch noch der Splintbolzen des Bremsgestänges am Bremspedal herausgenommen, können die vier Bolzen des Pedallagerbockes gelöst und der Lagerbock nach links vom Tunnel weggeführt werden. Nunmehr lassen sich die Bolzen vom Kupplungsseil entsplinten und abnehmen. Als letztes ist schließlich der Kupplungsausrückantrieb (Seil mit Hülle) nach hinten aus dem Tunnel herauszuziehen.
Der neue oder instandgesetzte Kupplungsausrückantrieb wird am Seil gut mit Graphitfett oder Ceritol K + 3 eingestrichen und von hinten durch das Rohr in den Tunnel geschoben. Der weitere Einbau erfolgt in umgekehrter Reihenfolge des Ausbaues.

Spiel einstellen

Das Kupplungsspiel soll beim SAS 965 A 25···35 mm betragen, gemessen an der Druckplatte des Kupplungspedals. Es wird eingestellt mit der Stellmutter und diese Mutter gesichert mit der Kontermutter.

Wechsel- und Ausgleichgetriebe

Das Wechsel- oder auch Schaltgetriebe und das Ausgleichgetriebe eignen sich nicht für Selbstreparaturen. Der Aufwand ist zu groß, und es werden auch Spezialwerkzeuge sowie fachliche Erfahrungen benötigt. Reparaturen hieran überlassen wir deshalb besser der Vertragswerkstatt. Hinzu kommt, daß im Facheinzelhandel keine Getriebeteile gehandelt werden, uns eine Selbstreparatur also kaum möglich ist. Dennoch sind die Fehlermöglichkeiten an beiden Getrieben in Anlage 5 zusammengestellt – sozusagen als Orientierung, um der Werkstatt die notwendigen Fehlerinformationen mit allen Erscheinungen exakt geben zu können.
In diesem Zusammenhang sei erwähnt, daß die neueren Saporoshez leiser laufen. Zurückzuführen ist das mit darauf, daß im Wechsel- oder Schaltgetriebe zwei Zahnräder und ein Kugellager verändert wurden.

Ölwechsel

In unseren Zuständigkeitsbereich fällt jedoch das Prüfen und gegebenenfalls Ergänzen des Ölvorrates sowie das Wechseln des Getriebeöles. Das Prüfen und Ergänzen des Ölvorrates sollte alle 5000 km, das Wechseln des Getriebeöles alle 10000 km oder jedes Jahr einmal erfolgen. Für diejenigen, die keine Betriebsanleitung besitzen, sei gesagt, daß sich der Ölmeßstab an der Verschlußschraube befindet, die nach herausgenommenem hinteren Sitz mit Rükkenlehne zugänglich ist. An seinen Markierungen ersieht man, ob Öl nachzufüllen ist.
Bei neueren Fahrzeugen sitzt die Öleinfüllschraube außen seitlich am Getriebegehäuse, was das Herausnehmen des Sitzes erspart.
Beim Ölwechsel werden die beiden Ablaßschrauben und die Verschlußschraube entfernt. Das alte Öl läuft dann ab. Es wird aufgefangen, damit es die Umwelt nicht verschmutzt. Die Magnete an den Ablaßschrauben werden hierbei gereinigt. Größere Abriebteilchen hieran weisen auf sich anbahnende Getriebeschäden hin. Der Fachmann kann das näher analysieren.
Das Fassungsvermögen des gemeinsamen Gehäuses für Wechsel- und Ausgleichgetriebe beträgt bei allen drei SAS-Typen 1,5 Liter Öl. Verwendet wird das Getriebeöl mit der Markenbezeichnung GL 125 bzw. das neue Getriebeöl GH 125.

Gangschaltwerk

Das Gangschaltwerk fällt wieder in den Komplex unserer Wartungs-, Kontroll- und Reparaturarbeiten. Seinen Aufbau zeigt Abbildung 50, die Fehlermöglichkeiten enthält Anlage 6.
Wer Abbildung 50 und Anlage 6 eingehend betrachtet, dem wird auffallen, daß das Schaltwerk recht solide gebaut ist. Ausgesprochene Reparaturen am Schaltwerk sind daher auch kaum erforderlich; Einstellarbeiten sind jedoch von Zeit zu Zeit notwendig. Auf letztere wollen wir unser Augenmerk richten.
Bei längerer Betriebszeit des Fahrzeugs kann sich durchaus einmal die Sperrschraube (5) gelockert haben oder auch ein ganz natürlicher Verschleiß an den einzelnen Teilen, hauptsächlich am Schaltknüppel (1) und am Schieber (15), eingetreten sein. In diesem Falle suchen wir den Fehler und beseitigen ihn. Zweckmäßig ist es, hierzu das Schaltwerk auszubauen; es arbeitet sich dann leichter.

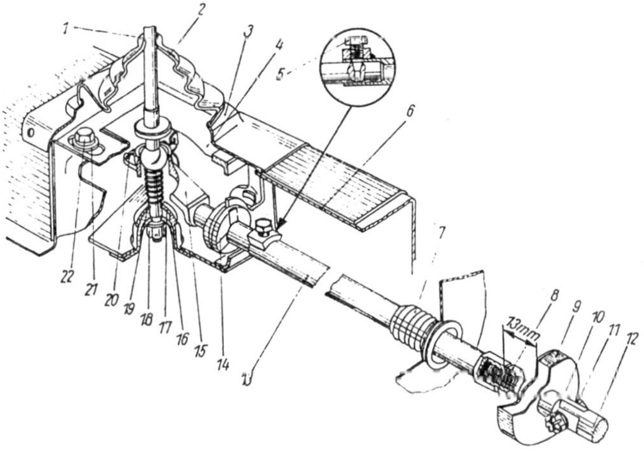

Abb. 50
Schaltwerk;
1 — Schaltknüppel,
2 — Schutzkappe,
3 — Deckel, 4 — Schaltkörper, 5 — Sperrschraube, 6 — Karosserietunnel, 7 — Schutzbalg, 8 — Gegenmutter,
9 — Verbindungsmuffe,
10 — Mutter, 11 — Bolzen, 12 — Gleitstück des Wechselgetriebes,
13 — Schaltwelle,
14 — Lagerbuchse,
15 — Schieber,
16 — untere Schale,
17 — obere Schale,
18 — Mutter, 19 — Druckfeder, 20 — Zugfeder, 21 — Scheibe,
22 — Schraube

Aus- und Einbau

Zum Ausbau des Schaltwerkes löst man zunächst die vier Schrauben am Deckel (3), schraubt den Griff des Schaltknüppels ab und entfernt den Deckel zusammen mit der Gummikappe (2). Danach werden die vier Befestigungsschrauben (22) des Schaltkörpers (4) entfernt und das Gehäuse möglichst weit nach vorn geschoben. Jetzt kann die Sperrschraube (5) herausgeschraubt, der Schieber (15) aus der Schaltwelle (13) herausgenommen und das Gangschaltwerk aus dem Tunnel herausgehoben werden. Vorher ist noch die Zugfeder (20) abzunehmen.
Der Einbau des Gangschaltwerkes erfolgt in umgekehrter Reihenfolge. Hierbei wird empfohlen, den Schieber (15), die obere Schale (17) und die Lagerschale

(16) vor dem Einbau mit Graphit- oder Abschmierfett – Ceritol K + 3 – leicht einzufetten.
Der hauptsächlichste Verschleiß am Gangschaltwerk ist, daß die Kugel des Schaltknüppels (1) im Schieber (15) zuviel Luft bekommen hat. Das bewirkt, daß sich der Rückwärtsgang nur schwer oder überhaupt nicht mehr einschalten läßt. In diesem Falle ist zunächst der Sitz der Sperrschraube (5) zu prüfen. Sitzt sie fest, so wird die Einstellung an der elastischen Muffe (9) korrigiert.
Es kann aber auch sein, daß sich die Sperrschraube (5) nach längerem Fahrbetrieb gelöst hat. In diesem Falle wird sie von Hand hineingeschraubt, und zwar so, daß ihre Spitze in die Bohrung des Schiebers (15) eingreift. Danach muß sich der Schaltknüppel wieder leicht in alle Richtungen bewegen lassen. Abschließend wird die Sperrschraube endgültig festgezogen.
Hat sich die Sperrschraube (5) bereits mehrere Male gelockert, so wird sie sich immer wieder lösen. Ursache ist, daß der Konus die Schaltteile nicht mehr genügend fest miteinander verbindet. In diesem Falle fertigt man sich aus einer normalen Sechskantschraube M 8 × 35 mm mit durchgehendem Gewinde eine neue Sperrschraube und läßt sich von einem Fachmann den Konus von etwa 8 mm Länge anschleifen oder andrehen. Ihn halten wir etwas stärker als bei der alten Schraube. Nun schrauben wir noch eine Gegenmutter M 8 auf die angefertigte Schraube, drehen die Sperrschraube in den Schieber hinein und verbinden diesen so wieder fest mit der Schaltwelle. Ist die Sperrschraube festgezogen, sichern wir dieselbe abschließend mit der Gegenmutter.
Es kommt auch vor, daß die Zugfeder (20) bricht. In diesem Falle merkt man in der Leerlaufstellung des Schaltknüppels keinen Widerstand, denn die Feder zieht diesen immer in die Stellung, in der sich der dritte und vierte Gang schalten läßt. Zum besseren Schalten ist diese Feder baldmöglichst zu erneuern.

Einstellen

Wie bei allen anderen Aggregaten gilt auch beim Schaltwerk, daß es – die Teile sind ja bereits wieder eingebaut – nach einer Demontage neu eingestellt werden muß. Dazu wird zunächst der Schaltknüppel (1) in Leerlaufstellung gebracht und das Gangschaltwerk selbst mit der Schaltwelle (13) und dem Schieber (15) mit der Sperrschraube (5) fest verbunden. Jetzt werden die Schrauben (22) eingesetzt, aber noch nicht festgezogen. Nun wird die Muffe (9) der Schaltwelle (13) auf das Maß 13 mm zwischen Stirnflächen der Welle und Flächen der Muffe kontrolliert. Sollte es nicht stimmen, wird die Mutter (10) abgeschraubt und der Bolzen (11) herausgenommen. Nunmehr kann die Gegenmutter (8) gelöst und die Muffe (9) bis auf das Maß 13 mm eingestellt werden. Bolzen (11) und Mutter (10) werden danach wieder festgezogen und versplintet.
Der weitere Arbeitsgang ist folgender: Mutter (18) auf festen Sitz prüfen. Jetzt Schaltknüppel (1) in Leerlaufstellung bringen. Nunmehr Schaltwelle (13) mit Muffe in Einschaltstellung für den Rückwärtsgang bringen, wobei der Schieber (15) bei Ansicht von der Schaltwelle her entgegengesetzt zum Uhrzeigersinn entsprechend gedreht wird. In dieser Lage wird die Welle mit einem Schlüssel gehalten und die Gegenmutter (8) festgezogen.

Nach dieser Arbeit soll der Schaltknüppel in Leerlaufstellung im Winkel von 90 °C zum Karosserieboden gestellt werden. Das wird dadurch erreicht, daß das Gangschaltwerkgehäuse durch Verschieben in den Längsnuten so eingestellt wird, bis der Schaltknüppel die schon beschriebene Stellung eingenommen hat. Abschließend werden die Befestigungsschrauben (22) festgezogen, wenn sich alle Gänge einwandfrei schalten lassen.
Tabelle 10 informiert über die Ersatzteile, die gegebenenfalls bei der Reparatur des Schaltwerkes benötigt werden.

Tabelle 10: Ersatzteile für das Gangschaltwerk

Bezeichnung	Stück	Ersatzteilnummern SAS 965A	SAS 966/968
Rückzugfeder	1	965-840-6022	
Schieber	1	965A-170-3033	
Klemmschraube	1	380850-P8	
Buchse zur Schaltwelle	1	965-170-3046	
Schalen zur Buchse	3	965-170-3047	
Schutzmanschette zur Schaltwelle	1	965-170-3050	
Schaltmuffe	1	965A-170-3055	
Schaltwerkgehäuse	1	965-170-3062-A	966-170-3062
Druckfeder zum Schaltknüppel	1	965-170-3082-G	
Schaltknüppel	1	965-170-3084-A	
Schutzmanschette zum Schaltknüppel	1	965A-170-3180	

Antriebswellen

Abbildung 51 gibt einen Überblick über die Konstruktion der Antriebswellen. Reparaturen hieran sind nur an den äußeren Gelenken möglich. Die Gelenke am Getriebe können wir nicht reparieren.

Auseinander- und Zusammenbau

In der Praxis bleibt es nicht aus, daß die Gummischutzhüllen (8) ersetzt werden müssen, weil sie infolge Alterung gerissen oder beschädigt worden sind. Das kann man durchaus allein machen. Dazu werden zunächst die Schrauben zur Befestigung der Schutzhülle am Hinterachsantriebsgehäuse gelöst. Nunmehr läßt sich der Sperrstift (5) mit einem passenden Dorn nach der eingekerbten Seite hin heraustreiben (Pfeilrichtung). Jetzt werden die Befestigungsschrauben (4) vom Flansch (3) entfernt. Ist das geschehen, wird die Achswelle (6) mit Flansch in Richtung Getriebe geschoben, da anderenfalls die Gleitsteine (10) herausfallen. Nunmehr wird der Flansch (3) mit leichten Hammerschlägen von der Achswelle gelöst, wobei die Welle mit der Hand zum Getriebe gedrückt

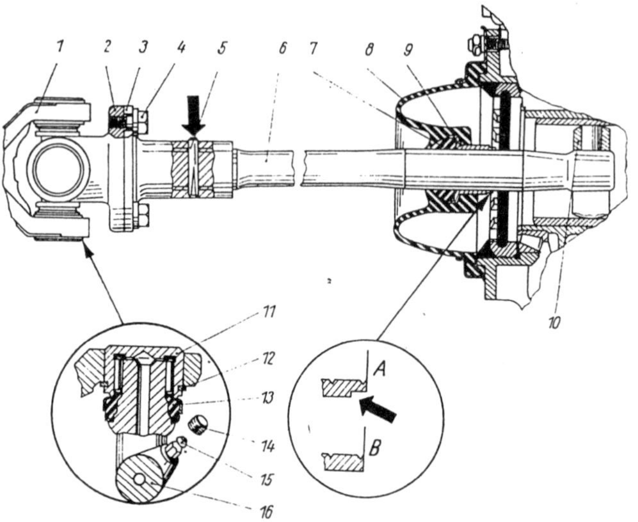

Abb. 51
Antriebswelle;
1 — Gelenkgabel,
2 — Antriebsgabel,
3 — Achswellenflansch,
4 — Schraube, 5 — Sperrstift, 6 — Achswelle, 7 — Dichtungsbuchse, 8 — Schutzhülle,
9 — Dichtungsgehäuse,
10 — Gleitstein,
11 — Lagerbuchse,
12 — Sicherungsring,
13 — Stopfbuchse,
14 — Schutzkappe,
15 — Schmiernippel,
16 — Gelenkkreuz

wird. Jetzt lassen sich Schutzhülle (8) von der Hinterachswelle abziehen, Dichttungsgehäuse (9) abnehmen und Dichtung (7) herausdrücken.
Beim Einbau der wiederverwendungsfähigen oder auch neuer Teile ist darauf zu achten, daß das richtige Dichtungsgehäuse (9) verwendet wird. Die Dichtungsgehäuse unterscheiden sich durch das Ölrücklaufgewinde. Das linke Gehäuse „A" ist mit Linksgewinde, das rechte Gehäuse „B" mit Rechtsgewinde versehen. Zur Erleichterung der Unterscheidung dient der auf dem linken Gehäuse angedrehte Absatz (Pfeil). Bei Verwechselung dieser Gehäuse entweicht hier das Getriebeöl.
Zum Aufziehen der Schutzhülle (8) mit der Dichtung (7) wird ein Spezialdorn verwendet, der verhindert, daß die Dichtung durch die Nuten der Antriebswelle beschädigt wird. Besitzt man diesen Dorn nicht, erfüllt ein Streifen etwas stärkeren Papiers den gleichen Zweck. Dieser Papierstreifen wird als Hülle um die Nuten gelegt, zusammen mit der Schutzhülle auf die Welle geschoben und danach entfernt.

Gelenkkreuze

Das Auswechseln der Gelenkkreuze ist noch ein wenig komplizierter. Wer meint, sich auch das zuzutrauen, der sollte wie folgt vorgehen: Ist der Sperrstift (5) ausgetrieben, werden mit einem Schraubenzieher die Sicherungsringe (12) von der Gelenkgabel (1) abgenommen. Nunmehr wird möglichst mit einem Buntmetall- oder Gummihammer so auf die Antriebsgabel (2) geschlagen, daß erst die eine und dann die andere Lagerbuchse der Gabel herausgenommen werden kann. Jetzt werden die Schrauben (4) des Flansches (3) abgenommen, der Flansch abgezogen und die Achswellen hochgebunden. Danach lassen sich die Gabel (2) mit dem Gelenkkreuz und die Lagerbuchsen (11) der Gabel (2) entfernen und die Korkringe vom Gelenkkreuz abnehmen.

Die neuen Teile werden in umgekehrter Reihenfolge eingebaut. Hierbei ist es ratsam, das Gelenkkreuz mit den zwei Lagerbuchsen zunächst in der Antriebsgabel (2) einzubauen. Das wird einem erleichtert, wenn man die Lagerbuchsen mit einem Schraubstock so weit einpreßt, bis die Sicherungsringe eingesetzt werden können.
Beim Einsetzen der Lagerbuchsen in die Gelenkgabel (1) ist darauf zu achten, daß die Nadeln nicht aus den Lagerbuchsen herausfallen. Es läßt sich vermeiden, wenn man sie vorher mit etwas Abschmierfett an die Lagerbuchse „anhaftet". Nun kann die Gabel mit dem Gelenkkreuz in die Antriebsgabel eingesetzt werden. Das Anbringen der Sicherungsringe kann man sich erleichtern, indem man zum Zusammendrücken der Lagerbuchsen eine Schraubzwinge anstelle des Schraubstockes verwendet.
Beim Zusammenbau ist darauf zu achten, daß das Gelenkkreuz mit dem Schmiernippel (15) in Richtung der Vertiefung der Antriebsgabel steht. Nach dem Zusammenbau muß sich das Kardangelenk leicht von Hand in allen Richtungen bewegen lassen.
Abschließend wird schließlich der Sperrstift (5) eingepreßt und die Bohrung, die ihn hält, an der Gabel leicht mit einem Körner verstemmt. Es wird empfohlen, die Befestigungsschrauben (4) alle 8000···10000 km auf festen Sitz zu prüfen sowie die Gelenke alle 3000 km abzuschmieren.
Tabelle 11 enthält die Ersatzteile, die gegebenenfalls bei der Reparatur der Antriebswellen benötigt werden.

Tabelle 11: Ersatzteile für die Antriebswellen

Bezeichnung	Stück	Ersatzteilnummern SAS 965 A	SAS 966/968
Kerbstift	2	258-963-P8	
Schutzhülle	2	965-240-3095	966-240-3095
Dichtungsgehäuse rechts	2	965-240-3098	966-240-3098
Dichtungsgehäuse links	2	965-240-3099	966-240-3099
Dichtung	2	965-240-3100	966-240-3100
Gelenkkreuz	2	965-240-3108	966-240-3108
Korkring/Gummiring	8	965-240-3111	966-240-3121
Lagerbuchse	8	965A-240-3125	966-240-3125

Arbeiten am Fahrwerk

Zum Fahrwerk gehören Rahmen, Federn, Stoßdämpfer, Achsen, Räder, Bereifung, Bremsanlage und Lenkung. Einige der hieran notwendigen Kontroll-, Einstell- sowie Reparaturarbeiten können selbst ausgeführt werden. Was es im einzelnen ist, ist in den entsprechenden Abschnitten näher beschrieben. Hier sei nur darauf hingewiesen, daß der Gliederungspunkt „Rahmen" entfällt, denn unser Saporoshez besitzt ja bekanntlich keinen Rahmen, sondern eine selbsttragende Karosserie, an der alle Elemente des Fahrwerkes befestigt

sind. Infolgedessen widmen wir uns gleich den größeren Komplexen „Vorderradaufhängung" sowie „Hinterradaufhängung", die Federn und Stoßdämpfer sowie Achsen, Räder und Bereifung einschließen.
Ausdrücklich hingewiesen sei in diesem Zusammenhang darauf, daß nach § 43 StVZO Schraubverbindungen durch Kontermuttern mit Splint oder durch Sicherungsbleche gesichert sein müssen. Ausgebaute Splinte und Sicherungsbleche dürfen nicht wieder verwendet werden. Einzubauen sind neue Sicherungsteile, die in ihrer Ausführung dem Original entsprechen. Ferner dürfen Lenkvorrichtungen nicht geschweißt werden, es sei denn, das geschieht in einem vom Zentralinstitut für Schweißtechnik (ZIS) in Halle speziell dafür zugelassenen Betrieb.

Vorderradaufhängung SAS 966/968

Die gesamte Vorderradaufhängung ist mit sechs Schrauben an der Karosserie befestigt. Infolge ihrer relativ hohen Beanspruchung im praktischen Fahrbetrieb kann es selbstverständlich auch hier zu gelegentlichen Störungen kommen. Wie sich diese Störungen bemerkbar machen, welche Ursachen sie haben und wie sie zu beheben sind, verrät Anlage 7. Einige der wesentlichen Arbeiten hieraus seien nachfolgend näher beschrieben.
Hingewiesen sei darauf, daß der 968 A mit zwei Vorderradlagern des Typs 7706 bzw. 7204 ausgerüstet ist, wobei sich das Lager 7204 durch das Lager 30 204 aus der DDR-Produktion ersetzen läßt.

Achsschenkel-Kugelgelenke

Abbildung 52 zeigt einen Achsschenkel im Schnitt. Unsere Aufmerksamkeit soll vorerst dem Kugelgelenk gelten, dessen Kugelbolzen (10) gern einmal in seiner Lagerung klappert. Dieses Klappern bemerkt man beim Befahren von schlechten Straßen mit Kopfsteinpflaster, insbesondere, wenn hierbei eine Kurve etwas schneller befahren wird.
Das Klappern kann relativ einfach beseitigt werden, indem das Fahrzeug mit dem Wagenheber angehoben und das betreffende Rad abgenommen wird. Nun können die nachstellbaren Kugelbolzen (10/14) in die richtige Lage gebracht werden. Hierzu wird die Mutter (3) mit dem Hakenschlüssel vom Bordwerkzeug gelöst, die Einstellmutter (1) ganz hineingeschraubt und danach wieder um eine sechstel Umdrehung zurückgenommen. Jetzt wird die Mutter (3) wieder fest angezogen. Sind auf diese Art alle Gelenke der Vorderachse in Ordnung gebracht worden, ist das Klappern der Kugelbolzen mit Sicherheit beseitigt.
Die Richtigkeit der Einstellung wird geprüft, indem der Achsschenkel (mit der Hand) von der Endlage in die andere gedrückt wird. Bemerkt man hierbei ein Klemmen, so ist der Kugelbolzen (10) unrund geworden (was jedoch selten vorkommt, wenn regelmäßig geschmiert wird) und sollte gewechselt werden. Am besten macht das die Vertragswerkstatt, weil hierzu Spezialwerkzeug gehört.
Das Nachstellen der Kugelbolzen kann den Radsturz sowie die Vorspur verändern. Man prüft deshalb sicherheitshalber auch diese beiden Einstellungen.

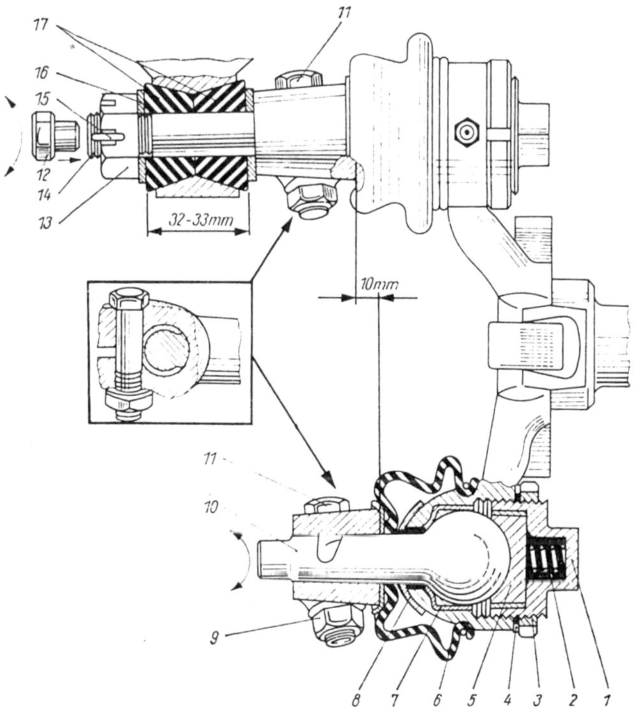

Abb. 52
Vorderradaufhängung; 1 — Einstellmutter, 2 — Feder, 3 — Gegenmutter, 4 — Sicherungsscheibe, 5 — Gleitstein, 6 — Schutzkappe, 7 — Lagerschale, 8 — Scheibe, 9 — Mutter, 10 — Kugelbolzen, 11 — Schraube, 12 — Einstellschlüssel, 13 — Mutter, 14 — Kugelbolzen, 15 — Splint, 16 — Scheibe, 17 — Gummipuffer für Stoßdämpfer

Radsturz

Der Sollwert des Radsturzwinkels der Vorderräder (Abb. 53) beträgt 0° 40′ ± 20′. Wenn dieser Wert auch nur mit einem speziellen Prüfgerät exakt ermittelt werden kann, so ist es dennoch möglich, ihn auch mit einem Lot wenigstens annähernd genau festzustellen. Dazu ist das Fahrzeug auf eine garantiert ebene Fläche zu stellen und ist das Lot am Kotflügel in Achsmitte zu befestigen. Das jeweils an der unteren und oberen Felgenkante abgenommene Maß B/A muß im Bereich von 6 bzw. 2 mm liegen.

Ergibt sich beim Messen, daß die Differenz von B ./. A wesentlich größer ist, werden vor dem Nachstellen des Radsturzes zunächst die Drehstabfedern (3 in Abb. 54) auf richtigen Sitz geprüft. Das geschieht, indem die Sicherungsmuttern (2) gelöst werden und die Sicherungsschrauben (1) vom oberen und unteren Achsrohr mit einem Schraubenzieher auf festen Sitz geprüft werden. Sitzen diese Schrauben fest, so stimmt die Lage der Drehstabfedern. Sitzen sie nicht fest, so sind sie herauszuschrauben und zu kontrollieren. Es können beispielsweise die Kegelspitzen der Schrauben (1), die die Drehstäbe halten, abgenutzt oder sogar ganz weggebrochen sein. In diesem Falle sind diese Schrauben zu erneuern.

Beim Hineinschrauben ist darauf zu achten, daß die Zentrierbohrung im Drehstab dem Gewindeloch genau gegenüberliegt. Ist das nicht der Fall, wird das

Fahrzeug vorn beiderseits angehoben und je nachdem, welcher Drehstab nicht richtig sitzt, oben oder unten an dem betreffenden Rad solange gedrückt, bis die richtige Lage des Drehstabes hergestellt ist und die Schraube hineingedreht werden kann.

Ist die richtige Lage des Drehstabes (Abb. 55) hergestellt und der Radsturzwinkel stimmt noch nicht, so gilt es, den Radsturz an den Kugelgelenken einzustellen. Dazu wird zunächst der Bolzen (14) in Abbildung 52 entsplintet und die Mutter (13) gelöst. Nun werden die Spannschrauben (11) am oberen und unteren Querlenker gelockert. Jetzt können zum Einstellen der Radsturzwinkel die oberen oder die unteren Kugelgelenke verstellt werden.

Zum Verstellen des oberen Gelenkes benötigt man einen Spezialschlüssel von

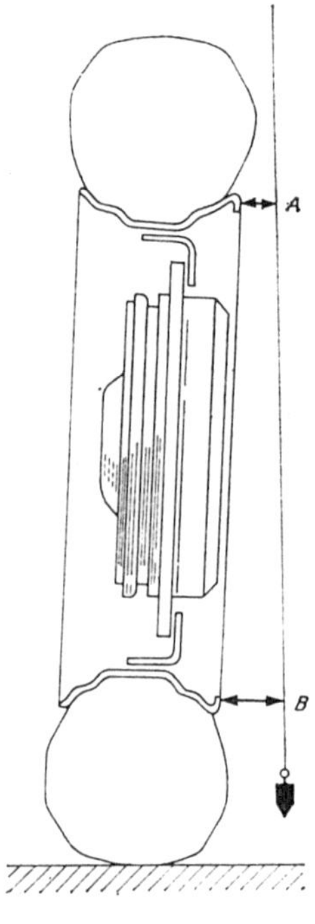

Abb. 53 Radsturz der Vorderräder

8 mm Schlüsselweite zum Eingreifen in den Innensechskant der Kugelbolzenachse. Dieser Schlüssel darf nicht länger sein als 30 mm, weil die Seitenwände des Kofferraumes keinen Platz zum Hantieren mit einem längeren Schlüssel lassen. Nun kann durch Drehen des unteren Bolzens (10) im Uhrzeigersinn mit einem Gabelschlüssel der Radsturzwinkel vergrößert, entgegen verkleinert werden. Nach dem Einstellen werden die Spannschrauben (11) wieder fest angezogen, nach Werksangaben mit einem Kräftemoment von 5,5···6,5 kpm. Dies ist etwa die Kraft, die man benötigt, um eine entsprechend große Mutter mit einem Ringschlüssel fest anzuziehen. Die Mutter (13) dient gleichzeitig zur Befestigung des Stoßdämpfers. Wurde sie gelöst, so wird sie bis zu einem Maß von 32···33 mm angezogen.

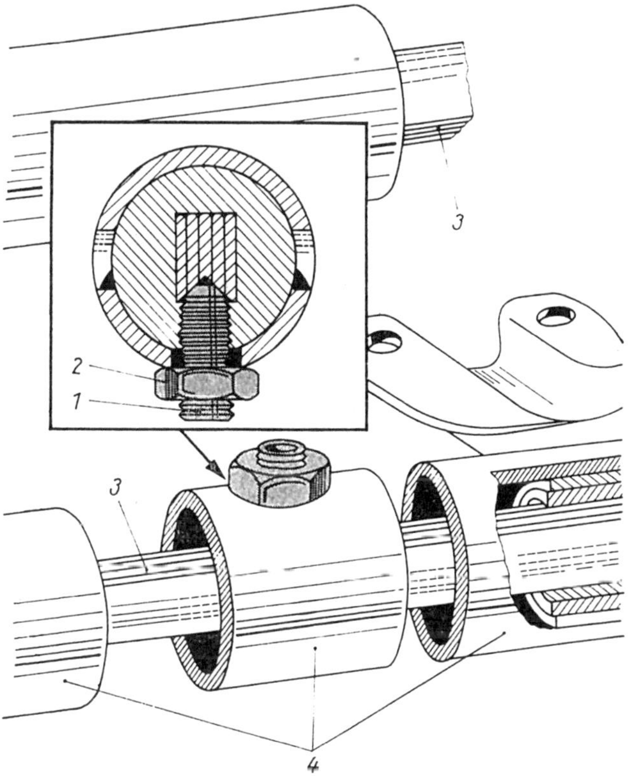

Abb. 54
Sicherung der Drehstäbe;
1 — Sicherungsschraube,
2 — Sicherungsmutter,
3 — Drehstab,
4 — Vorderachskörper

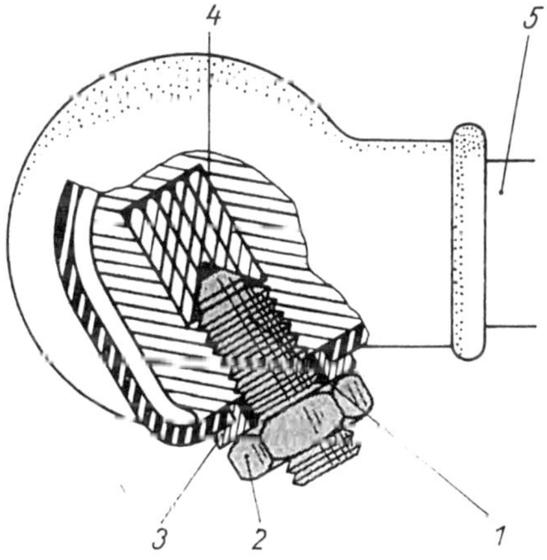

Abb. 55
Sicherung des Querlenkers am Drehstab;
1 — Sicherungsschraube, 2 — Sicherungsmutter,
3 — Abstandsscheibe, 4 — Drehstab, 5 — Querlenker

Sind alle Schrauben wieder fest angezogen, ist es ratsam, nach dem Einstellen des Radsturzwinkels auch die Vorspur zu überprüfen und gegebenenfalls zu berichtigen. Wie das gemacht wird, wird nachfolgend beschrieben.

Vorspur

Der Begriff „Vorspur" besagt, daß – von oben gesehen – die Felgenränder der Vorderräder in Höhe der Radmitten vorn um ein bestimmtes Maß enger zusammenstehen als hinten. Bei allen drei Saporoshez-Typen hat sich das Maß 1···3 mm hinsichtlich des Radsturzes als vorteilhaft erwiesen.
Die Gewinde der mittleren Spurstange sind mit Rechts- bzw. Linksgewinde versehen, so daß die Vorspur gegebenenfalls verändert werden kann. Die Seite mit dem Linksgewinde ist an der Gegenmutter zu erkennen. Die Spitzen ihres Sechskants tragen eine Nut. Zum Messen der Vorspur wird ein Spurmaß benötigt. Da dasselbe jedoch nur selten gebraucht wird, lohnt sich eine Anschaffung oder ein Selbstbau kaum. Man beauftragt mit dieser Arbeit deshalb zweckmäßigerweise die Vertragswerkstatt, zumal die hier tätigen Kollegen oftmals schon aus den Reifenlaufbildern der Vorderräder schließen können, ob ein Vorspurfehler vorliegt oder nicht. Mehr darüber im Abschnitt „Lenkgestänge wechseln".

Vorderradaufhängung SAS 965 A

Die Vorderradaufhängung des SAS 965 A ist im Prinzip die gleiche wie bei den Nachfolgetypen 966/968, in der Reparatur und Wartung aber wesentlich komplizierter. Sie unterscheidet sich nur dadurch, daß die Drehwinkel des Achsschenkels nicht über Kugelbolzen, sondern über Bolzen und Buchsen bewirkt werden und die Einstellung der Radsturzwinkel durch Beilegen von Scheiben bestimmt wird.

Reparaturvorschläge

Eine Reparatur an der Vorderradaufhängung des SAS 965 A (Abb. 56) will besonders sorgfältig vorbereitet sein, anderenfalls sollte man sie der Vertragswerkstatt überlassen. Unter anderem erfordert sie sehr viel Ersatzteile, zumindest aber die Möglichkeit, nicht vorhandene Buchsen aus Bronze drehen zu können. Vor Beginn jeder Reparatur sollte deshalb unbedingt Tabelle 12 studiert werden, um sich danach die in Frage kommenden Teile zu beschaffen, anderenfalls ist jedes Beginnen einer Reparatur zwecklos, weil man vielfach erst beim Auseinandernehmen der Vorderradaufhängung entdeckt, was eigentlich alles ersetzt werden müßte. Wer sich jedoch auf die Reparatur gut vorbereitet hat, der kann wie folgt vorgehen:

– Radnabe abbauen
– Bremsleitungen an den Radbremszylindern abschrauben und Spurstangen von den Achsschenkeln lösen
– Muttern (10) abnehmen und Spannbolzen (12) herausdrücken
– Achsschenkel mit Ständer abnehmen und Stellscheibenpakete A und C sowie Schutzring (2) entfernen
– Mit Hilfe eines Hammers die Bundbolzen (8), Schutzkappe (4) und Stellscheibenpakete B und D herauspressen

Tabele 12: Ersatzteile für Lenkgestänge und Vorderradaufhängung

Bezeichnung	Stück	Ersatzteilnummern SAS 965 A	SAS 966/968
Spurstange rechts	1	965-300-3052-A	966-300-3052
Spurstange links	1	965-300-3053-A	966-300-3053
Lenkspurstange Mitte	1	965-300-3010-A	966-300-3010
Buchse zur Stütze der Vorderradaufhängung	4	965-290-3062	—
Bolzen zur Stütze der Vorderradaufhängung	4	965-290-4068-G	—
Schutzring	4	965-290-4076	—
Stellscheiben	n. Bedarf	386-155-P2	—
Achsschenkelbolzen	2	965-300-1019-G	—
Sperrstift	2	965-300-1025	—
Buchse zum Achsschenkelbolzen	4	965-300-1016	—
Traglager	2	965-300-1020	—
Stützscheibe	2	965-300-1022	—
Stoßdämpfer vorn	2	965-290-5006	966-290-5006
Stoßdämper hinten	2	965-291-5006	966-291-5006-G
Stoßdämpfergummi oben, vorn	4	965-290-5450-A	
Stoßdämpfergummi unten, vorn	4	965-290-5432	966-290-5540
Spiralfeder, vorn			
Stoßdämpfergummi	2	—	966-290-2016-A
oben, hinten			
Stoßdämpfergummi	4/2	965-290-5450-A	966-291-5550
unten, hinten	2	—	966-291-5552
Spiralfeder hinten	2	965-291-2712	966-291-2712-G

- Mit einem Dorn (Abb. 57) die Buchse (9) herauspressen
- Mit einem Dorn den Sperrstift (13) aus dem Achsschenkel von der der Ankörnung gegenüberliegenden Seite her herausschlagen
- Vom Ständer den Achsschenkelbolzen (6) mit einem Alu- oder Messingdorn heraustreiben
- Mit einem Dorn nach Abbildung 57 die Buchsen (7) des Achsschenkelbolzens herausschlagen

Nunmehr sind alle Teile der Vorderradaufhängung zugänglich und können gewissenhaft geprüft werden. Als Prinzip sollte hierbei gelten, lieber ein Teil zu früh als zu spät zu ersetzen, anderenfalls droht die ganze Arbeit recht bald wieder anzufallen. Selbstverständlich werden alle Teile vor der Prüfung sorgfältig in Waschbenzin gereinigt.

Der Zusammenbau der Vorderradaufhängung geschieht wie folgt:

- Mit dem Dorn nach Abbildung 57 die Buchsen (7) bündig mit der Innenseite des Ständers einpressen und eine Nut in die Buchsen (7) bündig mit der Nut des Ständers zur Aufnahme der Fassung (16) einarbeiten (mit einer Feile)

– Mit einer Führungsreibahle die Buchsen (7) auf das

Maß 16 $\begin{smallmatrix}+0{,}025\\+0{,}006\end{smallmatrix}$ aufreiben und den Achsschenkelbolzen mit einem Gummihammer leicht in die Buchsen eintreiben

– Auf die Stützfläche des Achsschenkels (5) in die vorhandene Bohrung den Stift einführen, auf den Stift die Stützscheibe (14), das Traglager (15) und die Fassung (16) aufsetzen. Den Achsschenkel in den Ständer (3) einführen, die Höhenluft ermitteln und diese durch Beilegen von entsprechend starken Stützscheiben (14) ausgleichen
– In Ständer (3) und Achsschenkel (5) den vorher eingepaßten Achsschenkelbolzen einpressen, mit der Abflachung am Bolzen der Sperrstiftöffnung zugewandt, bis sich Abflachung und Bohrung decken. Vorher alle Teile einölen und die Fassung mit Fett füllen
– Den Sperrstift (13) einpressen und mit drei Körnerschlägen sichern
– Mit dem Dorn nach Abbildung 57 die Buchsen (9) in den Ständer einpressen, bis diese bündig mit den Flächen für die Stellscheiben stehen, wobei

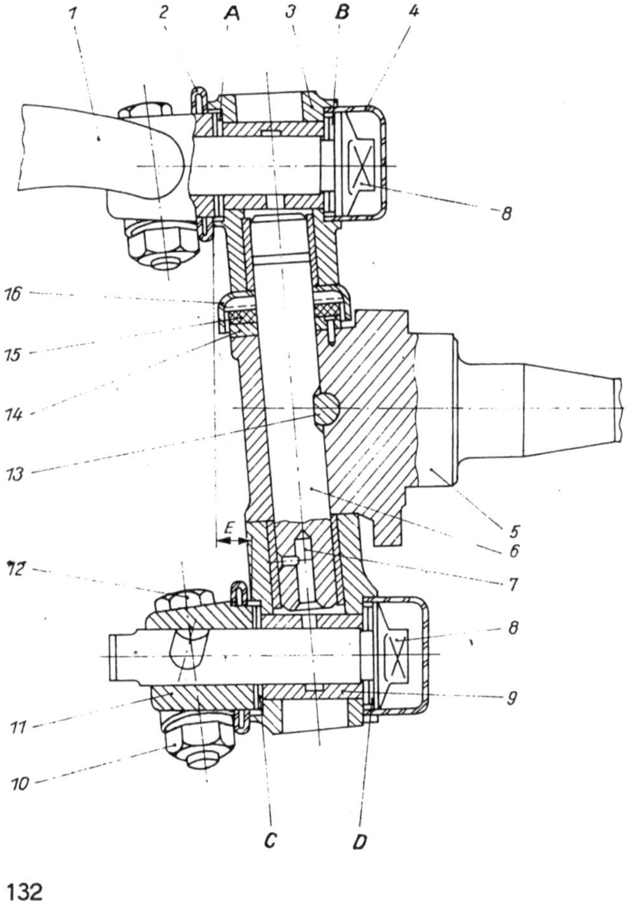

Abb. 56
Achsschenkel SAS 965 A; 1 — oberer Querlenker, 2 — Schutzring, 3 — Ständer, 4 — Schutzkappe, 5 — Achsschenkel, 6 — Achsschenkelbolzen, 7 — Buchse, 8 — Bundbolzen, 9 — Bolzenbuchse, 10 — Mutter, 11 — Dichterer Querlenker, 12 — Spannbolzen, 13 — Sperrstift, 14 — Stützscheibe, 15 — Traglager, 16 — Fassung; A, B, C und D = Stellscheibenpakete

Abb. 57
Dorne zum Aus- und Einpressen der Ständerbolzenbuchse (a) und der Achsschenkelbolzenbuchse (b) für SAS 965 A

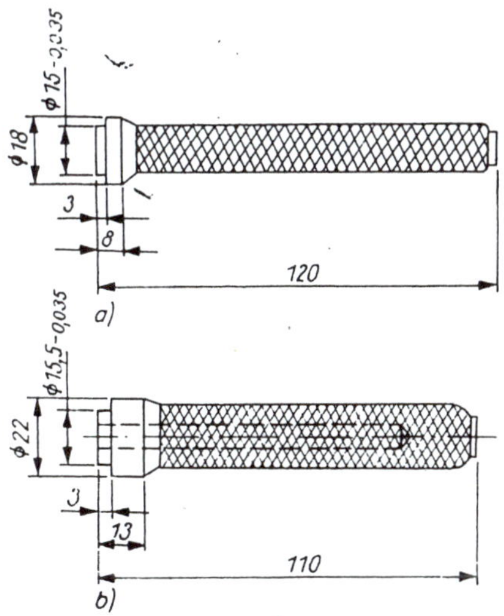

die Öffnung für die Schmierung in der Buchse zur Stirnseite des Achsschenkelbolzens gerichtet sein muß

- Bundbolzen (8) in die Buchsen (9) einpassen, wenn nötig, mit einer Reibahle nachreiben, bis die Bolzen stramm eingeführt werden können. Die Späne vom Reiben der Buchse werden vorher entfernt.

Meßvorgang

Nun folgt folgender Meßvorgang: Vor dem Anbau des Ständers mit dem Achsschenkel an die oberen und unteren Hebel ist der Abstand der Stirnflächen der Hebel zu messen (s. Maß E in Abb. 56). Das kann auch durch Anlegen eines Lineals an die Stirnfläche des unteren Hebels und Messen des Abstandes vom Lineal bis zur Stirnfläche des oberen Hebels mit einer Schiebelehre geschehen. Der Mittenabstand der beiden Hebel soll 132 mm betragen. Stehen dieselben weiter auseinander, so muß der untere Hebel entsprechend angehoben werden (das Maß E kann 8···12 mm betragen). In Tabelle 13 ist die Anzahl der beizulegenden Scheiben angegeben. Diese Angaben gelten jedoch nur für neue Scheiben, jede Scheibe 0,5 mm stark. Werden gebrauchte Scheiben verwendet, so sind dieselben so zusammenzustellen, daß die gemessene Gesamtstärke des Scheibenpaketes der Stärke der neuen Scheiben entspricht. Vor dem Einbau der Scheibenpakete auf die Bundbolzen (8) werden die Scheiben mit Fett bestrichen.

Die weiteren Arbeiten sind dann folgende:

- Auf Hebel (1) und (11) Gummischutzringe (2) aufsetzen
- Auf Bundbolzen (8) Scheiben der Gruppen B und D aufsetzen, Bolzen mit den Scheiben in die Buchsen (9) einsetzen
- Scheiben der Gruppen A und C aufsetzen

Tabelle 13: Ausgleichsscheiben für Achsschenkel SAS 965

Tatsächliche Verschiebung zwischen den Stirnseiten des oberen und unteren Hebels in mm	Anzahl der Stellscheiben des oberen Hebels		des unteren Hebels	
	A innerhalb	B außerhalb	C innerhalb	D außerhalb
8	3	7	7	3
8,5	4	6	7	3
9	4	6	6	4
9,5	5	5	6	4
10	5	5	5	5
10,5	6	4	5	5
11	6	4	4	6
11,5	7	3	4	6
12	7	3	3	7

- Ständer zusammen mit Achsschenkel (5) und Bundbolzen (8) in die Hebel (1) und (11) einsetzen
- Bolzen (12) in die Hebel (1) und (11) einsetzen, Federscheiben und Muttern (10) ansetzen
- Durch Drehung der Bundbolzen (8) am Kopf das Spiel zwischen Ständer und Hebel beseitigen. Dazu wird zunächst Bolzen (8) bis zum Anschlag fest angezogen (an der rechten Seite der Aufhängung ist der Bolzen gegen den Uhrzeigersinn und an der linken Seite im Uhrzeigersinn zu drehen). Danach wird der Bolzen wieder etwas gelöst, aber nicht mehr als eine achtel Umdrehung. Nun werden die Muttern (10) der Spannbolzen endgültig festgezogen.
- Kappe (4) in den Ständersitz einpressen

Der weitere Zusammenbau erfolgt in umgekehrter Reihenfolge der Demontage.
Die Montage der Vorderradbremse ist im Abschnitt „Arbeiten an der Bremsanlage" beschrieben. Die Vorspur der Vorderräder (s. Abschnitt „Vorspur") ist auf alle Fälle zu kontrollieren und gegebenenfalls neu einzustellen.

Radlager

Nicht mehr einwandfreie Vorderradlager machen sich, besonders beim Fahren auf der Autobahn, durch starkes Brummen oder Dröhnen bemerkbar. Es kann aber auch, wie aus Anlage 7 ersichtlich, ein Flattern der Vorderräder, in der Lenkung spürbar, auftreten, verbunden mit einem relativ hohen Reifenverschleiß.
Die Radlager (Abb. 58) kann man selbst wechseln. Es sind dazu nachstehende Arbeiten erforderlich:

- Wagen aufbocken und Vorderrad abnehmen

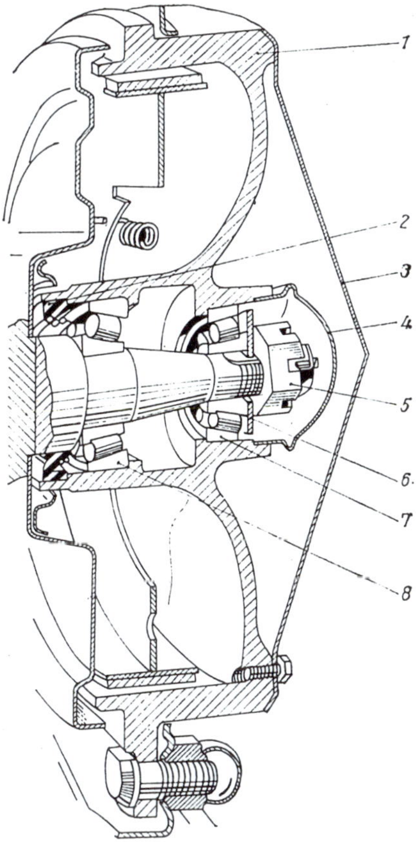

Abb. 58
Radnabe vorn; 1 — Nabe, 2 — Dichtung, 3 — Zierdeckel, 4 — Schutzkappe, 5 — Kronenmutter, 6 — Scheibe, 7 — kleines Lager, 8 — großes Lager

- Schrauben des Zierdeckels lösen und Deckel mit Hilfe eines größeren Schraubenziehers abdrucken
- Achsmutter (5) entsplinten, abnehmen und Nabe vom Achsschenkel mit leichtem Rütteln abziehen. Ist die Bremstrommel in der Bremsfläche schon stark eingelaufen, so läßt sie sich nur schwer herunterziehen. In diesem Falle versucht man, die Trommel möglichst weit abzuziehen und schlägt dabei mit einem Gummihammer auf den Außenrand der Trommel in senkrechter Richtung. So lösen sich die Bremsbacken am besten
- Mit einem Dorn die Außenringe der Radlager (7) und (8) herausschlagen

Vor dem Zusammenbau ist die Bremstrommel gründlich zu reinigen (mit Waschbenzin). Die neuen Lager werden nun am Außenring mit dem Dorn, mit dem die alten Lager herausgeschlagen wurden, eingesetzt. Dies hat sehr vorsichtig zu geschehen, damit die Lagerringe nicht beschädigt werden. Dann sind die Nabe und die Lagerkäfige mit Abschmierfett (Ceritol) zu füllen. Nun wird das große Lager in den Lagerring der Nabe gelegt und der Dichtungsring eingepreßt, mit der offenen Seite zum Lager. Danach wird die Nabe auf den Achsschenkel aufgesetzt, das äußere Lager mit Scheibe eingefügt und die

Kronenmutter angezogen. Die Radlager der Typen 7205 sowie 7203 lassen sich durch die Radlager 30 205 bzw. 30 203 aus der DDR-Produktion ersetzen.

Lagerspiel einstellen

Sind die Reparaturarbeiten soweit erledigt, muß das Vorderradlagerspiel mit Hilfe der Kronenmutter (5) eingestellt werden. Dazu wird diese Mutter bei drehendem Rad so fest angezogen, bis das Axialspiel verschwunden ist. Danach wird sie wieder soweit gelöst, bis ein geringes Lagerspiel zu spüren ist, und gleichzeitig das entsprechende Splintloch gesucht, zu dem eine der im Achsschenkelzapfen vorhandenen Bohrungen paßt. Zum Versplinten der Mutter wird stets ein neuer Splint verwendet; das erfordert die Sicherheit. Abschließend wird das Radlagerspiel kontrolliert.

Hinterradaufhängung SAS 966/968

Abbildung 59 zeigt die Hinterradaufhängung des SAS 966/968. Anlage 8 enthält die Störungsmöglichkeiten hieran.
Die Erfahrungen haben gezeigt, daß Störungen an der Hinterradaufhängung

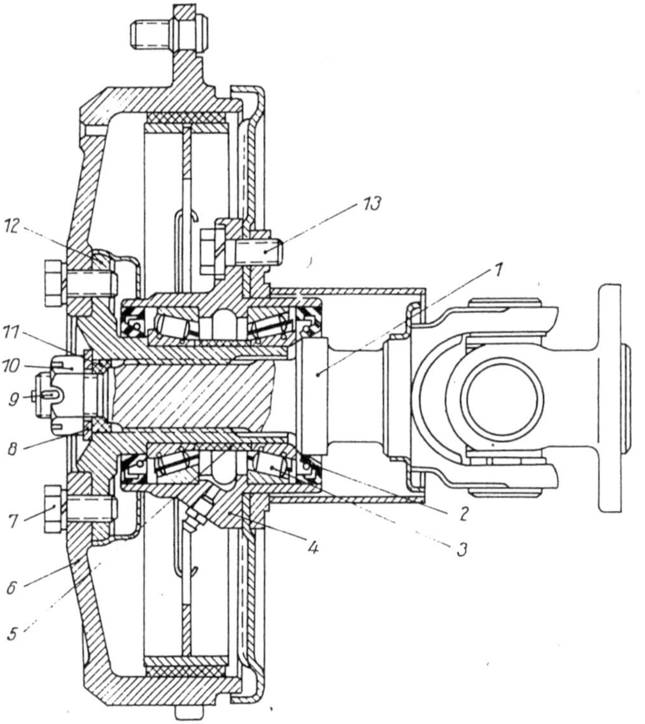

Abb. 59
Radnabe hinten;
1 — Antriebswelle,
2 — Dichtung, 3 — Lager, 4 — Lagergehäuse,
5 — Abstandshülse,
6 — Bremstrommel,
7 — Schraube, 8 — Scheibe, 9 — Splint,
10 Mutter, 11 — Dichtung, 12 — Nabe, 13 — Schraube

recht selten sind. Selbst die Gummielemente der Stoßdämpfer müssen fast nie vor dem Wechseln der Stoßdämpfer selbst erneuert werden. Dennoch sieht man sich die Hinterradaufhängung von Zeit zu Zeit – vielleicht beim Ölwechsel – etwas gründlicher an, überprüft hierbei die Schraubverbindungen und zieht die einzelnen Muttern gegebenenfalls nach.

Radlager wechseln

Ein normaler Verschleiß an den Radlagern kann nach 30 000, aber auch erst nach 80 000 km ein Wechseln dieser Lager notwendig machen. Hierbei geht man wie folgt vor:

Ist der Wagen aufgebockt, das Rad abgenommen und der Zierdeckel entfernt, wird die Kronenmutter (10) entsplintet und abgeschraubt. Nun werden Bremstrommel (6) und Radnabe (12) möglichst zusammen abgenommen. Das ist möglich, wenn die Radnabe nicht zu fest auf den Radlagern (3) und den Nuten der Antriebswelle (1) sitzt. Funktioniert das nicht, schlägt man mit einem Gummihammer von hinten gegen den Rand der Bremstrommel; am sichersten dort, wo die Radbolzen sitzen. Dabei lösen sich Trommel und Nabe gemeinsam. Danach wird die Bremstrommel abgeschraubt. Nunmehr lassen sich vier Schrauben (13), die das Lagergehäuse (4) halten, lösen und das Gehäuse zusammen mit den Lagern (3) und den Dichtungen (2) abnehmen.

Zum Ausbau der Lager aus dem Lagergehäuse empfiehlt es sich, mit einem Winkelschraubenzieher, der jeweils zwischen Lager und Dichtungsring angesetzt wird, zuerst die Dichtungsringe herauszudrücken und dann die Lagerinnenringe mit den Rollen und den Käfigen herauszunehmen. Danach werden mit einem Dorn die Lageraußenringe herausgepreßt. Abschließend werden alle Teile gründlich in Waschbenzin gereinigt, kontrolliert und gegebenenfalls ersetzt.

Beim Einbau der neuen Lager werden zuerst die Außenringe der Lager (3) vorsichtig mit Hilfe des schon erwähnten Dornes eingepreßt, wobei der Dorn, um ein Verkanten der Lager zu vermeiden, in bestimmten Abständen rundherum auf dem Außenring angesetzt wird. Doch bevor das geschieht, wird die Nabe (12) kontrolliert. Sind hier schon Einlaufspuren (vom Lager) zu erkennen, würden die neuen Lager auf ihrem Sitz klappern. Man erneuert in solch einem Falle die Nabe (12). Gleichfalls ersetzt werden sollten bei einem Lagerwechsel auch die Dichtungsringe (2). Die alten Ringe verwendet man nur dann wieder, wenn sie beim Ausbau nicht deformiert wurden, ihre Lippen noch nicht abgenutzt und auch nicht verhärtet sind. Jetzt werden die Lager gut mit Ceritol versehen und eingesetzt, die Abstandshülse (5) hinzugefügt und die Dichtungsringe (2) so aufgesetzt, bis sie bündig mit dem Lagergehäuse sitzen. Der weitere Zusammenbau geschieht in umgekehrter Reihenfolge des Zerlegens. Der Filzring (11) ist zu erneuern, wenn er nicht mehr stramm genug in der Nabe sitzt.

Alle vier Origninallager lassen sich übrigens durch Lager des Typs 32 007 aus der DDR-Produktion ersetzen.

Lagerspiel einstellen

Das Radlagerspiel wird im Prinzip so eingestellt wie bei den Vorderrädern. Ist das Rad angesetzt, wird, während es gedreht wird, die Kronenmutter (10) zügig angezogen, bis kein Spiel mehr zu spüren ist. Nun wird am Rad oben und unten angefaßt und versucht, dasselbe hin und her zu kippen. Hierbei darf kein Spiel zu spüren sein. Paßt in dieser Stellung der Kronenmutter der Splint in die Bohrung, kann versplintet werden. Anderenfalls wird die Kronenmutter geringfügig zurückgedreht, bis Schlitz und Splintloch übereinstimmen. Dennoch ist bei dieser Arbeit Vorsicht geboten. Die Kronenmuttern dürfen nicht zu fest angezogen werden, die Radlager würden sonst bald wieder zerstört sein.

Hinterradaufhängung SAS 965 A

Die Hinterradaufhängung des SAS 965 A (Abb. 60) weist gegenüber den Hinterradaufhängungen der Typen 966/968 eine andere Stoßdämpferaufhängung auf. Ferner stützen sich die Federn auf den Querlenkern.

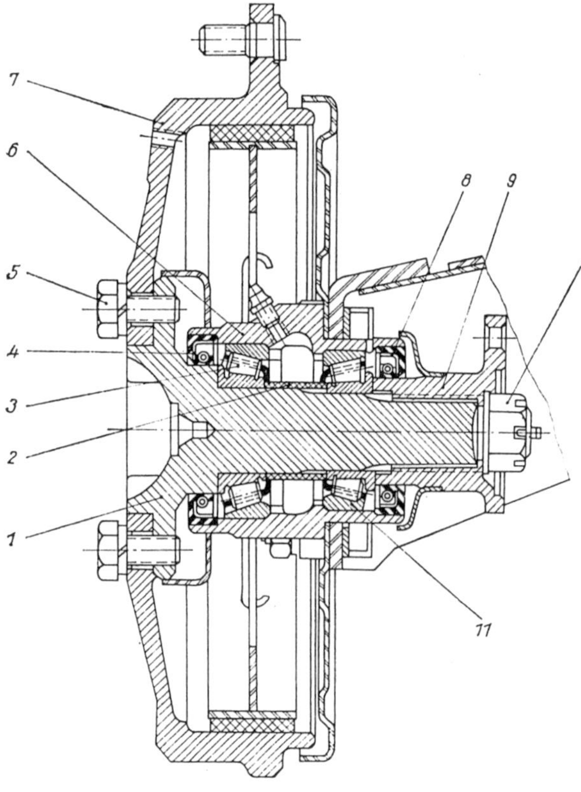

Abb. 60
Hinterradnabe
SAS 965 A;
1 — Nabe, 2 — Abstandsbuchse, 3 — Außenlager, 4 — Dichtung, 5 — Bolzen, 6 — Lagergehäuse, 7 — Bremstrommel, 8 — Dichtung, 9 — Nabenflansch, 10 — Kronenmutter, 11 — Innenlager

Radlager wechseln

Ist der Wagen fest aufgebockt und das betreffende Rad abgenommen, sind folgende Arbeiten auszuführen:

- Sechs Bolzen (5), die die Bremstrommel halten, herausdrehen, danach die Bremstrommel mit Hilfe leichter Gummihammerschläge lösen und abnehmen
- Vier Schrauben des Kreuzgelenkes entfernen, die Antriebswelle so weit wie möglich in das Getriebe hineinschieben und dieselbe so hochbinden, daß sie nicht aus dem Getriebe herausrutschen kann
- Kronenmutter (10) entsplinten und abschrauben sowie Flansch (9) und Radnabe (1) abnehmen. Wenn nötig, kann mit Hilfe eines Alu- oder Messingdorns die Nabe von hinten her herausgeschlagen werden
- Vier Muttern, die das Lagergehäuse halten, abschrauben und das Lagergehäuse (6) abnehmen
- Mit einem Schraubenzieher die Dichtringe entfernen und die Lagerinnenringe herausnehmen
- Mit Hilfe eines Dornes die Lageraußenringe aus dem Lagergehäuse herausschlagen

Damit wären alle Teile zugänglich, können kontrolliert und gegebenenfalls erneuert werden. Bevor der Zusammenbau beginnt, werden sämtliche Teile gründlich in Waschbenzin gereinigt.

Der Zusammenbau geschieht in umgekehrter Reihenfolge des Zerlegens.

- Die Lager werden mit Hilfe eines Dornes von ca. 10 mm Durchmesser eingebaut, wobei derselbe auf den Lageraußenring in annähernd gleichen Abständen rundherum angesetzt und vorsichtig daraufgeschlagen wird
- Die Abstandshülse und die Lagerinnenringe mit Ceritol versorgen und die Dichtringe (4/8) einsetzen; die offenen Seiten zum Lager gerichtet
- Das Lagergehäuse (6) komplett ansetzen und die vier Muttern fest anziehen
- Die Nabe in das Gehäuse (6) einsetzen und den Flansch (9) von hinten aufsetzen
- Scheibe und Kronenmutter (10) anbringen
- Auf die Nabe die Bremstrommel setzen und mit den sechs Bolzen festziehen

Auch hier lassen sich die Originallager 7205 durch Lager aus der DDR-Produktion mit der Nummer 30 205 ersetzen.

Lagerspiel einstellen

Das Radlagerspiel wird mit der Kronenmutter (10) eingestellt. Der Einstellvorgang entspricht dem der SAS-Typen 966/968, nur daß die Kronenmutter hier etwas schwieriger zu erreichen ist, weil sie innen sitzt.
Nach dem Einstellen der Radlager ist das Kreuzgelenk wieder am Flansch zu befestigen.

Stoßdämpfer

Alle drei Saporoshez-Typen besitzen Stoßdämpfer in Teleskopausführung. Für uns haben die Stoßdämpfer gemeinsam, daß Fehler hieran vom Laien nicht beseitigt werden können. Es fehlen dazu die Voraussetzungen, d. h. Werkzeuge, Ersatzteile und technische Dokumentationen. Wir können defekte Stoßdämpfer infolgedessen nur durch neue oder regenierte Stoßdämpfer ersetzen.

Prüfmethoden

Eine exakte Stoßdämpferprüfung ist nur mit Spezialgeräten möglich. Es läßt sich aber auch mit einfacheren Mitteln bei ein wenig Erfahrung wenigstens annähernd feststellen, welcher Stoßdämpfer seiner Funktion nicht mehr gerecht wird. Das wird insbesondere dann notwendig sein, wenn sich beim Befahren schlechterer Straßen ein stärkeres Poltern im Fahrwerk bemerkbar macht bzw. ein Reifen (s. Abb. 61) die bekannten Auswaschungen zeigt.
Prüfmethoden gibt es mehrere. Eine besteht darin, daß man mehrere Male auf die Mitte des Fahrzeughecks drückt und das Fahrzeug, sobald es hochwippt, erneut niederdrückt. Es muß sich relativ leicht niederdrücken lassen und etwas

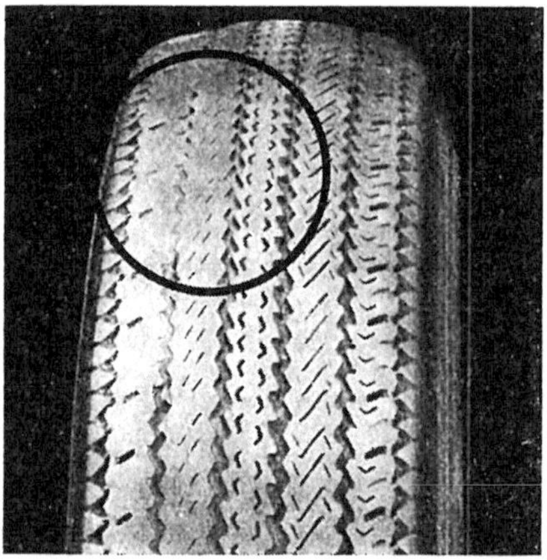

Abb. 61
Vorderradreifen mit typischen Auswaschungen bei defektem Stoßdämpfer. Zusätzlich ist die Außenseite der Lauffläche stärker abgefahren, weil der Stützhebel der Spurstange ausgeschlagen ist

langsamer wieder hochkommen. Wippt das Fahrzeug genauso schnell wieder hoch, wie es niedergedrückt wurde, sind mit Sicherheit beide Stoßdämpfer, zumindest aber ein Stoßdämpfer defekt. Wiederholt man das Niederdrücken des Fahrzeugs erst auf der einen und dann auf der anderen Seite, so bemerkt man hierbei, um welchen Stoßdämpfer es sich handelt, und kann zur exakteren Prüfung dieses Stoßdämpfers übergehen. An der Vorderachse ist diese Prüfmethode nicht anwendbar. Die Drehstabfederung läßt sich nicht so leicht durchdrücken.
Eine weitere Prüfmethode besteht in folgendem: Die beiden hinteren Stoß-

dämpfer werden, wenn einer von ihnen als defekt ermittelt wurde, ausgebaut. Durch das untere Auge des defekten Stoßdämpfers steckt man einen Montierhebel. An der oberen Befestigung schraubt man ein vorbereitetes Flacheisen von ca. 25 cm Länge und 8 cm Stärke mit einem Loch in der Mitte von 10,5 mm Durchmesser an. Nun tritt man auf den Montierhebel und zieht den Stoßdämpfer mehrere Male kräftig auseinander bzw. schiebt ihn zusammen. Er muß sich relativ leicht zusammenschieben, aber weitaus schwerer auseinanderziehen lassen. Macht man das auch mit dem anderen Stoßdämpfer, so kann man anhand der unterschiedlichen Dämpfwerte wenigstens einigermaßen einschätzen, welcher der beiden Stoßdämpfer seiner Funktion nicht mehr voll gerecht wird. Spürt man beim Auseinanderziehen der Stoßdämpfer fast keine Dämpfkraft mehr, so ist dieser Dämpfer mit Sicherheit defekt und muß ersetzt werden.
Das Wechseln eines einzelnen Stoßdämpfers ist nach längerer Laufzeit des Fahrzeuges wegen des hierbei auch an den Stoßdämpfern aufgetretenen natürlichen Verschleißes nicht zu empfehlen; höchstens auf den ersten 10 000 bis 15 000 Kilometern. Anderenfalls kann es passieren, daß der alte Stoßdämpfer weitaus weniger wirksam ist als der neue. Das Ergebnis wären ungleiche Parameter im Fahrwerk, die sich bei bestimmten Verkehrssituationen nachteilig bemerkbar machen könnten.
Beide Stoßdämpfer-Prüfmethoden, das sei ausdrücklich betont, bringen für uns nur dann sichere Ergebnisse, wenn ein Stoßdämpfer total ausgefallen ist. Hat ein Stoßdämpfer dagegen nur „Luft“, wie es in Fachkreisen heißt, d. h., nimmt er die leichteren, von der Fahrbahn ausgehenden Stöße nicht mehr ausreichend auf und poltert, so sagen unsere privaten Prüfmethoden darüber nichts aus. Dieser Fehler macht sich erst nach einiger Zeit an den Reifen bemerkbar. Der betreffende Reifen zeigt dann die bekannten Auswaschungen in Form von kreisförmigen, relativ stark abgefahrenen und im Durchmesser etwa 3···5 cm großen kahlen Profilstellen (Abb. 61). In diesem Falle ist es höchste Zeit, den betreffenden Stoßdämpfer zu erneuern.
Im übrigen sind die vorderen und hinteren Stoßdämpfer von gleicher Bauart in den Innenteilen, mit jedoch unterschiedlichen Betriebsdaten. Vorn entwickeln sie bei Zughub eine Kraft von 60···85 kp und bei Druckhub eine Kraft von 15···30 kp. Hinten sind diese Werte 85···120 kp und 25···40 kp. Gefüllt sind die Stoßdämpfer vorn mit $185 + 5\ cm^3$ und hinten mit $230 + 5\ cm^3$ Stoßdämpferflüssigkeit. Diese Daten nur als Information.

Stoßdämpfer wechseln

Das Wechseln der vorderen Stoßdämpfer (Abb. 62) ist recht einfach. Ist das Fahrzeug sicher aufgebockt und das betreffende Rad abgenommen, wird zuerst die Kronenmutter am unteren Halter entsplintet und entfernt. Danach wird die obere Befestigungsmutter im Kofferraum einschließlich der Gummischutzkappe gelöst. Nun kann der Stoßdämpfer mit einem Montierhebel vom unteren Haltebolzen abgedrückt und komplett herausgenommen werden. Ist das geschehen, wird am oberen Teil des Dämpfers die untere Haltemutter entfernt und werden der untere Gummipuffer, die Hülse und die Abstützkappe der Schraubenfeder abgenommen. Nunmehr kann der neue Stoßdämpfer eingesetzt werden. Der Einbau erfolgt in umgekehrter Reihenfolge. Hierbei ist darauf zu achten, daß die Gummielemente noch brauchbar sind, anderenfalls werden sie ersetzt. Es passen auch die Gummielemente vom Moskwitsch-Stoßdämpfer.

Analog werden die vorderen Stoßdämpfer beim SAS 965 A gewechselt.

Etwas anders, aber nicht schwieriger, lassen sich die hinteren Stoßdämpfer (Abb. 63) wechseln. Ist das Fahrzeug angehoben und das betreffende Rad ab-

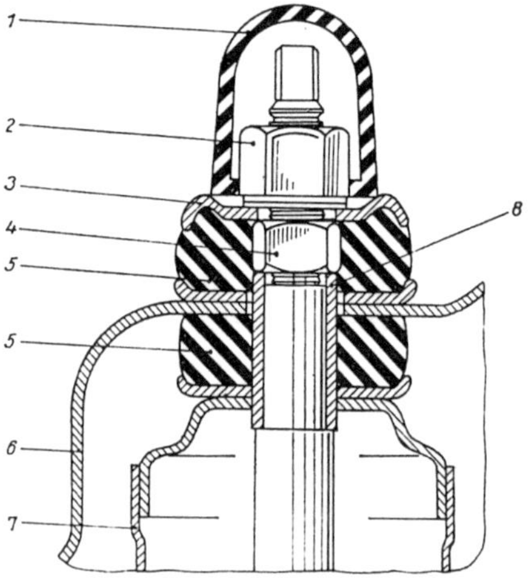

Abb. 62
Stoßdämpferbefestigung vorn; 1 — Schutzkappe, 2 — Mutter, 3 — obere Pfanne, 4 — Spannmutter, 5 — Gummikissen, 6 — Karosserie, 7 — Stoßdämpfergehäuse, 8 — Abstandshülse

genommen, wird unter die Bremstrommel ein Holzklotz von etwa 10 cm Stärke gelegt. Danach wird das Fahrzeug mit dem Wagenheber wieder abgesenkt, bis die Bremstrommel auf dem Holzklotz aufliegt, der Tragebock freiliegt und die Lasche mit dem Längsschlitz (Fangbügel) entlastet ist. Nunmehr wird die Lasche abgenommen und der Wagen wieder angehoben, bis sich die Bremstrommel vom Holzklotz gelöst hat. Jetzt kann vom Motorraum her die obere Mutter entfernt und der Fassungsring zusammen mit dem oberen Gummikissen abgenommen werden. Die Bremstrommel mit dem Aufhängungshebel sinkt danach wieder auf den Holzklotz zurück. Jetzt wird die untere Halteschraube entfernt und der Stoßdämpfer von seinem Träger gezogen. Notfalls ist mit einem Montierhebel oder mit einem Gummihammer etwas nachzuhelfen. Abschließend werden von der Stoßdämpferbefestigung schließlich die zweite Mutter, das Gummikissen, die Federtragpfanne, die Abstandshülse und die Feder abgenommen.

Beim Einbau des neuen Stoßdämpfers geht man in folgender Form vor: Zunächst wird die Feder über den Stoßdämpfer geschoben und in die untere Schale gestellt. Danach werden die obere Tragpfanne, die Abstandshülse und das untere Gummikissen aufgesetzt und die zweite Mutter festgezogen. Nunmehr wird der Stoßdämpfer mit seinem Oberteil in die Karosserieöffnung eingeführt und das Stoßdämpferauge mit dem Gummi-Metall-Lager auf den

Abb. 63
Stoßdämpferbefestigung hinten; 1 — Haltemutter, 2 — Spannmutter, 3 — oberes Gummikissen, 4 — unteres Gummikissen, 5 — Abstandshülse, 6 — obere Federtragpfanne, 7 — Karosserie, 8 — Silentbuchse, 9 — Schraube, 10 — Scheiben, 11 — Stoßdämpferauge

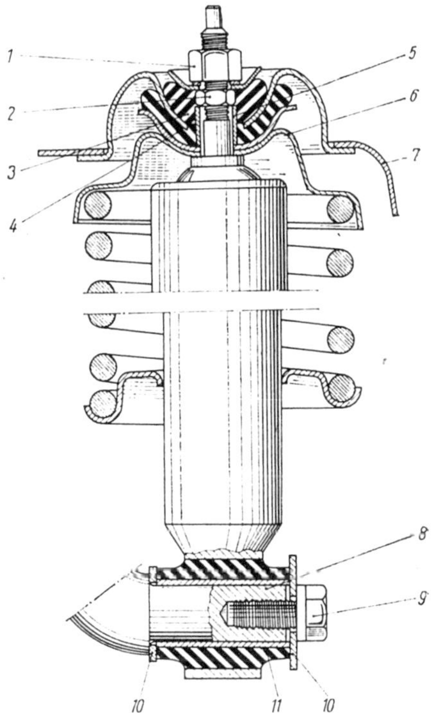

Hebelträger aufgesetzt. Der weitere Einbau erfolgt in umgekehrter Reihenfolge des Ausbauens.
Beim SAS 965 A vollzieht sich das Wechseln der hinteren Stoßdämpfer in ähnlicher Form. Ist das Rad abgenommen, wird die Radnabe gleichfalls auf einen Klotz gesetzt. Nun werden die oberen und unteren Befestigungsmuttern der Stoßdämpfer abgeschraubt und der Wagen wieder angehoben, bis sich die obere Befestigung des Stoßdämpfers aus der Karosserie herausführen läßt. Der Stoßdämpfer kann hierbei mit Hilfe eines Dornes von oben her zusammengedrückt werden, was das Herausnehmen erleichtert. Ist die Feder frei, werden Feder und Stoßdämpfer abgenommen.
Der Einbau des neuen Stoßdämpfers geschieht in umgekehrter Reihenfolge. Wird dieser hierzu auseinandergezogen, erleichtert das das Einbauen.

Räder und Reifen

Zu diesen hinlänglich bekannten Elementen jedes Kraftfahrzeuges ist nur zu sagen, daß es auch bei den drei SAS-Typen sinnvoll ist, die Reifen stets mit dem richtigen Luftdruck zu fahren. Die jeweils notwendige Höhe nennt die Betriebsanleitung.

Diese Von-bis-Werte sind so zu verstehen, daß der mit nur einer Person oder vielleicht zwei leichteren Personen besetzte Wagen keinesfalls mit höheren Luftdruckwerten gefahren werden soll, weil das das Fahrwerk unnötig beansprucht. Außerdem verstärkt der in diesem Falle zu hohe Luftdruck das Dröhnen der Karosserie auf weniger guten Straßen. Anders bei voll ausgelastetem Fahrzeug. Hier gilt es, die höheren Luftdruckwerte einzuhalten, weil das Durchschläge an den Reifen verhindert und außerdem das Fahrverhalten des gesamten Fahrzeuges verbessert.
Eigene Erfahrungen besagen, daß es zweckmäßig ist, den Luftdruck in den Reifen sorgfältig zu überwachen, weil das die Lebensdauer der Reifen erhöht. Ein eigenes Manometer, dessen Anzeigewerte mit den Werten eines geeichten Luftgebers an einer Tankstelle verglichen wurden, tut dabei gute Dienste.
Zur Erhöhung der Lebensdauer der Reifen tragen neben einer verkehrsdienlichen Fahrweise die regelmäßige Auswuchtung der Räder – etwa alle 10 000 km – sowie der Radaustausch nach dem in der Betriebsanleitung enthaltenen Schema bei. Ansonsten überzeugt man sich von Zeit zu Zeit, daß die Reifen frei von Fremdkörpern (eingefahrenen Nägeln u. a. m.) sind und daß die Felgen in den oftmals schon recht engen Parkräumen in den Städten durch zu scharfes Heranfahren an die Bordkanten keine Beulen davongetragen haben.
Der SAS 965 A ist mit der Reifengröße 5.20 × 13 ausgerüstet. Der SAS 966 besaß anfangs die Reifengröße 5.60 × 13, später die Reifengröße 6.15 × 13 wie der SAS 968. Letztere Reifen der Größe 6.15 × 13 können durch Radialreifen von Pneumant der Größe 155 SR 13 ersetzt werden.

Lenkung

Die Lenkung bestimmt in hohem Maße die Verkehrssicherheit des Kraftfahrzeuges. Reparaturen an der Lenkung erfordern ein großes Fachwissen, gepaart mit einem hohen Verantwortungsbewußtsein. Deshalb dürfte auch verständlich sein, was eingangs bereits erwähnt wurde, nämlich, daß Reparaturen an der Lenkung dem Fachmann vorbehalten bleiben müssen. Aus diesem Grunde sind in Anlage 9 in der Hauptsache auch nur die Fehlermöglichkeiten an der Lenkung zusammengestellt, die durch Einstellarbeiten oder durch kleinere Reparaturen zu beheben sind. Wenn dennoch im weiteren Verlauf ein Überblick über die Lenkungen der drei SAS-Typen gegeben wird, so einzig und allein deshalb, um die SAS-Besitzer in die Lage zu versetzen, ihrer Vertragswerkstatt gegebenenfalls genau sagen zu können, woran die Lenkung „krankt".

Spielermittlung

Nach längerer Betriebszeit des Fahrzeuges ist es infolge natürlichen Verschleißes durchaus normal, daß sich im Lenkgetriebe zwischen Schnecke und Rolle oder im Lenkgestänge an den Verbindungsstellen zwischen Spurstange und Lenkschubstangen ein zu großes Spiel eingestellt hat. Das Fahrzeug kann dann nur durch ständiges Korrigieren mit dem Lenkrad in Geradeausfahrt ge-

halten werden. In einem solchen Falle gilt es, die Ursache zu lokalisieren und den Fehler recht bald zu beseitigen.
Im Lenksystem sollen Schnecke und Rolle im Bereich eines rechten und linken Drehwinkels der Schnecke um 45°, d. h. bei einer viertel Lenkraddrehung von der Mittelstellung aus, kein merkliches Spiel aufweisen. Die Vorderräder müssen also beim Betätigen des Lenkrades – vorausgesetzt, das Lenkgestänge ist in Ordnung – auf eine Lenkradbewegung sofort reagieren. Tun sie das nicht, betätigt ein Helfer das Lenkrad und man selbst beobachtet das Lenkgestänge. Dabei sieht man, wann das Lenksignal hier ankommt und wo ein zu großes Spiel vorhanden ist.

Lenkspiel einstellen

Zum Ein- oder Nachstellen des Lenkungsspieles – auch diese Arbeit ist dem Fachmann vorbehalten – wird die Lenkung in Mittelstellung gebracht, und zwar so, daß die Räder in Geradeausstellung stehen. Die nunmehr zu betätigende Einstellschraube am Lenkgetriebe – im Kofferraum zu finden – ist durch das Loch im Abdeckblech zu erreichen. Sie wird, nachdem die Gegenmutter gelöst worden ist, mit einem Schraubenzieher bewegt. Ihr Hineindrehen verringert das Flankenspiel zwischen Schnecke und Rolle. Ist die richtige Einstellung gefunden, wird die Stellschraube in ihrer Lage mit dem Schraubenzieher festgehalten und die Gegenmutter angezogen.
Es sei davor gewarnt, die Stellschraube zu weit hineinzudrehen, die Lenkung also zu stramm einzustellen. In einem solchen Falle können durch den Druck der Einstellschraube Lenkschnecke und Lenkrolle vorzeitig zerstört werden. Außerdem beeinträchtigt eine falsche Lenkeinstellung das Fahrverhalten des Fahrzeugs, was dadurch zum Ausdruck kommt, daß es sich nur mühevoll lenken läßt, eine schlechtere Straßenlage aufweist und auch nur schwer in der Spur zu halten ist.

Lenkgestänge wechseln

Brachte das Ein- oder Nachstellen des Lenkungsspieles keinen Erfolg, so könnte das Lenkgestänge ausgeschlagen sein. Hier kommt ein zu großes Spiel in der Regel dadurch zustande, daß die Kugelköpfe der Spurstange ausgeschlagen sind. In diesem Falle sucht man zweckmäßigerweise seine Vertragswerkstatt auf und läßt den Schaden hier beheben, denn diese Arbeit setzt neben den notwendigen neuen Teilen auch entsprechendes Werkzeug, beispielsweise einen speziellen Abzieher, und zum anschließend notwendigen Neueinstellen der Vorspur ein Spurmaß voraus. Beides dürften jedoch nur wenige von uns besitzen. Wer sich dennoch – vielleicht mit Hilfe eines erfahrenen Kollegen – an diese Arbeit macht, sollte vorher eingehend Tabelle 12 studieren, die einen Überblick über die notwendigen Ersatzteile gibt, und sich auch darüber im klaren sein, daß hier gewissenhafteste Arbeit notwendig ist, weil – wir sagten es schon – die Lenkung die Betriebssicherheit des Fahrzeuges entscheidend mitbestimmt.

Sind die Befestigungsmuttern der beiden Kugelbolzen entsplintet und abgenommen, werden die Kugelbolzen mit Hilfe der schon erwähnten Abzugvorrichtung gelockert und entfernt. Nunmehr läßt sich die Spurstange abnehmen, kontrollieren und reparieren.
Vor dem Einbau der Spurstange ist darauf zu achten, daß die Gummischutzhüllen nicht beschädigt sind und auch einwandfrei abdichten. Anderenfalls unterliegen die Kugelgelenke einem vorzeitigen Verschleiß. Ähnliches gilt für die Konen der Kugelbolzen sowie die konischen Gegenstücke in den Spurhebeln. Auch sie müssen beim Einbau sauber sein. Verunreinigungen hieran könnten im Fahrbetrieb dazu beitragen, daß sich die Kugelbolzen lockern und zumindest die Verkehrssicherheit des Fahrzeuges beeinträchtigen. Die Kronenmuttern sind fest anzuziehen und mit neuen Splinten zu sichern.
Die Vorspur wird bei allen drei Saporoshez-Typen an der Mittelstange eingestellt. Wie das gemacht wird, ist im Abschnitt „Vorspur" gesagt.

Bremsanlage SAS 966/968

Für die Bremsanlage des Saporoshez gilt sowie für die Lenkung, daß sie die Betriebssicherheit des Fahrzeuges entscheidend mitbestimmt. Arbeiten hieran bedürfen deshalb gleichfalls Erfahrung, Gewissenhaftigkeit und Verantwortungsbewußtsein, also der Hilfe des Fachmannes.
Ist an der hydraulischen Bremse (Fußbremse) oder an der mechanischen Bremse (Handbremse) einmal etwas nicht in Ordnung, so ermittelt man zunächst gewissenhaft, was die Ursache sein könnte bzw. wo der Fehler liegt. Anlage 10 kann uns hierbei behilflich sein. Hier sind alle Störungen zusammengestellt, die an der Bremsanlage auftreten können und die selbst unterwegs behoben werden müssen, wenn wir weiterfahren möchten. Sehen wir uns das etwas näher an.

Bremswirkung prüfen

Voraussetzung jeder Arbeit an der Bremsanlage sollte eine gewissenhafte Prüfung der Bremsen auf ihre Wirksamkeit sein. Als Richtschnur für die hierbei zu erreichenden Werte kann uns § 47 StVZO dienen. Hier ist festgelegt, daß mit der Fußbremse eine mittlere Bremsverzögerung von 5,0 m/s^2 = 6,9 m Bremsweg und mit der Handbremse eine solche von 2,0 m/s^2 = 17,3 m Bremsweg aus 30 km/h Geschwindigkeit heraus erreicht werden müssen. Und das ermittelt man so: Man fährt am besten auf einem verkehrsfreien festgefahrenen Sandweg im zweiten Gang genau 30 km/h und bremst den Wagen mit der Fußbremse an einem markanten Punkt (Baum, Stein o. ä.) voll ab. Die Räder hinterlassen hierbei kräftige Bremsspuren. Diese Bremsspuren werden nun gemessen, und zwar vom Einsetzen bis zum Wagenbug (vordere Stoßstange). Ist hierbei der für die Fußbremse vorstehend genannte Bremsweg erreicht worden, ist die Fußbremse in Ordnung. Nunmehr wird der Prüfvorgang mit der Handbremse wiederholt. Auch hierbei muß der genannte Wert erreicht werden.

Eine andere Prüfungsmethode ist das Ermitteln der mittleren Bremsverzögerung, wobei die Beziehungen gelten

$$b = \frac{V^2}{26 \times s}$$

V ist die Geschwindigkeit in km/h, b die Bremsverzögerung in m/s² und s der Bremsweg in m. Als Rechengrundlage dient der gemessene Bremsweg.
Aber diese beiden Prüfverfahren setzen ja intakte Bremsen voraus. Uns interessiert jedoch viel mehr, welche Arbeiten notwendig sind, wenn Fuß- oder Handbremse nicht wirksam genug bzw. nicht in Ordnung sind, der Wagen beispielsweise beim Bremsen nach der Seite zieht, die Bremswirkung insgesamt ungenügend oder ganz normaler Verschleiß an den Bremsen zu beseitigen ist.

Bremsanlage entlüften

In die hydraulische Bremsanlage kann bei einer Reparatur Luft hineingeraten sein. Als Auswirkung zieht der Wagen beim Bremsen zur Seite bzw. läßt sich das Bremspedal beim Betätigen tiefer als sonst durchtreten. In diesem Falle muß die Bremsanlage in der Reihenfolge rechtes Hinterrad, linkes Hinterrad, rechtes Vorderrad, linkes Vorderrad entlüftet werden. Und das macht man so: Vom Entlüftungsventil des betreffenden Radbremszylinders wird die Schutzkappe abgenommen und auf das Ventil der im Bordwerkzeug vorhandene Entlüftungsschlauch gesteckt. Das freie Ende des Entlüftungsschlauches führt man in ein Glasgefäß von mindestens 0,5 l Fassungsvermögen, das mit etwa 0,25 l Bremsflüssigkeit gefüllt ist. Nun öffnet man das Entlüftungsventil (mit einem 12er Gabel- oder Ringschlüssel) etwa eine halbe bis eine dreiviertel Umdrehung, während ein Helfer das Bremspedal langsam voll durchtritt. Jetzt wird das Entlüftungsventil wieder geschlossen und erst danach das Bremspedal zurückgelassen. Das wiederholt man solange, bis im Gefäß keine Luftblasen mehr aufsteigen. Zwischendurch muß jeweils darauf geachtet werden, daß der Vorratsbehälter – er faßt nur 0,4 l Bremsflüssigkeit – nicht leer wird, da anderenfalls erneut Luft in die hydraulische Bremsanlage hineingerät. Man füllt ihn deshalb immer wieder rechtzeitig nach. Abschließend wird der Entlüftungsschlauch abgenommen und die Schutzkappe auf das Ventil wieder aufgesteckt. Damit ist der Teil der Bremsleitung entlüftet, der zu diesem Rad führt. In der gleichen Weise werden in der angegebenen Reihenfolge die anderen Bremsleitungsteile und damit die betreffenden Radbremszylinder entlüftet.
Ist die Bremsanlage erfolgreich entlüftet worden, soll beim Durchtreten des Bremspedals – nicht zu verwechseln mit dem Spiel oder Leerweg dieses Pedals – nach 90···95 mm ein kräftiger Widerstand zu spüren sein. Ist das nicht der Fall und der Pedalweg größer, so kann der Abstand zwischen den Bremstrommeln zu groß sein, wodurch sich die Bremsbacken erst verhältnismäßig spät an die Bremstrommeln anlegen. In diesem Falle fährt man auf einer unbelebten Nebenstraße etwa 30 km/h und bremst den Wagen sehr kräftig ab. Die sich selbst nachstellenden Radbremsen nehmen hierbei die richtige Stellung ein, und der Pedalweg dürfte wieder in Ordnung sein. Zur Sicherheit wiederholt man diesen Vorgang auch im Rückwärtsgang.

Das Entlüften der hydraulischen Bremsanlage ist selbstverständlich nach jeder Reparatur an dieser Anlage notwendig.

Bremsflüssigkeit

Im Abschnitt „Kupplungsbetätigung" ist schon darauf eingegangen worden, daß sich bei Verlust von Bremsflüssigkeit die in der hydraulischen Bremsanlage und damit auch in der hydraulischen Kupplungsbetätigung befindliche sowjetische Bremsflüssigkeit nicht mit der in der DDR üblichen Globo-Bremsflüssigkeit ergänzen und damit mischen läßt. Der Grund ist die chemische Unverträglichkeit der beiden Bremsflüssigkeitsarten. Bei Verlust von Bremsflüssigkeit – man sollte ihren Stand im Vorratsbehälter vor jeder Fahrt kontrollieren – ist deshalb nicht nur sofort festzustellen, wo diese verlorengeht (Hauptzylinder, Radzylinder, Kupplungsarbeitszylinder oder Leitungen) und der Schaden zu beheben, es ist bei der hiermit verbundenen Reparatur und Entlüftung die Bremsanlage auch gleich auf das DDR-Fabrikat umzustellen. Man kann dann beispielsweise die Anlage sofort entlüften, wenn sich auch nur die kleinste Unregelmäßigkeit in der Bremswirkung zeigt.

Hauptzylinder auswechseln

Abbildung 64 zeigt den Hauptbremszylinder. Mögliche Störungen hieran gehen aus Anlage 10 hervor.
Müssen wir den Hauptbremszylinder demontieren, was in der Regel erst nach Jahren notwendig ist, um ihn instandsetzen zu können, so lassen wir zuerst die Bremsflüssigkeit aus dem Vorderteil der Bremsanlage ab. Dazu stecken wir auf das Entlüftungsventil des rechten Vorderrades den schon erwähnten Schlauch und führen das andere Ende des Schlauches in ein Gefäß. Danach nehmen

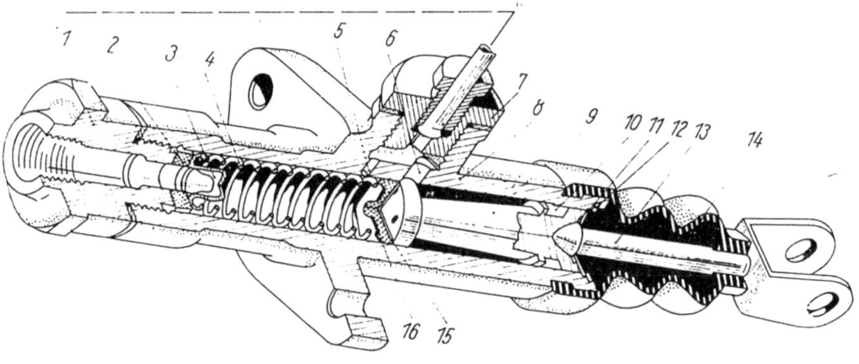

Abb. 64 Hauptbremszylinder; 1 — Verschlußschraube, 2 — Dichtring, 3 — Bodenventil, 4 — Feder, 5 — Ausgleichbohrung, 6 — Überströmbohrung, 7 — Verschraubung, 8 — Gehäuse, 9 — Kolben, 10 — Dichtmanschette, 11 — Anschlagscheibe, 12 Sicherungsring, 13 — Stößel, 14 — Schutzmanschette, 15 — Kolbenventil, 16 — Dichtmanschette

wir vom Vorratsbehälter der Bremse den Verschluß ab und pumpen mit dem Bremspedal die Bremsflüssigkeit aus diesem Teil der Anlage und damit auch aus dem Hauptbremszylinder heraus. Ist das geschehen, beginnt der eigentliche Ausbau, und zwar folgendermaßen: Vom Hauptbremszylinder werden die Bremsleitungen gelöst. Danach werden der Bolzen des Bremspedals entsplintet und die Stößelgabel vom Bremspedal abgenommen. Jetzt läßt sich der Lagerbolzen des Bremspedals lösen und lassen sich Bremspedal, Abstandshülse, Kunststoffbuchse und Feder abnehmen. Sind schließlich auch noch die zwei Schrauben am Tragebock entfernt, kann der Hauptbremszylinder herausgenommen werden. Sein späterer Einbau geschieht in umgekehrter Reihenfolge.

Hauptzylinder instand setzen

Die Instandsetzung des Hauptbremszylinders kann sich für uns nur auf das Wechseln der Manschetten (2, 10, 14 und 16) und des Bodenventils (3) sowie auf die Innenreinigung des Zylinders erstrecken, denn Übergrößen an Kolben und Manschetten gibt es nicht, so daß der Zylinder bei innerem Verschleiß nur komplett erneuert werden kann. Das Reinigen des Zylinders, d. h. das Entfernen der schwarzen Stellen an der Innenwandung, die vom Klemmen der Manschetten oder des Kolbes herrühren, geschieht deshalb möglichst auch mit einem Stückchen Holz, um hier keine Riefen hineinzukratzen.
Nun zur Instandsetzung selbst. Hierzu wird der Hauptbremszylinder in einen Schraubstock gespannt, die Schutzkappe (14) abgezogen und der Sperring (12) mit Hilfe einer Sicherungszange entfernt. Vorsicht, durch die Spannung der Feder (4) kann der Kolben (9) hochschnellen. Jetzt lassen sich Anschlagscheibe (11) und Kolbenstößel (13) herausnehmen. Abschließend wird Verschlußschraube (1) gelöst, womit sich alle weiteren Teile aus dem Zylinder entfernen lassen.
Um eine sorgfältige Prüfung aller Teile des Hauptbremszylinders zu ermöglichen, werden dieselben in Spiritus oder frischer Bremsflüssigkeit gründlich gewaschen (kein Benzin verwenden, es löst die Bremsflüssigkeitsreste nicht). Auch Wasser eignet sich dafür, wenn anschließend gleich mit Bremsflüssigkeit nachgewaschen wird. Nunmehr werden alle die Teile ersetzt, die nicht mehr voll funktionsfähig sein könnten. Das sind in der Regel die schon erwähnten vier Manschetten.
Der Zusammenbau des Hauptbremszylinders geschieht in umgekehrter Reihenfolge, wobei alle Teile mit Bremsflüssigkeit benetzt werden. Ist der Zylinder schließlich wieder komplett montiert, wird mit einem Kupferdraht in die Ausgleichbohrung (5) gefühlt, ob dieselbe nicht etwa durch die Manschette (16) verdeckt ist, sonst kommt keine Bremswirkung zustande. Dazu ist die Verschraubung (7) gegebenenfalls zu entfernen. Anders kommt man an diese Bohrung nicht heran.
Die Ausgleichbohrung (5) kann verdeckt sein, wenn die Anschlagscheibe (11) eingebeult ist und dadurch der Kolben (9) zusammen mit der Manschette nicht

in seine Ausgangsstellung zurückkehren kann. Eine andere Möglichkeit ist, daß der Kolben nach wie vor im Zylinder klemmt. Also achtet man auf diese beiden möglichen Fehler schon beim Zusammenbau des Zylinders und beseitigt sie gegebenenfalls vor seinem Einbau.
Tabelle 14 enthält die gegebenenfalls notwendigen Ersatzteile. Zu beachten ist hierbei, daß die neueren 968 A eine Zweikreisbremsanlage besitzen. Infolgedessen ist auch der Hauptbremszylinder ein anderer. Eingebaut ist der vom Lada.

Tabelle 14: Ersatzteile für Kupplungs- und Hauptbremszylinder

Bezeichnung	Stück	Ersatzteilnummern SAS 965 A	SAS 966/968
Kupplungshauptzylinder kpl.	1	—	966-160-2540
Kolbenmanschette	1	—	965-350-1051
Innenmanschette	1	—	965-350-5035
Kolben	1	—	965-350-5029
Ventilscheibe zum Kolben	1	—	965-350-5030
Schutzmanschette	1	—	965-350-5065
Sicherungsring	1	—	965-350-5038-G
Bodenventil für Hauptbremszylinder	1	—	965-350-4020
Buchsen zum Pedal	2	965-160-2069-G	
Gummiplatte zum Pedal	1	965-160-2048	

Bremsbacken wechseln

Nach etwa 40 000···50 000 km ist der Zeitpunkt gekommen, wo die Bremswirkung ganz einfach deshalb nachläßt, weil die Bremsbacken durch natürlichen Verschleiß so weit abgenutzt sind, daß sie erneuert werden müssen. Dabei gilt es, einige Unterschiede zwischen den Bremsen an den Vorderrädern und den Bremsen an den Hinterrädern zu beachten. Die vorderen Bremsen sind beispielsweise Duplexbremsen (jede Bremsbacke wird von einem Bremszylinder betätigt), die hinteren Bremsen Simplexbremsen (ein Bremszylinder betätigt beide Bremsbacken). Außerdem weicht ihre Konstruktion, wenn auch nur geringfügig, voneinander ab. Aber die Unterschiede sieht man, wenn die Radnaben abgenommen sind. Der SAS 966 wurde beispielsweise vorn wahlweise mit Duplex- oder Simplex-Bremsen ausgeliefert. Außerdem gab es bei der Duplexbremse Radbremszylinder mit 19 und 22 mm Durchmesser.
Die für die Reparatur der Radbremsen erforderlichen Ersatzteile enthält Tabelle 15.

Tabelle 15: Ersatzteile für die Bremsanlage

Bezeichnung	Stück	Ersatzteilnummern SAS 965A/966	SAS 968
Radbremszylinder vorn für Simplex-bremse	2	965-A-350-1040	nicht mehr lieferbar 968-350-1026-A } ∅ 19 mm 968-350-1027-A }
Radbremszylinder vorn für Duplex-bremse	je 4	—	968-350-1028 } ∅ 22 mm 968-350-1029 }
Rückzugfeder ges. Anlage, kurz	4	965-350-1034	
Rückzugfeder ges. Anlage, lang	4	965-350-1035	
Dichtmanschette für Radbremszylinder	6	966-350-1051	∅ 22 mm
	4	965-350-1051	∅ 19 mm
Bremsbacke für ges. Anlage	8	965-350-1090	966-350-1090-G2
Radbremszylinder hinten	2	965A-350-1040	
Bremsschlauch vorn rechts	1	} 965-350-6060-G	966-350-6060
Bremsschlauch vorn links	1	}	
Bremsschlauch hinten rechts	1	965-350-6085-G	966-350-6085
Bremsschlauch hinten links	1	965-350-6086-G	966-350-6086
Handbremsseil	1	965-350-8120	966-350-8120G
Zahnsegment	1	965-350-8035	966 350 8035

Bremsbacken einstellen

Ein Einstellen der Bremsbacken von Hand entfällt beim Saporoshez. Es geschieht durch den Klemmring (5 in Abb. 66) automatisch, beispielsweise schon beim Entlüften der Bremsanlage nach der Reparatur. Der Druck auf das Bremspedal sorgt hier dafür, daß sich die Kolben der Radbremszylinder so weit nach außen bewegen, bis beide Bremsbacken an der Bremstrommel anlegen. Der schon erwähnte Klemmring wird hierbei mitgenommen. Beim Lösen der Bremse wird der Bremskolben nur soweit von den Bremsbacken zurückgedrückt, wie es das Spiel im Klemmring zuläßt. Das sind etwa 0,5 mm. Auf diese Art wird auch der Verschleiß der Bremsbacken ausgeglichen.

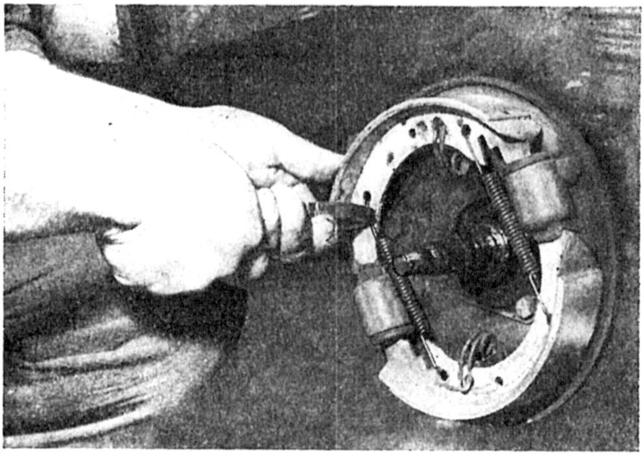

Abb. 65
Radbremse vorn

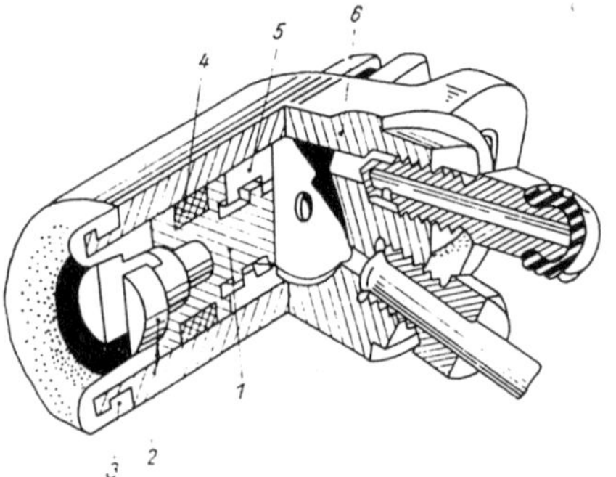

Abb. 66
Einsetzen des Radbremszylinders vorn; 1 — Kolben, 2 — Lagerungsstift, 3 — Schutzmanschette, 4 — Dichtmanschette, 5 — Klemmring, 6 — Gehäuse (Lagerungsstift)

Bremsbacken vorn ausbauen

Mit einer gut greifenden Kombizange (Abb. 65) werden die Federn ausgehangen. Danach werden die Druckfedern (Klammern) angehoben und die Bremsbacken herausgenommen. Das Einbauen der neuen Bremsbacken geschieht in umgekehrter Reihenfolge.

Radbremszylinder vorn instand setzen

Als Instandsetzungsarbeit an den Radbremszylindern (Abb. 66) fällt eigentlich nur das Auswechseln der Dichtmanschetten (4) sowie das Reinigen der Radbremszylinder nach längerer Laufzeit des Fahrzeuges an. Doch dazu müssen sie abgebaut werden. Und das geschieht wie folgt: Am Tragebock des Bremsschlauches wird die Anschlußmutter gelöst, die Befestigungsmutter des Bremsschlauches entfernt und der Bremsschlauch aus dem Radbremszylinder herausgeschraubt. Nunmehr wird das Verbindungsrohr der beiden Zylinder abge-

nommen. Danach werden die zwei Schrauben, die den Zylinder halten, gelöst und derselbe herausgenommen.
Bei der Instandsetzung selbst wird zunächst die Schutzmanschette (3) abgezogen und der Kolben (1) mit zwei Schraubenziehern, die als Hebel am Lagerungsstift (2) angesetzt werden, herausgedrückt, oder es werden mit einer Kombizange Kolben und Klemmring (5) aus dem Zylinder herausgezogen. Dabei wird die Dichtmanschette (4) mit frei und kann vom Kolben abgezogen werden.
Ist die Lauffläche des Kolbens im Zylinder noch einwandfrei, d. h. sind keine Riefen zu sehen und auch am Kolben keine Abnutzungserscheinungen zu bemerken, werden alle Teile in Bremsflüssigkeit oder Spiritus (niemals Benzin oder Wasser verwenden) gründlich gereinigt und die neue Dichtmanschette auf den Kolben aufgezogen. Dieselbe muß stramm auf dem Kolben sitzen und darf sich nicht leicht drehen lassen.
Der Zusammenbau des Radbremszylinders geschieht wie folgt: Der Schlitz des Klemmrings (5) muß beim Einbau parallel zum Bremsschild, also senkrecht, liegen. Zum Einbau gibt es eine Spezialzange. Es kann dafür aber auch eine Wasserpumpenzange (Abb. 67) verwendet werden. Mit ihrer Hilfe wird nun der Klemmring in den Zylinder eingesetzt, und zwar bis zum Anschlag. Danach werden Kolben (1) und Dichtmanschette (4) mit Bremsflüssigkeit benetzt und

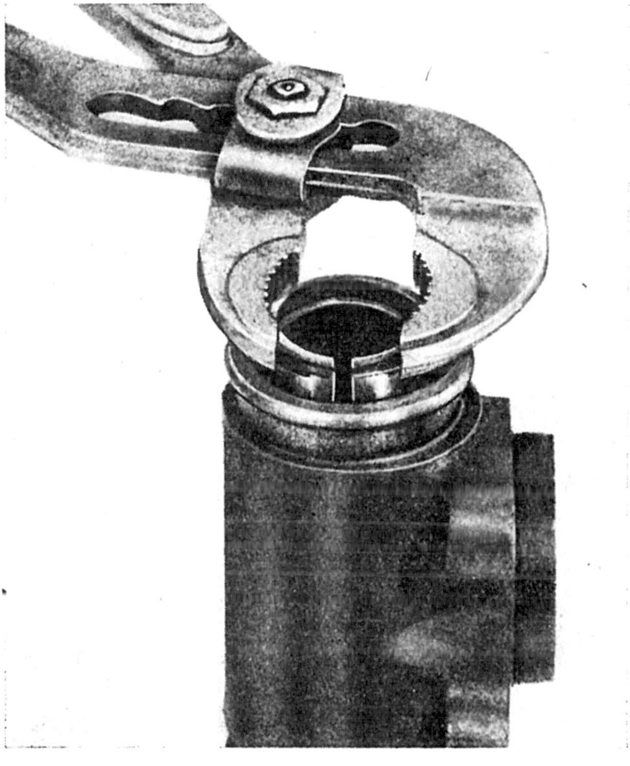

Abb. 67
Einsetzen des Klemmrings mit Hilfe einer Wasserpumpenzange; die Zange wird an der vorhandenen Phase angesetzt

wird der Kolben mit seinem Gewindeansatz in den Klemmring eingeschraubt, und zwar gleichfalls bis zum Anschlag. Dann dreht man den Kolben so weit zurück, bis der Schlitz im Stift des Kolbens parallel zum Bremsschild steht. Abschließend wird eine neue Schutzmanschette auf den Radbremszylinder aufgezogen und derselbe wieder eingebaut.
Achten sollte man immer darauf, daß Kolben und Klemmring wieder im gleichen Radbremszylinder eingebaut werden.

Radbremszylinder hinten instand setzen

Die Instandsetzung der hinteren Radbremszylinder geschieht wie die der vorderen. Folgendes ist dabei jedoch zusätzlich zu beachten: Kolben und Anschlagring werden wieder in den gleichen Zylinder eingebaut. Sind beide eingeführt, wird der Kolben ganz in den Anschlagring hineingedreht und danach etwa eine halbe Umdrehung zurückgenommen, bis der Schlitz im Lagerungsbolzen parallel zum Bremsschild steht. Die Anlagefläche am Lagerungsbolzen für die Bremsbacken muß, bezogen auf die Außenkante des Zylinders um 5,5 mm nach innen versetzt sein. Folglich muß der Kolben entsprechend weit in den Zylinder hineingedrückt werden. Ist er weiter hineingedrückt worden, wird die Zuführungsbohrung für die Bremsflüssigkeit verdeckt, und die Anlage kann nicht ordnungsgemäß in Betrieb gesetzt (entlüftet) werden.

Bremsbacken hinten wechseln

An den hinteren Radbremsen (Abb. 68) sind zunächst die sechs Schrauben zu lösen, die die Bremstrommel an der Nabe halten, und ist danach die Trommel bei leichten Schlägen mit einem Gummihammer abzuziehen. Nunmehr werden

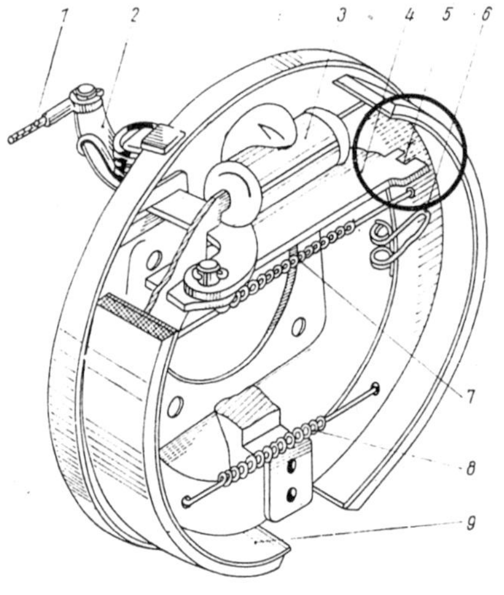

Abb. 68
Radbremse hinten; 1 — Handbremsseilzug, 2 — Spreizhebel, 3 — Radbremszylinder, 4 — Abstandsplatte, 5 — Schlitz mit kurzer Nut, 6 — Klammer, 7 und 8 — Zugfedern, 9 — Bremsbacke

die Rückzugfedern (7) und (8) ausgehangen, Spreizhebel (2) und Abstandsplatte (4) entsplintet und die Bremsbacken abgenommen. Der Einbau erfolgt in umgekehrter Reihenfolge.
Wie bei den Vorderradbremsen werden auch hier nur neue, geklebte Bremsbacken verwendet. Das Selbstbelegen der Bremsbacken wird nicht empfohlen.
Beim Einbau der neuen Bremsbacken ist die Abstandsplatte (4) so einzusetzen, daß auf der Seite, an der zwei Schlitze vorhanden sind, der Bremsbackensteg in den längeren Schlitz eingreift. Der kürzere Schlitz ist nur zu benutzen, wenn die Bremsbeläge bereits zu rund 50 % abgenutzt sind und mit ihnen bei normaler Einstellung der Handbremse keine Bremswirkung mehr erzielt werden kann. Die Seite mit zwei Schlitzen muß übrigens gegenüber dem Spreizhebel der Handbremse liegen. Beim Einbau der zwei Zugfedern ist darauf zu achten, daß die längere Feder (7) oben eingesetzt wird.

Handbremsseil auswechseln

Das Auswechseln des Handbremsseiles (Abb. 69) ist ein wenig umständlich. Wenn auch die hinteren Radbremsen dazu nicht zerlegt werden müssen, so sind damit doch einige Mühen verbunden, zumal wenn diese Arbeit nicht über einer Montagegrube ausgeführt werden kann. Aber fangen wir trotzdem an.
Die Bolzen, die das Seil an den beiden Spreizhebeln an den hinteren Radbremsen halten, werden entsplintet und herausgenommen. Nunmehr werden die Klammern der Befestigungshüllen aufgebogen und das Seil abgenommen. Jetzt muß der Deckel am hinteren Ende des Bodentunnels entfernt und das Seil hier herausgezogen werden.
Der zweite Teil dieses Arbeitsganges beginnt damit, daß die vier Schrauben,

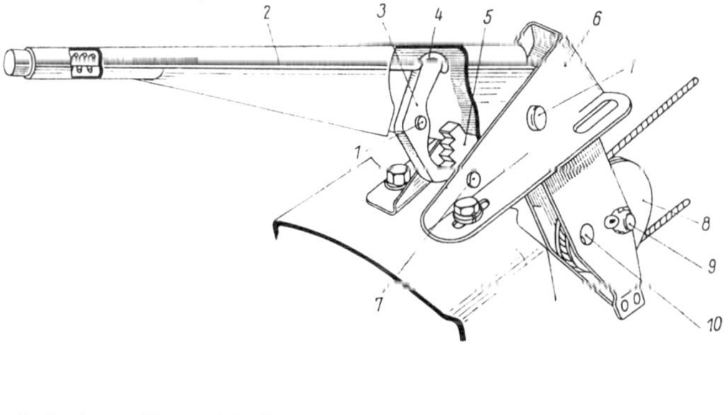

Abb. 69
Handbremsbetätigung; 1 — Lagerbolzen, 2 — Handbremshebel, 3 — Sperrklinke, 4 — Knopfschaft, 5 — Zahnsegment, 6 — Tragbock, 7 — Lagerbolzen, 8 — Seilrolle, 9 — Splintbolzen, 10 — Bohrung zur Seilspannung

die den Handbremshebel am Tunnel halten, gelöst werden und die Halterung zusammen mit dem Seil aus dem Tunnel herausgenommen wird. Anschließend wird der Bolzen (9), der die Seilrolle hält, entsplintet und die Rolle (8) ausgebaut. Jetzt ist das Seil endlich ganz frei und kann nach hinten aus dem Tunnel herausgezogen werden. Der Einbau des neuen Seiles erfolgt in umge-

kehrter Reihenfolge, wobei das Seil zuerst über die Rolle am Handbremsseil geführt wird.
Bei dieser Gelegenheit prüft man die Sperrklinke (3) und wechselt sie gegebenenfalls aus. Gleiches gilt für das Zahnsegment (5).

Handbremse nachstellen

Beträgt der Hebelweg bis zum vollen Wirksamwerden der Handbremse mehr als drei Zähne, so muß die Handbremse nachgestellt werden. Die Betriebsanleitung beschreibt die einzelnen Möglichkeiten. Als günstigste erscheint, den Lagerbock nach Lösen der Halteschrauben etwas nach vorn zu schieben und ihn hier wieder zu befestigen. Reicht das nicht aus, so kann die Seilrolle um ein Loch versetzt werden. Aber dazu sind die Seilenden an den Spreizhebeln der hinteren Radbremsen zu lösen. Erst dann kann der Splintbolzen der Seilrolle entsprechend versetzt werden.
Als letzte Möglichkeit bleibt, die im Abschnitt „Bremsbacken hinten wechseln" bereits erwähnte Abstandsplatte auf den kürzeren Schlitz umzustellen. Aber Vorsicht! Jetzt wird das Seil vielleicht zu stramm, und die Bremsbacken in den hinteren Radbremsen könnten an den Bremstrommeln schleifen. In diesem Falle müßte der Lagerbock wieder etwas nach hinten geschoben oder die Seilrolle auf das hintere Loch umgesteckt und am Lagerbock erneut das richtige Spiel gesucht und eingestellt werden.

Verschmierte Bremsbacken

Sind die Bremsbacken an einem Rad oder auch an mehreren Rädern durch eingedrungenes Fett aus den Radlagern verschmiert – der Wagen zieht in diesem Falle beim Bremsen nach der entgegengesetzten Seite –, so hilft nur eines: die betreffenden Radbremsen gründlich zu säubern, die Ursachen für das Verschmieren aufspüren und beseitigen und neue Bremsbacken einbauen, denn das in die Bremsbeläge eingedrungene Fett läßt sich mit keinem Waschmittel restlos entfernen. Es wird immer wieder hervortreten und die Bremswirkung erheblich mindern.
Etwas anderes ist es, wenn sich an noch fast normalstarken Bremsbelägen harte Oberschichten gebildet haben, die die Bremswirkung gleichfalls mindern. Diese verhärteten Schichten kann man entfernen. Dazu spannt man die Bremsbacken in einen Schraubstock und schabt mit einem gebrauchten Metallsägeblatt, das man in beide Hände nimmt, zu einem annähernden Halbkreis biegt und immer quer zum Bremsbelag führt, die harte Schicht ab (Abb. 70).
Ein sicheres Zeichen für verhärtete Bremsbeläge ist ein starkes Quietschen beim Bremsvorgang.

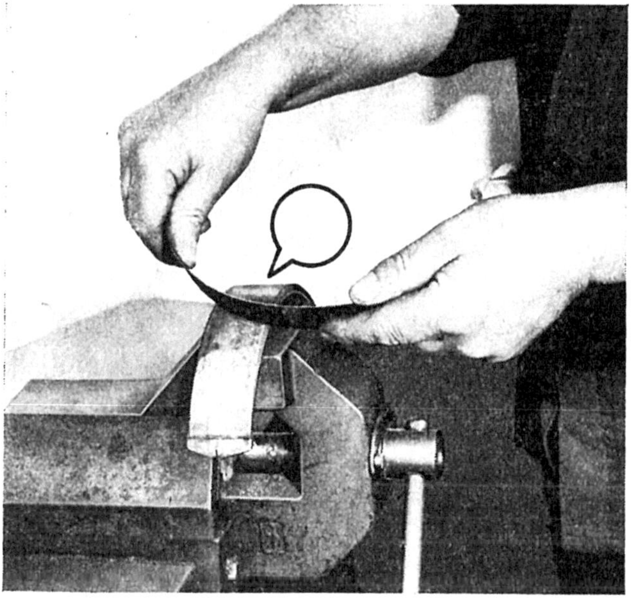

Abb. 70
Mit einem alten Metallsägeblatt läßt sich die verhärtete Schicht vom Bremsbelag entfernen

Bremsanlage SAS 965 A

Der SAS-Typ 965 A ist im Prinzip mit der gleichen Bremsanlage ausgerüstet wie die Nachfolgetypen 966/968. Einige Abweichungen gibt es jedoch. Die Bremsbacken und damit die Beläge sind etwas schmaler, die Vorderradbremsen sind Simplexbremsen (nur je ein Radbremszylinder), die Bremsbackenhalterungen besitzen Stift, Reibblättchen, Druckfedern und Druckteller, die Handbremsseile sind anderer Ausführung. Die Instandsetzungsarbeiten an Hauptbremszylinder und Radbremszylinder sowie Bremsbacken sind jedoch die gleichen wie bei den neueren Typen.

Bremsbacken wechseln

Sollen die Bremsbacken (Abb. 71) abgenommen werden, muß der Haltestift (5) mit einer Flachspitzzange an seinem flachen Ende festgehalten und dann der Druckteller (4) möglichst mit einem Gabelschlüssel so weit gedrückt und gedreht werden, bis der Haltestift durch das Langloch des Tellers hindurchrutschen kann.
Beim Einbau wird der Haltestift (5) mit der Hand von hinten an das Bremsschild gehalten und mit der Flachspitzzange so auf den Druckteller (4) gedrückt, bis das flache Ende des Stiftes von hier aus festgehalten werden kann. Der weitere Druck wird wieder von vorn mit einem Gabelschlüssel ausgeübt, bis der Stift im Teller gedreht und quer zum Langloch eingerastet ist.

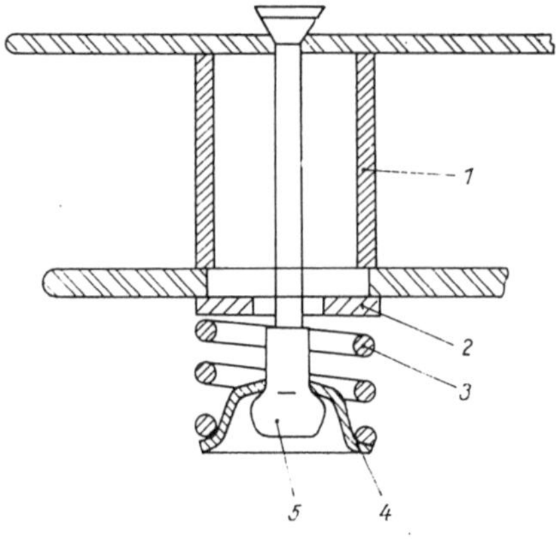

Abb. 71
Bremsbackenhalterung beim SAS 965 A; 1 — Abstandshülse, 2 — Scheibe, 3 — Feder, 4 — Teller, 5 — Haltestift

Handbremsseil erneuern

Das Auswechseln des Handbremsseiles (Abb. 72) geschieht, wie beim SAS 966/968 beschrieben. Das Einstellen der Handbremse ist jedoch etwas anders.
Der Hebelweg bis zum vollen Wirksamwerden der Handbremse darf höchstens drei Zähne betragen. Ist er länger, so wird die Handbremse an der Seilhülle nachgestellt. Dazu wird die Mutter (3) einige Umdrehungen gelöst, wobei das Endstück der Hülle mit einem Schlüssel festgehalten wird. Nunmehr wird die Mutter (4) entsprechend herausgedreht, und die Mutter (3) nachgestellt, bis das Endstück wieder fest sitzt. Abschließend wird der Hebelhub geprüft. Ist er immer noch zu groß, wird das Seil durch Verschieben des Lagerbockes, wie bei den Typen 966/968, entsprechend gespannt.
Ist der Bremsbelag an den hinteren Radbremsen jedoch bereits zu rund 50 % abgenutzt, reichen diese Einstellmöglichkeiten nicht mehr aus. Es muß dann die Seilrollenachse in das nächste Loch gesteckt werden. Die Arbeitsgänge gleichen denen bei den neueren Typen. Auch hier muß bei Bedarf die Seilhüllenverstellung korrigiert werden.

Arbeiten an der elektrischen Anlage

Die Elektrik eines Kraftfahrzeuges ist nicht einfach zu beherrschen. Gut beraten ist jedoch, wer sich darin wenigstens einigermaßen auskennt, denn kleinste Störungen hieran machen unter Umständen das ganze Fahrzeug betriebsunfähig. Kann man sich aber selber helfen – beispielsweise unterwegs auf der Urlaubsfahrt –, so „rettet" das nicht nur die Fahrt, sondern – und das ist das wichtigste – man lernt aus jeder behobenen Störung ungemein viel. Sehen wir uns also auch die Elektrik des Saporoshez etwas näher an. Die zu einer Reparatur hieran eventuell benötigten Ersatzteile enthält Tabelle 16.
Ausdrücklich betont sei, daß größere Arbeiten an der elektrischen Anlage, bei-

Abb. 72
Handbremsbetätigung beim SAS 965 A; 1 — Querlenkerarm, 2 — Seilhülle, 3 u. 4 — Stellmuttern, 5 — Zugfeder, 6 — Seil, 7 — Spreizhebel

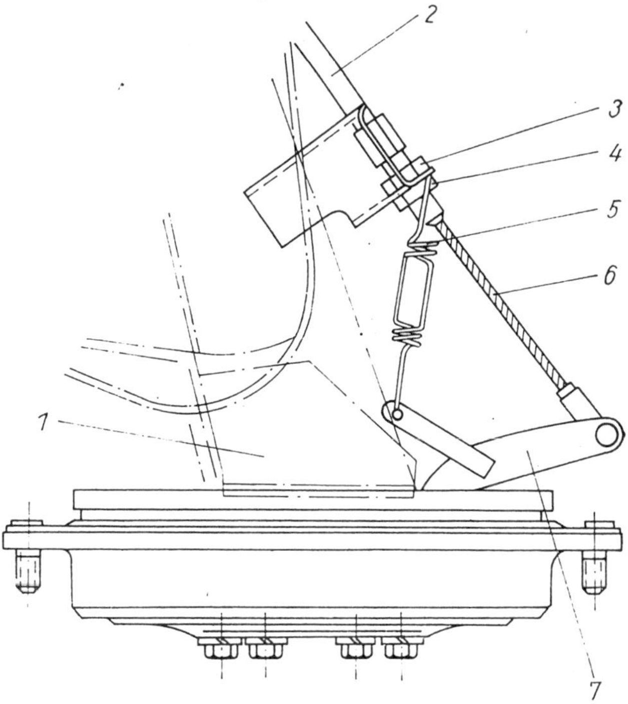

spielsweise das Reparieren von Lichtmaschine und Anlasser oder das Einstellen des Reglers, den Kraftfahrzeugfacharbeitern vorbehalten bleiben müssen. Weiterhin sollte gelten: Auch bei den kleineren Wartungsarbeiten an der elektrischen Anlage können bei nicht fachgerechtem Vorgehen elektrische oder elektronische Bauteile zerstört werden. Deshalb unterläßt man jedes Experimentieren an der elektrischen Anlage. Das erspart Ärger, Zeit und Geld.

10 Grundsätze

Bei allen Arbeiten an der elektrischen Anlage ist unbedingt folgendes zu beachten:

1. Das Minuskabel der Batterie ist stets abzuklemmen
2. Die Batterie ist mit richtiger Polarität anzuschließen
3. Die Zündung sollte bei stehendem Motor nie länger als 2···3 Minuten eingeschaltet bleiben
4. Das Fahrzeug läßt sich mit leerer Batterie nicht anschleppen, es fehlt der Erregerstrom der Lichtmaschine. Gibt die Hupe aber noch einen Ton von sich, so reicht die Spannung der Batterie zum Erregen der Lichtmaschine aus und das Fahrzeug kann angeschoben oder angeschleppt werden

5. Die Lichtmaschine darf nie mit unterbrochenem Hauptstromkreis (abgenommene Batterieklemmen) laufen
6. Lichtmaschinen- und Regleranschlüsse dürfen bei laufendem Motor niemals unterbrochen werden
7. Beim Nachladen der Batterie im eingebauten Zustand ist das Minuskabel von der Batterie abzunehmen
8. Bei Verwendung einer zweiten Batterie als Starthilfe muß diese stets parallel geschaltet werden und die gleiche Nennspannung haben
9. Bei Kontrollarbeiten an der Lichtmaschine und am Regler sind die Kontrollgeräte mit festen Verbindungen anzuschließen; sogenannte Klips fallen leicht ab, und Lichtmaschine und Regler sind gefährdet
10. Soll am Fahrzeug elektrisch geschweißt werden, sind vorher unbedingt die Minusklemme der Batterie und vorteilhafterweise auch sämtliche Lichtmaschinen- und Regleranschlüsse abzuschließen und gegen Überschlag zueinander und zur Masse zu isolieren.

Tabelle 16: Ersatzteile für die elektrische Anlage

Bezeichnung	Stück	Ersatzteilnummern SAS 965	SAS 968
Zündspule	1	965-370-5010	
Zündschloß	1	965-370-4010-A	966-370-4010
Zündverteiler	1	966-370-6010	
Verteilerfinger	1	P35-370-6020	
Unterbrecherkontakte	1 Satz		
Verteilerkappe	1	P35-370-6500	
Kondensator	1	P30-370-6400-A2	
Anlasser	1	965-370-8010	968-370-8010
Anlasser für SAS 966	1		966-370-8010
Abblendschalter	1	965-371-0010	966-371-0010
Abblendschalter für SAS 966	1	965-371-0010	
Stoplichtschalter	1	965-372-0010	
Glühwiderstand der Heizanlage	1	OB65-2009	
Glühkerze der Heizanlage	1	015-1500	
Elektr. Benzinpumpe	1	965A-810-1222	
Geber f. Öltemperatur	1	965-371-8010	966-380-7010-A
Geber f. Öldruck	1	965-381-0310	966-381-0310

Ferner gilt: Die elektrische Anlage der Saporoshez-Typen ist vom Hersteller mehrere Male verändert worden. Beispielsweise sind bei neueren Fahrzeugen die Zusatzleuchten, die einstmals im Ziergitter saßen, weggefallen. Dafür sind seitliche Begrenzungsleuchten, Seitenblinkleuchten und auch Parkleuchten vorhanden. Der Schaltplan der Elektrik in der Betriebsanleitung des SAS 968 ent-

hält schon einen Teil dieser neuen Ausrüstung; die Begrenzungsleuchten fehlen hier jedoch noch.
Der dem Buch beiliegende Schaltplan, entsprechend ergänzt, entspricht dem Stand vom August 1974. Im Prinzip gilt er für alle Saporoshez-Typen. Beim SAS 966 sind lediglich die Rückfahrscheinwerfer (44), die Parkleuchten (48) und die Seitenblinkleuchten (1) nicht vorhanden. Der SAS 968 hatte anfangs die jetzt generell vorhandenen Begrenzungsleuchten (2) im Ziergitter. Auch ist der Blinklichtschalter (15) hier als Lenksäulenschalter ausgeführt, während es beim SAS 966 noch ein Fußschalter ist. Der SAS 968 A besitzt das Zündschloß des Lada.

Störungssuche mit Prüflampe

Dem Buch beigelegt ist ein Schaltplan der elektrischen Anlage. Er zeigt, was die einzelnen Kabel miteinander verbinden und kann somit als Grundlage für die Störungssuche dienen. Wie man dabei mit Hilfe einer Prüflampe verfährt, ist in den Abschnitten „Stromkreise“ und „Zündanlage“ am konkreten Beispiel erläutert. Hier sei darum nur das prinzipielle Vorgehen bei der Störungssuche mit der Prüflampe erklärt.
Die elektrische Anlage des Saporoshez ist nach dem Einleiter-System aufgebaut. Während den Verbrauchern das positive Potential von der Batterie oder der Lichtmaschine über die verschiedenen Schalter und Sicherungen durch farblich unterschiedlich gekennzeichnete Kabel zugeführt wird, erhalten sie das negative Potential, die Masse, über ihre Befestigungsstellen von der Blechkarosserie oder den Aggregaten. Bei Ausfall eines Verbrauchers muß deshalb nicht in jedem Falle die positive Zuleitung schadhaft sein, es kann auch an „Masse“ fehlen.

Positive Zuleitungen

Zur Überprüfung der positiven Zuleitungen wird die Prüflampe mit einem Anschluß an Masse gelegt. Am besten eignen sich hierfür der Minuspol der Batterie oder blanke Motor- bzw. Karosserieteile. Nicht geeignet sind bewegliche Teile wie Gasgestänge, Kupplungs- und Bremspedal, Motor- und Kofferhaube, Türen, Schalthebel, Lenkung usw. Mit dem zweiten Anschluß der Prüflampe tastet man nun, indem man den Kabel- bzw. Stromverlauf im Schaltplan verfolgt, die einzelnen Anschlüsse an den Schaltern, Sicherungen und Verbrauchern ab. Vorsicht! Kurzschluß vermeiden! Der zu untersuchende Verbraucher muß bei der Prüfung selbstverständlich eingeschaltet sein. Eine Unterbrechung der Stromzuführung zeigt sich dadurch, daß die Prüflampe bis zu einem bestimmten Punkt noch aufleuchtet, während sie am nächstfolgenden Punkt dunkel bleibt. In diesem Bereich liegt dann die Störung.
Mögliche Fehlerquellen sind Defekte in Schaltern, fehlerhafte oder schlecht klemmende Sicherungen, oxydierte Steckverbindungen sowie mangelhafte Übergangsverbindungen zwischen Steckkabelschuhen und Kabeln.

Defekte Schalter lassen sich meist nicht reparieren. Man wechselt sie besser aus. Oxydierte Leitungsverbindungen kratzt man blank, und die Störung ist behoben.

Masseverbindungen

Die Prüflampe wird mit einem Anschluß an den Pluspol der Batterie gelegt. Mit dem zweiten Anschluß geht man nun an das metallisch blanke Gehäuse oder die Halterung des schadhaften Verbrauchers. Leuchtet die Lampe nicht auf, so fehlt es an Masse. Die entsprechenden Anschlüsse haben sich entweder gelockert oder sind oxydiert. In diesem Falle sind die Befestigung oder das spezielle Massekabel einschließlich seines Anschlusses an der Karosserie bzw. dem Aggregat metallisch blank zu reiben, und der Kontakt ist wieder hergestellt.
Die Intaktheit des Primär- und Sekundärstromkreises ist ganz einfach eine Voraussetzung für den Betrieb des Fahrzeugs. Störungen hieran müssen darum auch unterwegs behoben werden können. Welche Prüfungsmöglichkeiten gibt es?

Primärstromkreis

Viele Möglichkeiten für Zündstörungen liegen im Primärstromkreis, dem Niederspannungsstromkreis; u. a. Kabelunterbrechungen, durchgebrannte Primärwicklung der Zündspule, fehlerhafter Unterbrecher oder Kondensator. Der Primärstromkreis ist nicht abgesichert. Zur Überprüfung des Stromflusses benutzt man die schon erwähnte Prüflampe.

1. Prüfung

Prüflampe zwischen Anschluß BK der Zündspule (schwarzes Kabel) und Masse anklemmen und die Zündung einschalten. Die Lampe muß leuchten. Leuchtet sie nicht, so liegt eine Unterbrechung im Zündschloß oder im Zuleitungskabel vom Zündschloß zur Zündspule vor. Will man diesen Defekt beheben, um schnell weiterzukommen, so kann man den Anschluß BK der Zündspule mit dem Pluspol der Batterie mit einem Stück Kabel entsprechenden Querschnittes (etwa 1,5 mm^2) provisorisch verbinden. Zum Abstellen des Motors ist diese Verbindung am Pluspol zu unterbrechen.

2. Prüfung

Kabel vom nichtbezeichneten Anschluß der Zündspule abnehmen, Prüflampe zwischen Kabel und Masse klemmen und die Zündung einschalten. Die Lampe muß leuchten. Leuchtet sie nicht, so ist die Primärwicklung oder der Vorschaltwiderstand der Zündspule durchgebrannt. Die Zündspule muß erneuert werden.

3. Prüfung

Vorher abgeklemmtes Kabel vom nichtbezeichneten Anschluß der Zündspule wieder anklemmen und die Prüflampe zwischen dem nichtbezeichneten Anschluß der Zündspule und Masse klemmen. Beim Durchstarten des Motors oder Durchdrehen mit der Handkurbel muß die Lampe rhythmisch aufleuchten und verlöschen. Leuchtet sie unregelmäßig oder gar nicht auf, sind das angeschlossene Zuleitungskabel zwischen Zündspule und Verteiler oder der Unterbrecher fehlerhaft. Es kann aber auch das kleine flexible Kabel im Verteiler, das vom Unterbrecher zur Verteileranschlußklemme führt, schadhaft oder lose sein. Die Klemmstellen der beiden Kabelschuhe sind notfalls nachzulöten.

Sekundärstromkreis

Im Sekundärstromkreis – er umfaßt Zündspule, Zuleitung zum Verteiler, Verteiler, Zündleitungen und Kerzenstecker – fließt der hochgespannte Zündstrom. Absolute Durchschlagfestigkeit gegenüber Masse ist hier Bedingung. Erste Voraussetzung ist, daß insbesondere Zündspule, Verteilerkappe, Zündleitungen und Zündkerzenstecker sauber sind. Warum? Der Zündstrom entlädt sich immer auf dem Wege des geringsten Widerstandes. Über eine leitende mit Wasser oder Öl durchsetzte Schmutzschicht kann er sich z. B. unkontrolliert zur Masse begeben, ohne an die Zündkerzen zu gelangen. Das Entladungsgeräusch, ein helles Knistern, ist meist zu hören. Bei Dunkelheit ist das Überspringen des Funkens u. U. zu sehen.
Springt der Zündfunke beispielsweise im Bereich des Hochspannungskabels, das von der Zündspule zur mittleren Steckbuchse der Verteilerkappe führt, ständig auf Masse über, so bleibt der Motor stehen. Streusalzlösungen oder Laugen, die im Winter zusammen mit dem Spritzwasser in den Motorraum gelangen, können die Hochspannungsisolation des Sekundärstromkreises unter Umständen völlig aufheben. Ist das geschehen, hilft nur das völlige Trockenwischen sämtlicher Zündkabel, der Verteilerkappe und der Zündspule.
Die Zündleitungen müssen fest und metallisch sauber in den Steckbuchsen der Verteilerkappe sitzen. Im Innern der Verteilerkappe zwischen den Kontakten der Steckbuchsen, am Verteilerfinger oder um den Hochspannungsanschluß der Zündspule herum können sich im Laufe der Zeit sogenannte Kriechspuren für den Zündstrom bilden. Sie sehen wie schwarze Risse aus. Hierin „kriecht" der Zündstrom zu Masse, ohne sich an den Zündkerzen zu entladen. Hat man bei diesem Defekt keine Neuteile zur Hand, so kratzt man die Kriechspuren gründlich mit einem Messer oder Schraubenzieher aus. Das hilft in der Regel vorübergehend, und man kommt nach Hause. Hier muß der Schaden dann endgültig behoben werden.

Sicherungen

Bei Störungen an der elektrischen Anlage – ein Kurzschluß kann immer einmal auftreten – sieht man sich zuerst die Sicherungen an, insbesondere diejenige, die diesen Stromkreis schützt. Ist sie durchgebrannt, wird der Kurzschluß beseitigt und die Sicherung selbstverständlich ersetzt. Und das ist bei allen drei Sicherungen des Saporoshez sogar relativ leicht möglich.
An der unteren Hälfte des Armaturenbrettes ist in der Nähe der Lenksäule eine thermische Knopfsicherung (Bimetallsicherung) von 20 A angeordnet. Sie schützt die gesamte Beleuchtungsanlage mit Ausnahme der Kofferraumlampe und der Fahrtrichtungsanzeiger. Bei einem Kurzschluß erhitzt sich ihre Bimetallplatte und biegt sich auf, was gleichbedeutend damit ist, daß sich die Kontakte öffnen und den Stromkreis unterbrechen.
Ist der Kurzschluß beseitigt, wird die Sicherung wieder eingeschaltet, indem man ihren Knopf hineindrückt. Springt der Knopf wieder heraus, so ist das das Zeichen dafür, daß der Kurzschluß noch nicht behoben worden ist. In diesem Falle muß man weiter suchen, bis der Schaden wirklich behoben ist. Ein Festhalten des Sicherungsknopfes ist nicht statthaft; das Fahrzeug könnte in Brand geraten.
Im Kofferraum sitzen die beiden Schmelzsicherungen von je 10 A; einmal für die Stromkreise Fahrtrichtungsanzeiger, Kraftstoffvorratsanzeige, Öltemperaturanzeige und Notöldruckanzeige, zum anderen für den Stromkreis des Horns. Sie werden, wenn sie ausgefallen sind, nicht, wie von anderen Fahrzeugen her vielleicht gewohnt, durch neue Sicherungen ersetzt, sondern einfach repariert. Der dazu notwendige verzinnte Kupferdraht von 0,26 mm Durchmesser ist im Sicherungskasten vorhanden. Man nimmt infolgedessen nur den Sicherungshalter aus dem Sicherungskasten heraus, klappt die federnden Drahthalter zur Seite, legt ein entsprechend langes Drahtstück vom Ersatzdraht in den federnden Halter ein und drückt den Sicherungshalter wieder hinein. Aber nicht weiter, als es die aufgebogenen Begrenzungsanschläge zulassen, andernfalls könnte es einen unerwünschten Kurzschluß geben.

Batterie

Die 12-V-Batterie des Saporoshez hat eine Kapazität von 42 bzw. 55 Ah. Ihre Lebensdauer wird in hohem Maße von der Pflege bestimmt, die wir ihr angedeihen lassen.

Batterieflüssigkeit

Bei einem neuen Fahrzeug bzw. einer neuen Batterie kontrolliert man den Stand der Batterieflüssigkeit möglichst wöchentlich (die Platten müssen sich erst damit sättigen) und ergänzt ihn. Nachgefüllt wird destilliertes Wasser, und zwar nur soviel, daß die Batterieflüssigkeit (Batteriesäure) 1,0 · · · 1,5 cm über den Platten steht. Vergißt man das Nachfüllen, so sinkt der Flüssigkeitsstand in den Zellen zu weit ab, und es kommt Luft an die Platten, und das zerstört

sie sehr bald. Zusätzlich achtet man in den Sommermonaten besonders auf den Flüssigkeitsstand in den Zellen, denn das hier bei Fernfahrten übliche Überladen der Batterie, bedingt durch das Fahren ohne eingeschaltete Verbraucher, trägt ganz besonders zum schnellen Absinken des Flüssigkeitsstandes bei.
Die Pole der Batterie und die Polklemmen müssen stets sauber sein, vor allem die Berührungsflächen von Pol und Klemme. Anderenfalls gibt es Startschwierigkeiten. Ursache ist Oxidbildung an den Berührungsflächen, denn Oxide erschweren den Stromdurchgang. Ein Schutz der Pole und Klemmen ist mit dem handelsüblichen Polfett möglich. Notfalls kann dafür auch Getriebeöl verwendet werden. Es erfüllt den gleichen Zweck.

Nachladen

Bei Fahrzeugen, die nur gelegentlich benutzt werden und deren Batterien darum in der Regel nicht mehr voll geladen sind, ist es ratsam, dieselben von Zeit zu Zeit – vielleicht alle drei Monate – nachzuladen. Man kann das in einer Batterie-Ladestation erledigen lassen, kann es mit Hilfe der im Handel erhältlichen Kleinladegeräte vom Typ „Ladefix“ aber auch selber tun. Besonders im Winter könnte das notwendig sein, wo nicht nur die wiederholten Kaltstarts und die eingeschalteten Verbraucher während der Fahrt wie Licht, Scheibenwischer und Blinkanlage an der Kapazität der Batterie zehren, sondern auch die Kälte. Beim Selbstladen der Batterie mit dem erwähnten „Ladefix“ nimmt man sicherheitshalber die Batteriekabel ab. Dann kann nichts passieren. Wie man das Gerät anschließt, sagt die Gebrauchsanweisung.

Kälteschutz

Die Batterie des Saporoshez ist infolge ihrer Unterbringung vorn im Kofferraum im Winter besonders dem Fahrtwind und damit der Kälte ausgesetzt, was zu Lasten ihrer Kapazität geht. Es wird daher empfohlen, sie in den Wintermonaten gut zu verpacken. Platz dazu ist genügend vorhanden. Als Verpackungsmaterial eignen sich Putzwolle, aber auch eine alte Wolldecke, die die Batterie von allen Seiten, auch von unten, umschließt. Damit die Putzwolle den Kofferraum nicht verschmutzt, zimmert man sich ein passendes Holzkästchen, setzt die Batterie hinein und füllt den verbleibenden Zwischenraum von 4···5 cm mit der Putzwolle aus. Das verhindert auf jeden Fall ein Einfrieren der Batterie, was im Gegensatz zu einer vollgeladenen Batterie, die erst bei rund –65 °C einfriert, bei einer entladenen Batterie bereits bei rund –11 °C möglich ist.
Wessen Wagen im Freien „übernachten“ muß, sollte das besonders beherzigen. Und wer in dieser Zeit evtl. sogar Startschwierigkeiten am Morgen befürchtet, der baut die Batterie über Nacht besser aus und nimmt sie mit ins Haus, denn das Warmhalten der Batterie ist die beste Starthilfe. Eine warme Batterie überwindet nämlich die erhöhten Anlaßwiderstände (steifes Motorenöl u. a. m.) am Morgen relativ leicht. Anders bei einer kalten Batterie. Ihre Spannung kann bei der hohen Stromentnahme durch den Anlasser so weit

absinken, daß nur noch schwache Zündfunken zustande kommen, die zum Anspringen des Motors nicht mehr ausreichen, und der Wagen mühevoll angeschoben oder angeschleppt werden muß.
Alterungserscheinungen an der Batterie infolge Bleischlammablagerung in den Zellen, was zum Plattenschluß führt, machen sich u. a. dadurch bemerkbar, daß sich die Zellendeckel heben. Das ist dann der Zeitpunkt, wo die Batterie erneuert werden muß. Eine Reparatur der Batterie in einer Spezialwerkstatt ist möglich. Aber die Entscheidung darüber überläßt man dem Fachmann.

Prüfmöglichkeiten

Den Ladezustand der Batterie prüft man mit einem Zellenprüfer – jede Zelle muß 2 V aufweisen – oder mit einem Areometer (Spindel), wobei die Säuredichte im Bereich zwischen 1,27 · · · 1,29 g/cm^3 liegen muß. Werden diese Werte auch nach dem Nachladen der Batterie nicht gemessen, so liegt vermutlich ein Fehler in der Batterie vor. Man sucht in diesem Falle eine Spezialwerkstatt auf.
Zieht beim Starten des Motors der Anlasser nur träge oder gar nicht mehr durch, so kann die Batterie daran schuld sein. Sie ist entweder entladen, oder eine Zelle hat Kurzschluß. Der Fehler kann aber auch in der Startanlage liegen. Um sich Klarheit zu verschaffen, schaltet man beim Betätigen des Anlassers zusätzlich das Fernlicht ein. Verlischt es fast vollständig oder sogar ganz, so liegt der Fehler in der Batterie oder ihren Anschlüssen. Wird es hingegen nur unwesentlich dunkler, so dürfte ein Fehler in der Startanlage vorliegen.
Die Säuredichte geht bei einer halbgeladenen Batterie übrigens auf 1,22 g/cm^3 und bei entladener Batterie auf 1,11 g/cm^3 zurück.

Lichtmaschine

Innerhalb der Stromerzeugungsanlage des Saporoshez, wozu die Drehstromlichtmaschine mit einer Leistung von 350 W und einer größten Stromstärke von 30 A, der Spannungsregler sowie das Einschalt- und das Blockierrelais gehören, nimmt die Lichtmaschine eine dominierende Stellung ein, versorgt sie doch während der Fahrt alle Verbraucher und speist sie auch noch die Batterie.
Reparaturen an der Lichtmaschine überlassen wir dem Fachmann. Uns bleibt jedoch auch einiges zu tun. Beispielsweise können wir prüfen, ob bei Störungen an der elektrischen Anlage die Lichtmaschine als Ursache in Frage kommt; und das machen wir so:

Störungen an der Lichtmaschine machen sich u. a. dadurch bemerkbar, daß

1. die Ladekontrollampe nach dem Anspringen des Motors nicht erlischt
2. die Ladekontrollampe erst bei erhöhter Drehzahl des Motors erlischt
3. die Batterie während der Fahrt und bei ausgeschalteten Verbrauchern (Scheinwerfer, Heizung, Scheibenwischer) entladen wird
4. bei Betrieb des Fahrzeugs in der Lichtmaschine ein stärkeres Geräusch zu hören ist

Störungsermittlung

Die Ursachen der vorstehend genannten Störungen können bei eingebauter Lichtmaschine ermittelt werden. Von der Lage der im folgenden Text erwähnten Anschlüsse überzeugt man sich anhand des dem Buch beiliegenden Schaltplanes. Danach geht man wie folgt vor:

- Gelbe Nebenschlußleitung von Klemme Щ des Reglerschalters – es ist die rechte Klemme – abnehmen und zwischen der abgeklemmten Leitung von der Lichtmaschine und einer Stromquelle eine Prüflampe zwischenschalten. Als Stromquelle kann der Anschluß C des Reglerschalters dienen. Leuchtet die Prüflampe auf – die Zündung muß natürlich eingeschaltet sein –, so ist der Erregerstromkreis der Lichtmaschine in Ordnung. Der Strom durchfließt die Läuferwicklung der Lichtmaschine.
- Die abgenommene Leitung an Klemme Щ des Reglerschalters wieder anklemmen und den Motor anlassen. Nunmehr eine Prüflampe zwischen der Plusklemme der Lichtmaschine und Masse anschließen und prüfen, ob Spannung am Ausgang des Gleichrichters vorhanden ist. Ist Spannung vorhanden, so leuchtet die Prüflampe auf. Liegt keine Spannung an, so ist beim Typ 966 mit Sicherheit der Gleichrichter defekt. Diesen Schaden kann nur eine Elektrowerkstatt beheben. Beim Typ 968 kann in diesem Falle das rote Kabel unterbrochen sein, das vom Anlasser zur Lichtmaschine führt.
- Nunmehr die zwei roten Leitungen – sie kommen von der Lichtmaschine – vom Blockierungsrelais abnehmen, den Motor anlassen und bei Leerlauf des Motors die Prüflampe oder ein Wechselstrom-Voltmeter zwischen die Phasenableitungen der Lichtmaschine – das sind die beiden roten Leitungen – zwischenschalten. Leuchtet die Lampe auch hier auf oder zeigt das Voltmeter 12 V an, so bedeutet dies, daß die Lichtmaschine fehlerfrei arbeitet. Wird für diese Prüfung eine Prüflampe verwendet, so ist diese zwischen einer der roten Leitungen und Masse anzuschließen. Die Prüflampe muß aufleuchten, wenn die Lichtmaschine in Ordnung ist.

Leuchtet die Prüflampe bei einem dieser drei Prüfvorgänge nicht auf, so kann das darauf zurückzuführen sein, daß eine Phasenwicklung abgerissen oder auch eine Anschlußklemme bzw. ein Kabel gebrochen ist. Im ersteren Falle muß die Lichtmaschine vom Fachmann repariert werden, in den beiden letzteren Fällen kann man sich u. U. selber helfen.
Sind die Lager der Lichtmaschine defekt, so ist in der Nähe des Lüfters ein relativ lautes rollendes oder klapperndes Geräusch zu hören. Zur genauen Bestimmung des Fehlers wird der Keilriemen abgenommen und die Lichtmaschine mit der Hand durchgedreht. Ist auch jetzt das Geräusch zu hören, so muß die Lichtmaschine vom Fachmann neu gelagert werden.

Anlasser

Der Anlasser ist ein Elektromotor mit Verbunderregung. Sein oberer Hauptstromanschluß ist über das Hauptstromkabel mit dem Pluspol der Batterie verbunden. Beim Einschalten der Anlaßstellung am Zündschalter fließt Strom durch die Magnetwicklung. Das entstehende magnetische Kraftfeld zieht den Anker an, und das Ritzel wird durch die Einrückgabel in den Zahnkranz der Schwungscheibe eingerückt. Am Ende des Einrückvorganges trifft die Kontaktplatte auf die beiden Kontakte der Hauptstromanschlüsse, der Anlasser wird vom Strom durchflossen und läuft an.

Mögliche Fehler

Mögliche Fehler am Anlasser enthält Anlage 11. Reparaturen hieran überlassen wir der Fachwerkstatt. Dennoch sollten wir eine Fehlerortung vornehmen können, um die Werkstatt richtig zu informieren.
Voraussetzung für das einwandfreie Arbeiten des Anlassers beim Starten des Motors sind eine ordnungsgemäß geladene Batterie und saubere Batterieanschlüsse. Das ist deshalb so wichtig, weil der Anlasser der größte Stromverbraucher in der elektrischen Anlage ist, benötigt er beim Starten doch rund 200 A. Arbeitet er trotz intakter Batterie einmal nicht, so können verschiedene Fehler vorliegen.

1. Fehler im Steuerkreis

Gibt es beim Einschalten der Anlaßstellung im Anlasser überhaupt keine Reaktion, so zieht man zur Überprüfung den Stecker des Zuführungsanschlusses vom Magnetschalter ab, schließt an ihn eine Prüflampe an und legt den anderen Prüflampenanschluß an Masse. Die Prüflampe muß beim Einschalten der Anlaßstellung aufleuchten. Leuchtet sie nicht auf, so ist der Zündanlaßschalter bzw. das Anlaß-Relais P 502 defekt oder die Zuleitung zum Anlasser unterbrochen. Leuchtet sie auf, obwohl der Anlasser vorher nicht reagierte, so ist die Wicklung des Magnetschalters unterbrochen. Der Anlasser muß ausgebaut und der Magnetschalter erneuert werden.

2. Fehler im Hauptstromkreis

Schlägt der Magnetschalter beim Einschalten der Anlaßstellung an, was durch ein Knacken hörbar ist, ohne daß der Anlasser anläuft, so überbrückt entweder die Kontaktplatte die Hauptstromanschlüsse im Magnetschalter nicht, oder es liegt eine Unterbrechung im Hauptstromkreis des Anlassers (verschlissene Kohlebürsten) vor. In einem solchen Falle muß der Anlasser gleichfalls ausgebaut und überholt werden.

3. Mechanische Fehler

Dreht der Anlasser beim Einschalten der Anlaßstellung, ohne die Schwungscheibe des Motors mitzudrehen, können einige Zähne an der Schwungscheibe des Motors derart beschädigt sein, daß das Anlasserritzel nicht einspuren kann. Es dreht in diesem Falle mit lautem Geräusch an der Schwungscheibe vorbei. Dreht man den Motor mit der Handkurbel jedoch ein Stückchen durch, so daß eine andere Stelle des Zahnkranzes des Schwungrades gegenüber

dem Anlasserritzel zu liegen kommt, so setzt der Anlasser den Motor dann auch meist in Gang. Zur Behebung des Schadens müssen der Zahnkranz am Schwungrad und das Anlasserritzel ausgetauscht werden.
Heult der Anlasser beim Einschalten auf, ohne die Schwungscheibe mitzudrehen, ist der Freilauf am Anlasserritzel defekt und muß repariert (gewechselt) werden.

Ausbautip

Zum Ausbauen des Anlassers ist es günstig, das Fahrzeug über eine Grube zu fahren bzw. zumindest die hintere rechte Fahrzeugseite mit dem Wagenheber gut anzuheben. Dann wird das Minuskabel von der Batterie abgeklemmt. Jetzt können die untere Luke vom Spritzblech abgenommen, die Kabel vom Anlasser gelöst (Reihenfolge merken) und die Muttern, die den Anlasser halten, abgeschraubt werden. Nunmehr läßt sich der Anlasser zusammen mit den Stiftschrauben aus dem Motorgehäuse herausführen und nach unten durch die Luke herausnehmen.
Der Einbau des Anlassers geschieht in umgekehrter Reihenfolge, wobei ganz besonders darauf zu achten ist, daß die Kabel wieder richtig angeschlossen werden. Der Schaltplan gibt hierüber Auskunft.

Zündanlage

Die Zündanlage besteht aus der Zündspule, dem Zündverteiler, den Zündkabeln, den Entstörwiderständen und den Zündkerzen. Alle diese Teile sind im Fahrbetrieb hoch beansprucht. Infolgedessen kann es hieran durchaus einmal zu dieser oder jener Störung kommen. Welche Störungen das erfahrungsgemäß sind, geht aus der Anlage 12 hervor. Diese Anlage sagt auch, wie die einzelnen Störungen zu beheben sind. Dennoch sei betont: Zündstörungen sind oftmals heimtückisch und nicht immer sofort zu erkennen bzw. zu finden. Eine bestimmte Grundkenntnis vom Aufbau und der Funktionsweise der Zündanlage ist daher angebracht, denn nur bei Vorliegen dieser Voraussetzungen kann man in der Fehlersuche und -beseitigung an der Zündanlage erfolgreich sein.

Funktionsprinzip

Bei eingeschalteter Zündung und geschlossenem Unterbrecher ist die Primärwicklung der Zündspule stromdurchflossen, und es baut sich ein magnetisches Kraftfeld auf. Beim Öffnen des Unterbrechers, das durch den mit dem Motor umlaufenden Unterbrechernocken erfolgt, wird der Stromfluß unterbrochen, und durch Induktion entsteht in der Sekundärwicklung der Zündspule der hochgespannte Zündstrom, der durch den Zündverteiler entsprechend der Zündfolge 1 – 2 – 4 – 3 zu den Zündkerzen geleitet wird. Parallel zum Unterbrecher ist ein Kondensator angeordnet. Er hat die Aufgabe, den Selbstinduktionsstrom der Primärwicklung der Zündspule zu absorbieren und den beim Öffnen der Kontakte entstehenden Überschlagfunken zu löschen, um so die Unterbrecherkontakte vor dem Verbrennen zu schützen.

Zündverteiler

Vom Zündverteiler – Abbildung 73 zeigt ihn – muß man wissen, daß er den Unterbrecher, den Fliehkraftversteller, den Unterdruckversteller und den Oktanwähler enthält. Insbesondere die richtige Einstellung des Unterbrechers sowie des Oktanwählers haben wesentlichen Einfluß auf die Laufruhe und die Leistung des Motors. Sehen wir uns auch das etwas näher an.

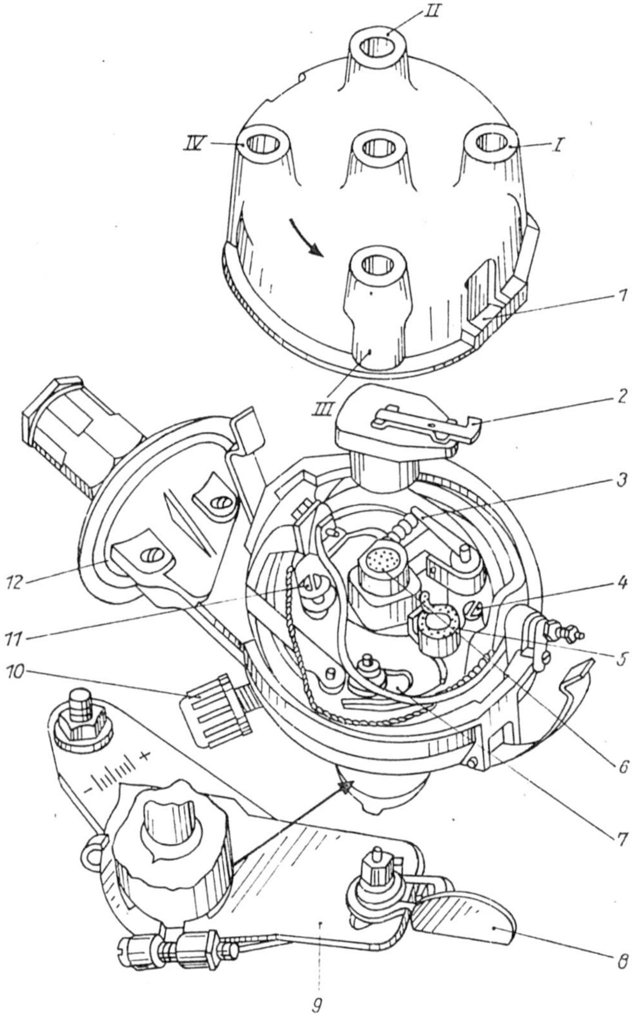

Abb. 73
Zündverteiler;
1 — Verteilerkappe mit Anschlußmarkierungen,
2 — Verteilerfinger,
3 — Unterbrecherhebel,
4 — Stellschraube,
5, 6 u. 7 — Schmierfilze,
8 — Stellhebel,
9 — Oktanwähler,
10 — Schmierbuchse,
11 — Sperrschraube,
12 — Unterdruckversteller; I···IV — Kabelanschlüsse entsprechend der Zündfolge

Unterbrecherkontakte einstellen

Die Unterbrecherkontakte (3) überprüft man in der Regel alle 5 000 km auf ihren Abstand zueinander bei voll geöffneter Stellung und reguliert sie gegebenenfalls auf das Maß 0,35···0,45 mm ein. Dazu ist die Arretierschraube zu lockern, die Einstellschraube (4) entsprechend zu verdrehen und die Arretierschraube wieder festzuziehen. Bei einigem Geschick ist das im eingebauten Zustand des Verteilers möglich. Größere Arbeiten hieran, beispielsweise das Auswechseln der Unterbrecherkontakte (3), lassen sich leichter erledigen, wenn man den Verteiler, der für Reparaturarbeiten nicht gerade günstig im Motorraum sitzt, ausbaut.

Angeschmorte Kontakte feilt man mit einer Kontaktfeile vor dem Einstellen nach. Auf dem Schmierfilz gibt man nach dem Einstellen einen Tropfen Öl. Wird mehr Öl aufgebracht, verschmieren die Kontakte. Die Folge ist, daß der Motor insbesondere beim Kaltstart (wegen der isolierenden Wirkung des Öles auf den Kontaktflächen) schwer anspringt. Er zündet nur hin und wieder, ohne sofort aussetzerlos zu laufen. Verölte Kontakte reinigt man mit einem nichtfasernden, benzingetränkten Lappen.

Unterbrecherkontakte wechseln

Wer es sich zutraut, baut den Zündverteiler zum Wechseln der Unterbrecherkontakte aus. Es arbeitet sich dann leichter. Der Arbeitsgang ist in diesem Falle folgender: Der Motor (Kurbelwelle) ist auf den Zündpunkt des ersten Zylinders zu drehen. Festzustellen ist das, indem bei abgenommener Verteilerkappe der Motor so lange durchgedreht wird, bis der Verteilerfinger in die Richtung zeigt, von der an der Verteilerkappe das Zündkabel für den ersten Zylinder abgeht. Das ist dann auch der Punkt, an dem die Markierung M 3 an der Riemenscheibe mit dem Vorsprung am Steuergehäusedeckel (s. Abb. 17) übereinstimmt. Nunmehr werden das Niederspannungskabel (die Leitung von der Zündspule zum Zündverteiler) sowie die Leitung vom Unterdruckversteller (12) gelöst und die Verteilerkappe (1) abgenommen und zur Seite geführt. Als nächstes wird die Mutter entfernt, die die Oktanwählerplatte (9) hält. Jetzt wird am Unterdruckversteller und am Verteilergehäuse angefaßt und durch Hin- und Herdrehen das Verteilergehäuse aus dem Antriebsgehäuse so weit herausgezogen, bis der Verteiler mit der Oktanwählerplatte über dem Stehbolzen steht und die Hülle vom Gaszug unter der Platte hindurchgeführt werden kann.

Der Zündverteiler ist jetzt frei. Man spannt ihn nunmehr in einen Schraubstock, löst zum Ausbau der Kontakte das kleine Verbindungskabel und nimmt dessen Mutter sowie die Zwischenbeilagen ab. Dabei merkt man sich genau die Lage der Beilagen, anderenfalls stimmen beim Einbau die Kontakte (die Höhen) nicht überein. Abschließend wird schließlich die Befestigungsschraube der Unterbrechergrundplatte entfernt und der Unterbrechersatz herausgenommen. Er kann nunmehr erneuert und der Unterbrecherabstand auf das schon erwähnte Maß 0,35···0,45 mm eingestellt werden, indem mit der Stellschraube die Unterbrechergrundplatte entsprechend verdreht wird, bis das angegebene Maß erreicht ist. Danach wird die Stellschraube fest angezogen. Abschließend

wird der Unterbrecherabstand noch einmal kontrolliert, ob er auch wirklich stimmt, und notfalls noch einmal korrigiert.
Der Einbau des Zündverteilers geschieht in umgekehrter Reihenfolge, wobei die Achse des Unterbrechers mit einem Tropfen Öl und der Schmierfilz leicht mit Öl zu benetzen sind.

Kondensator

Kondensatorschäden bewirken einen schnellen und starken Abbrand der Unterbrecherkontakte, verbunden mit großer Funkenbildung beim Öffnen der Kontakte. Der Zündfunke dagegen ist klein und schwach. Startschwierigkeiten und Zündaussetzer sind die Begleiterscheinungen. Es wird deshalb auch empfohlen, bei unklaren Zündstörungen stets den Kondensator mit zu erneuern, da man seine Fehlerhaftigkeit nicht ohne weiteres feststellen kann.

Zündung einstellen

Als Zündzeitpunkt bezeichnet man die Stellung, die Abbildung 17 zeigt und bei der die Kerbe an der Motorriemenscheibe mit dem Vorsprung auf dem Steuergehäusedeckel übereinstimmt. Ist das der Fall, steht der erste Zylinder im Zündzeitpunkt.
Wurde der Motor bei diesem Einstellvorgang versehentlich zu weit gedreht, d. h. über die Markierung hinaus, so ist er zumindest eine viertel Umdrehung zurückzudrehen und ist danach erneut die Übereinstimmung der Markierung zu suchen. Das Zurückdrehen und erneute Vordrehen ist erforderlich, um das Spiel zwischen den Antriebsrädern des Zündverteilers (Nockenwellenräder und Kupplungsklaue am Zündverteiler) zu überwinden, denn dieselben müssen im Zündzeitpunkt fest aneinander anliegen und dürfen in Antriebsrichtung kein Spiel aufweisen.
Nunmehr kann die eigentliche Zündeinstellung beginnen. Hierzu wird der Zündverteiler am Oktanwähler etwas gelöst, aber nur so weit, daß er sich noch relativ schwer drehen läßt, und etwas nach links gedreht. Im Gegensatz dazu wird die Verteilerwelle am Verteilerfinger bis zum Anschlag nach rechts gedreht, damit auch hier das Spiel beseitigt ist. Jetzt wird die Prüflampe mit dem einen Anschluß an das Niederspannungskabel des Zündverteilers angeschlossen und mit dem anderen Anschluß an Masse gelegt und die Zündung eingeschaltet. Die Prüflampe muß aufleuchten. Leuchtet sie auf, sind die Kontakte bereits geöffnet. In diesem Falle muß der Verteiler so weit nach links gedreht werden – die Verteilerwelle muß dabei am Anschlag verbleiben –, bis die Prüflampe ausgeht. Ist dieser Punkt gefunden, dreht man den Verteiler am Oktanwähler vorsichtig nach rechts, bis die Prüflampe aufzuleuchten beginnt. Das ist das Zeichen dafür, daß die Kontakte zu öffnen beginnen, also den Zündvorgang einleiten. Damit ist dann auch der Zündzeitpunkt gefunden. Jetzt gilt es, denselben exakt zu sichern. Dazu wird die Befestigungsmutter des Verteilers am Oktanwähler wieder festgezogen.
Der Zündeinstellvorgang bedarf in der Praxis natürlich einer eingehenden und

vielleicht sogar mehrmaligen Kontrolle, denn von seiner Wahl hängen Motorleistung und Kraftstoffverbrauch entscheidend ab. Man dreht den Motor deshalb auch abermals um etwa eine viertel Umdrehung zurück und dann wieder nach vorn, bis die Markierung M 3 an der Riemenscheibe mit dem Vorsprung am Steuergehäusedeckel wieder übereinstimmt. Leuchtet in diesem Moment die Prüflampe auf, so stimmt die Zündeinstellung, anderenfalls beginnt die Einstellarbeit von vorn. Hierzu möge man sich folgendes merken: Leuchtet die Prüflampe im Zündzeitpunkt noch nicht auf, so ist der Verteiler sehr vorsichtig rechtsherum (in Richtung Frühzündung) zu drehen, leuchtet die Prüflampe dagegen schon vor dem Zündzeitpunkt auf, so ist der Verteiler linksherum (in Richtung Spätzündung) zu bewegen, bis der richtige Zündzeitpunkt gefunden ist.

Oktanwähler

Im Prinzip müßte die Zündeinstellung jetzt stimmen. Stellt sich bei warmgefahrenem Motor jedoch heraus, daß derselbe beim Beschleunigen stärker klingelt, so nimmt man die erforderliche Korrektur der Zündeinstellung mit dem Oktanwähler vor. Dazu wird der Zeiger an der Platte in Richtung Minus (Spätzündung) verstellt. Ist dagegen beim Beschleunigen überhaupt kein Klingeln des Motors zu hören, so stellt man diesen Zeiger in Richtung Plus (Frühzündung). Aus eigener Erfahrung kann jedoch gesagt werden, daß eine Korrektur der Zündeinstellung am Oktanwähler nicht notwendig ist, es sei denn, die Grundeinstellung der Zündung stimmt nicht, und es kommt infolge von zuviel Spätzündung zu Glühzündungen.

Glühzündung

Als Glühzündung wird bezeichnet, wenn der Motor nach dem Abschalten der Zündung noch einige Umdrehungen weiterläuft und erst dann mit mehr oder minder lautem Poltern stehenbleibt. Die Ursache ist meist eine ungenaue Zündeinstellung. Als Folge sind in den Brennräumen überhitzte Stellen vorhanden, an denen sich das einströmende Kraftstoff-Luft-Gemisch weiterhin entzündet, bis schließlich auch diese Stellen ihre hohe Temperatur verloren haben.

Glühzündungen treten in der Regel bei zuviel Spätzündung (Spätzündung fördert den Erhitzungsprozeß), aber auch bei zuviel Frühzündung auf. Eigene Erfahrungen bestätigen das. Bei einem Fahrzeug des Typs 968 lief der Motor beispielsweise bereits nach 2···3 km Fahrtstrecke nach dem Abschalten der Zündung regelmäßig noch mehrere Umdrehungen weiter. Doch der Fehler wurde bald gefunden. Die Zündeinstellung stimmte nicht. Nachdem die Zündung exakt eingestellt worden war, blieb dann auch jede Glühzündung aus.

Glühzündungen können aber auch durch eine falsche Vergasereinstellung, durch ein undichtes (loses) Spardüsenventil oder durch eine falsche Einstellung der Schraube für die Leerlaufgemischbildung (1 in Abb. 47) hervorgerufen werden. Ja, selbst die Markierung M 3 auf der Riemenscheibe, auf deren Sitz leider nicht immer Verlaß ist, kann eine weitere Ursache sein. Wird das vermutet,

konsultiert man seine Vertragswerkstatt und läßt den Fehler hier beheben. Selbstbasteleien haben in diesem Falle wenig Sinn.
Treten nach dem Abschalten der Zündung trotz aller Bemühungen der Werkstatt bei hochsommerlichen Fahrten und vollbesetztem Fahrzeug dennoch hin und wieder Glühzündungen auf, so kann man sich nur so helfen, daß man den Motor vor dem Ausschalten der Zündung noch 1···2 Minuten im Leerlauf weiterdrehen läßt und ihn erst dann ausschaltet. Der mitlaufende Ventilator kühlt ihn in dieser Zeit so weit ab, daß Glühzündungen mit Sicherheit ausbleiben.

Zündkerzen

Die SAS-Motoren werden mit Zündkerzen M 14-240 mit einem Elektrodenabstand von 0,7···0,9 mm beim 40- und 45-PS-Motor und von 0,6···0,7 mm beim 30-PS-Motor betrieben. Eigene Erfahrungen ergaben die beste Leistung des 40-PS-Motors mit einem Elektrodenabstand von 0,7 mm.
Sind die sowjetischen Originalkerzen verbraucht, ersetzt man dieselben mit den neuen Isolator-Zündkerzen des Typs PM 14-225. Wie notwendig das ist, bestätigen wiederum eigene Erfahrungen.

Beleuchtungsanlage

Sehen und Gesehenwerden sind im öffentlichen Straßenverkehr von größter Bedeutung. Die Forderung des § 5 StVO nach einem stets verkehrs- und betriebssicheren Fahrzeug schließt die Beleuchtungsanlage mit ein. Das gilt nicht nur für den Beginn der Fahrt, sondern für ihre gesamte Dauer. Gut beraten ist deshalb, wer bei Tageslicht und in aller Ruhe einmal trainiert, wie man am zweckmäßigsten eine Glühlampe in den Scheinwerfern oder auch in den Heckleuchten wechselt. Dann ist man im Notfall – Pannen dieser Art treten ja immer bei Dunkelheit auf – nicht überrascht und behebt den Schaden relativ schnell. Wehe aber, wenn es dabei noch regnet. Der auf diesem Gebiet untrainierte Neuling hat mit Sicherheit einige Schwierigkeiten zu bestehen.
Ansonsten gilt, daß insbesondere im Herbst, aber auch nach einer Reparatur an den Achsen bzw. Stoßdämpfern oder Federn, die Scheinwerfer neu eingestellt werden müssen. In den Selbsthilfewerkstätten oder Verkehrserziehungszentren sind hierfür in der Regel die notwendigen Geräte vorhanden. Aber auch die gesellschaftlichen Kräfte erledigen das mit, wenn das Fahrzeug technisch überprüft wird, wozu im übrigen alle Jahre einmal geraten wird.
Beim Ausfall der einen oder anderen Lichtquelle ist meist die Glühlampe defekt. Ihr Auswechseln ist recht einfach, vorausgesetzt, die Halteschraube für den Chromring ist nicht festgerostet. Wer sicher gehen will, ersetzt diese Schrauben deshalb beizeiten durch entsprechende Messing- oder Gewindeschneidschrauben. Sind die Halteschrauben für den Chromring schon festgerostet, hilft in der Regel nur das Ausbohren.
Näher eingegangen sei in diesem Zusammenhang auf einen immer möglichen Kurzschluß in der Beleuchtungsanlage, bei dem bekanntlich die Bimetall-Knopf-

sicherung (s. Abschn. „Sicherungen") herausspringt und die Ursache dafür dann gesucht und der Fehler behoben werden muß. Aber auch das ist einfacher, als vielleicht vermutet wird.

Kurzschluß

Zur Lokalisierung des Kurzschlußherdes nimmt man an den Klemmleisten vorn im Kofferraum neben den Scheinwerfern und hinten im Motorraum neben den Rückleuchten sämtliche Anschlüsse ab, drückt den Sicherungsknopf wieder hinein und schiebt die Kabelschuhe der Reihe nach wieder auf. Solange sich der Kurzschluß nicht wieder bemerkbar macht, d. h. der Sicherungsknopf nicht wieder herausspringt, sind die betreffenden Stromkreise in Ordnung. Macht er sich dann an einer der nächsten Zuleitungen bemerkbar, so wird dieser Stromkreis von der Klemmleiste bis zur Lampenfassung und notfalls sogar die Lampenfassung selbst eingehend untersucht, bis die Ursache gefunden und der Schaden behoben ist. Jetzt wird der Sicherungsknopf wieder hineingedrückt. Springt er nicht wieder heraus, ist alles in Ordnung. Springt er jedoch erneut heraus, so müssen wir den Kurzschluß in den Zuleitungen zum Schalter und vom Schalter zur Klemmleiste, im Schalter selbst oder an den Durchführungen des Kabelstranges durch die Blechwände der Karosserie (Scheuerstellen) bzw. an den Befestigungsstellen (fehlende Masse) suchen. Eine andere Möglichkeit besteht darin, mit Hilfe einer Prüflampe an den Klemmleisten danach zu suchen, wie weit Spannung anliegt, und so den Fehler zu lokalisieren. Vorab muß natürlich die betreffende Glühlampe selbst geprüft worden sein.
Daß auch die kleinste Unaufmerksamkeit bei Arbeiten an der elektrischen Anlage große Auswirkungen haben kann, sei an einem Beispiel erläutert. Bei einem SAS 968 war die rechte hintere Rückleuchte eingefahren und der Kotflügel leicht eingedrückt worden. Als letzterer wieder so weit hergerichtet worden war, daß die neue Rückleuchte angebracht werden konnte, setzte man die Glühlampen verkehrt ein; die Zweifadenlampe für Rück- und Stoplicht in die Fassung der Blinkleuchte und umgekehrt. Die Folge war, daß bei jedem Bremsvorgang die gesamte Beleuchtungsanlage Spannung bekam und je nachdem, wie der Hauptschalter gerade stand, das Fern- oder Abblendlicht sehr zum Mißfallen der anderen Verkehrsteilnehmer aufleuchtete. Möglich geworden war diese „Lichthuperei", weil durch das falsche Einsetzen der Glühlampen die Glühlampe für das Blinklicht (Einfadenlampe) über ihr Gehäuse das Rücklicht und somit auch das Fernlicht beim Bremsvorgang über den Hauptlichtschalter mit Strom versorgte.
Übrigens sind die Stromverbraucher an den Klemmleisten bei den einzelnen Fahrzeugen nicht immer in der Reihenfolge angeklemmt, wie das aus dem Schaltplan der Elektrik hervorgeht. Bei Prüfarbeiten an der elektrischen Anlage ist daher immer auf die Farbe der Kabel zu achten, ob diese auch zusammengehören (s. Schaltplan der Elektrik).

Rückfahrscheinwerfer

Sollten die Rückfahrscheinwerfer beim SAS 968 einmal nicht funktionieren, so kann das am Schalter liegen, der am hinteren Deckel des Wechselgetriebes angeordnet ist und beim Einlegen des Rückwärtsganges betätigt wird. Um an diesen Schalter heranzukommen, muß der hintere Sitz herausgenommen und der Deckel am Bodentunnel, der von drei Schrauben gehalten wird, abgenommen werden.

Leuchten bei eingeschalteter Zündung und eingelegtem Rückwärtsgang die Rückfahrscheinwerfer nicht, prüfen wir mit einer Prüflampe, ob wenigstens an einem Anschluß des Schalters Spannung vorhanden ist. Wenn nicht, suchen wir den Fehler in der Zuleitung und beseitigen ihn. Wenn ja, überbrücken wir beide Anschlüsse des Schalters. Leuchten hierbei die Rückfahrscheinwerfer,

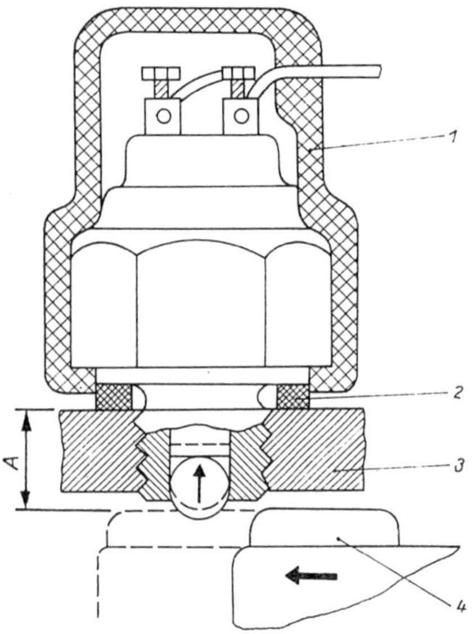

Abb. 74
Schalter für Rückfahrscheinwerfer; 1 — Schutzkappe, 2 — Ausgleichscheiben, 3 — Getriebedeckel, 4 — Schaltstange des Getriebes

kann die Einstellung des Schalters nicht stimmen oder der Schalter selbst defekt sein. Ist an beiden Anschlüssen Spannung vorhanden und leuchten die Rückfahrscheinwerfer dennoch nicht, obwohl die Glühlampen in Ordnung sind, ist mit Sicherheit die Zuleitung zu den Lampen defekt bzw. haben sich die Kabel an der Klemmleiste gelöst.

Abbildung 74 zeigt den Schalter für die Rückfahrscheinwerfer. Das hierin zu findende Maß A stellt den Wert dar, der beim Einstellen eines neu eingebauten Schalters erreicht werden muß. Ermittelt wird dieses Maß durch Messen des Abstandes vom Schaltergehäuse bis zur Nase der Einschaltstange bei eingelegtem Rückwärtsgang. Ausgehend von diesem Maß wird nun die entsprechende Anzahl Scheiben beigelegt. Wie viele Scheiben es sein müssen, geht aus nachfolgender Aufstellung hervor.

Maß A	Anzahl der Scheiben
10,0 · · · 10,25 mm	3
10,3 · · · 10,75 mm	2
10,8 · · · 11,0 mm	1

Signaleinrichtung

Die Arbeiten an der Signaleinrichtung (Abb. 75) beschränken sich auf die gelegentliche Kontrolle der Kabelanschlüsse sowie auf die evtl. notwendig werdende Veränderung des Tones.

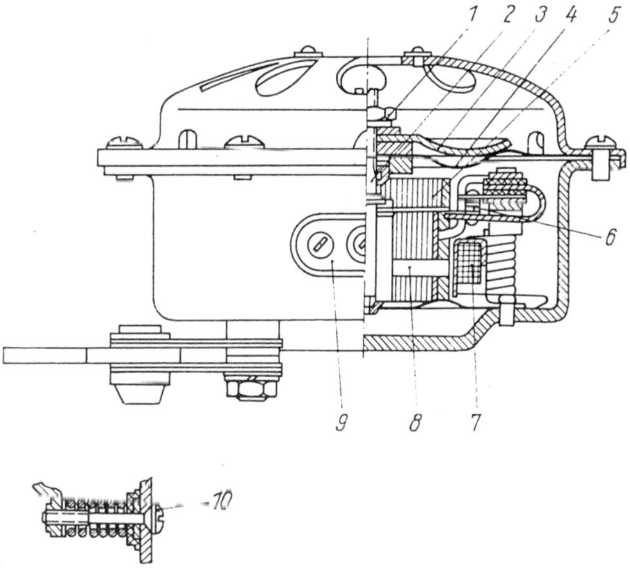

Abb. 75
Hupe; 1 — Stellmutter, 2 — Stift, 3 — Resonator, 4 — Membran, 5 — Anker, 6 — Unterbrecher, 7 — Magnetspule, 8 — Kern, 9 — Klemmleiste, 10 — Stellschraube

Das Einstellen des Tones erfolgt durch Drehen der Schraube (10) in die eine oder andere Richtung, bis ein reiner Klang erzielt ist. Ist mit dieser Methode kein zufriedenstellendes Ergebnis zu erreichen, kann die Mutter (1) am Resonator gelöst und der Stift (2) mit einem Schraubenzieher um eine viertel Umdrehung gedreht werden. Danach ist die Mutter (1) wieder festzuziehen und der Klang zu prüfen, wobei die Stellschraube (10) wieder nach der einen oder anderen Seite gedreht wird, bis der gewünschte Ton erzielt ist.

Stop- oder Bremsleuchten

Die Stop- oder Bremsleuchten werden durch einen hydraulischen Stoplichtschalter betätigt. Dieser Schalter ist am Verteiler der Bremsleitungen angeord-

net und bei den SAS-Ausführungen 966/968 mit stehendem Fußpedal unter dem Abdeckblech der Pedale zu finden. Bei den neueren Ausführungen des SAS 968 mit hängendem Bremspedal sitzt der Stoplichtschalter am Hauptbremszylinder und ist vom Kofferraum aus zugänglich.
Geprüft wird der Stoplichtschalter mit einer Prüflampe, und zwar so, wie der Schalter für die Rückfahrscheinwerfer. Ist an einem Anschluß Spannung vorhanden, bekommt der zweite Anschluß Spannung, wenn bei eingeschalteter Zündung auf das Bremspedal getreten wird. Ist das nicht der Fall, wird der Schalter ausgewechselt.
Beim Herausschrauben des alten Schalters muß der neue Schalter griffbereit danebenliegen, um sofort eingebaut werden zu können. Anderenfalls geht Bremsflüssigkeit verloren. Ist das beim Schalterwechsel dennoch geschehen und am Bremspedal bis zum Bremswiderstand ein zu großes Spiel entstanden, muß die Bremsanlage, wie im Abschnitt „Bremsanlage" beschrieben, entlüftet werden.

Fahrtrichtungsanzeige

Der Blinkunterbrecher ist links unter dem Armaturenbrett bzw. im Kofferraum angeordnet. Bei eingeschalteter Anlage fließt Strom von der Batterie zum Unterbrecher, der die Glühlampen rhythmisch aufleuchten läßt.
Das Ausfallen einer Glühlampe macht sich an der Kontrollampe bemerkbar, indem der Blinkrhythmus schneller als gewöhnlich ist. Die gleiche Erscheinung tritt auf, wenn eine Glühlampe infolge schlechten Massekontaktes mit der Fassung zeitweise ausfällt.

Scheibenwischeranlage

Die Scheibenwischeranlage wird durch einen Drehkontaktschalter betätigt, der zwei Geschwindigkeiten zuläßt. Ihre Wartung besteht darin, daß nach ca. 15 000 km alle aufeinander gleitenden Teile mit Motorenöl zu schmieren sind. Dabei werden zum Schmieren der Wischerarmwellen die Wischerarme abgenommen, die Rändelmuttern gelöst und auf die Wellen 5···8 Tropfen Öl aufgebracht.

Arbeiten an der Karosserie

Notwendige Instandsetzungsarbeiten an der Karosserie – sei es infolge normalen Verschleißes oder zur Beseitigung von Unfallschäden – überläßt man zweckmäßigerweise einer Karosseriewerkstatt. Die hier tätigen Kollegen wissen einmal, was zur Aufrechterhaltung der Funktion der selbsttragenden Karosserie des Saporoshez notwendig ist, und sie besitzen zum anderen die für die Instandsetzung erforderlichen vielfältigen speziellen Werkzeuge und Ausrüstungen. Unsere Tätigkeit sollte sich mehr auf die Konservierung aller Karosseriepartien sowie auf das Ein- und Nachstellen der zur Karosserie gehörenden Teile beschränken. Die Betriebsanleitung gibt dazu die notwendige Anleitung. Folgendes sollte man zusätzlich wissen:

Hohlraumkonservierung

Alle drei Saporoshez-Ausführungen lassen sich relativ gut mit Korrosionsschutzmitteln behandeln. Es sind bei ihnen beispielsweise keine besonders gefährdeten Hohlräume, wie geschlossene Türschweller und Karosserieunterteile, vorhanden. Selbst die Türschweller sind zum Fahrgastraum hin offen und die Öffnungen nur durch eine Gummimatte verdeckt. Aber diese Gummimatte läßt sich herausnehmen, und in die damit zugänglich werdenden Hohlräume kann bequem – auch mit dem handelsüblichen Becas-Sprüher – das bewährte Elaskon eingebracht werden. Abbildung 76 und Tabelle 17 geben darüber einen Überblick.
Bei den Saporoshez-Ausführungen bis etwa Juli 1972 sind die Fußräume unter der Gummimatte mit einer starken Pappe beklebt. Hier sammelt sich gern Kondensfeuchtigkeit an. Um Korrosion am Bodenblech zu vermeiden, sollte die Gummimatte von Zeit zu Zeit herausgenommen werden, damit die Bodenpartie immer wieder austrocknen kann. Empfehlenswert ist, dies etwa alle zwei Monate zu machen. Die Gummimatte wird zu diesem Zweck jeweils von den Schlitzen aus, durch die die Sitzgelenke hervortreten, nach außen hin durchschnitten. Dann läßt sie sich entfernen. Bei den Saporoshez-Ausführungen ab etwa August 1972 ist die unter der Gummimatte liegende Pappe noch in eine Folie eingeschlagen, was die Feuchtigkeitsbildung am Bodenblech begünstigt. Zum Abtrocknenlassen der Bodenpartie nimmt man deshalb die Folie samt Pappe heraus.

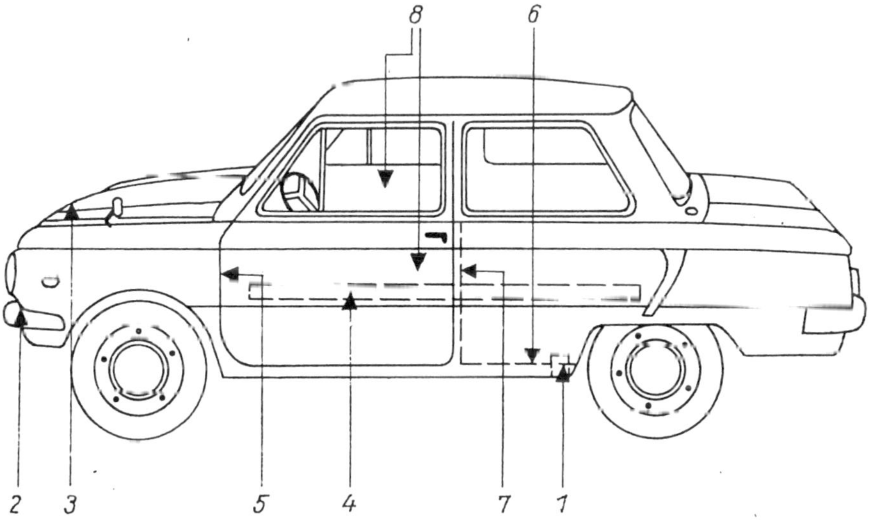

Abb. 76 Hohlraumkonservierung beim SAS 966/968; Erklärung der Ziffern s. Tabelle 17

Tabelle 17: Hohlraumkonservierungsschema für SAS 968

Hohl-raum-	Hohlraum-bezeichnung	Einsprühöffnung	Sprührichtung nach	Vorbereitungs-arbeiten
1	Auflage für Gummizusatzfeder	vorh. Öffnungen vor hinterem Radkasten	allseitig	Fahrzeug anheben
2	Frontverkleidung vom Kofferraum aus	vorh. Öffnungen links und rechts	links und rechts	Kofferraum öffnen
3	Kofferraum-versteifung	vorhandene Öffnungen		
4	Schalttunnel	vom Innenraum aus	vorn/hinten	Schalthebelmanschette entfernen
5	Vordere Türsäulen	vorh. Öffnungen von Türarretierung	unten	—
6	Seitenlängs-schweller innen und außen	vorh. Öffnungen vom Innenraum aus	vorn und hinten	Fondsitz und Innenverkleidung entfernen
7	Hintere Türsäulen	vorh. Öffnungen vom Innenraum aus	oben bis Gürtellinie	Fondsitz und Innenverkleidung entfernen
8	Türinnenbleche	vorhandene Öffnungen	allseitig	Türinnenverkleidung entfernen

Hat die Bodenpartie bereits Rost angesetzt, auch wenn es nur Flugrost ist, werden die betroffenen Stellen mit einer Drahtbürste gründlich gesäubert oder mit einem Rostentferner behandelt und dann mit Mennige oder einem anderen Rostschutzanstrich versehen.
Korrosionsgefährdet sind besonders die Innenseiten der Türen und die Seitenteile der Karosserie neben den hinteren Sitzen. Wer diese Verkleidungen jährlich einmal abnimmt und in die dahinter liegenden Räume, auch wenn noch keine Rostbildung zu erkennen ist, Elaskon einbringt, ist gut beraten. Das Elaskon schützt diese Räume für lange Zeit.

Chromteile

Alle Chromteile sind empfindlich gegen Witterungseinflüsse, ganz besonders gegen das feuchte Herbst- und Winterwetter und gegen die in diesen Jahreszeiten auf die Straße gebrachte Lauge. Wer seinem Fahrzeug Gutes antun möchte, schützt diese Teile jährlich beizeiten mit einem handelsüblichen Schutzwachs oder dem schon erwähnten Elaskon und läßt dasselbe reichlich hinter die Chromleisten fließen, denn hier setzt sich der Rost zuerst fest. Mit etwas Kraftstoff lassen sich beide Schutzmittel relativ leicht wieder entfernen. Der farbige Schutzlack schützt die Chromteile nicht so gut. Außerdem läßt er sich nur schwer wieder ablösen.

Türen

Das Ein- oder Nachstellen der Türen beschreibt die Betriebsanleitung. Zum anderen sieht man, was die einzelnen Schrauben bewirken sollen bzw. was man mit ihrer Hilfe erreichen kann. Zusätzlich sollte man jedoch folgendes wissen:

Sitz: Das richtige Anliegen der geschlossenen Türen (Abb. 77) wird mit den Schloßschnappern (4) erreicht. Beim Zumachen der Türen soll der Dübel (2) auf die Fläche des Schnappers (4) aufgleiten, ohne die Tür dabei zu heben.

Zum Einregulieren der Türen sind die Kreuzschlitzschrauben (5) so weit zu lockern, daß sich der Schnapper (4) zwar verschieben läßt, aber dennoch einigermaßen fest sitzt. Nun wird die Tür fest zugedrückt. Der Schnapper (4) stellt sich hierbei auf die richtige Lage zum Dübel (2) und zum Drehteil (1) ein. Jetzt wird die Tür wieder geöffnet und werden die Einstellschrauben (5) endgültig festgezogen. Liegt die Tür dennoch nicht richtig an, so kann der Schnapper (4) in waagerechter Richtung um einen geringen Betrag weiter nach innen verschoben werden. Das Gleitstück (3) verhindert ein Klappern der geschlossenen Tür.

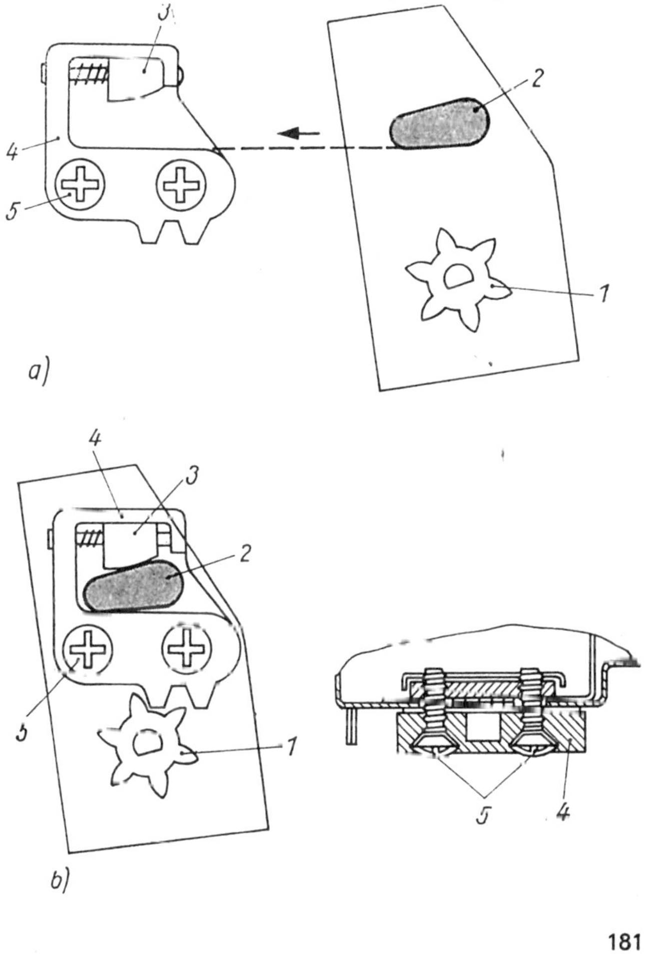

Abb. 77
Türschloß; a = Tür offen, b = Tür geschlossen; 1 — Drehteil, 2 — Dübel, 3 — Gleitstück, 4 — Schnapper, 5 — Schrauben

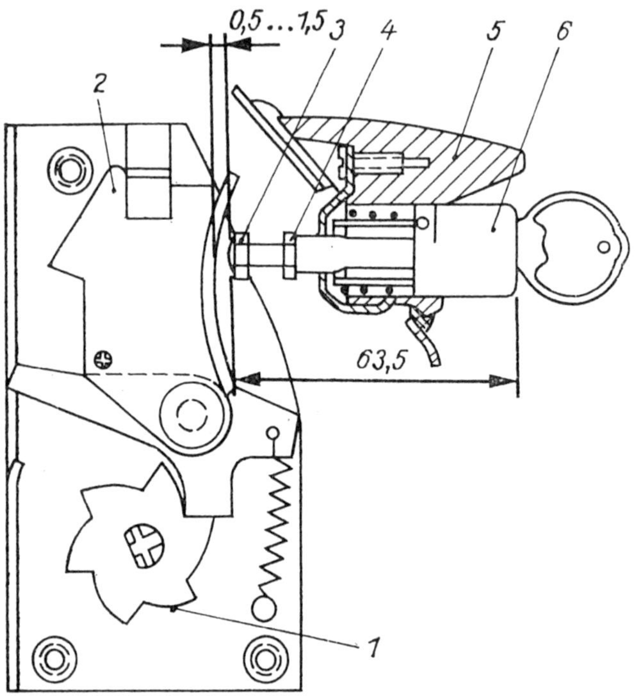

Abb. 78
Türschloß; 1 — Drehteil, 2 — Falle, 3 — Stellschraube, 4 — Gegenmutter, 5 — Türgriff, 6 — Betätigungsknopf

T ü r s c h l o ß: Abbildung 78 zeigt das Türschloß. Die hier angegebenen Maße zwischen Falle (2) und Stellschraube (3) von 63,5 bzw. 0,5···1,5 mm werden durch die Stellschraube (3) eingestellt. Am besten läßt sich das machen, wenn der Türgriff (5) abgenommen ist.
Notwendig dürfte eine Korrektur an der Einstellung des Türschlosses jedoch nur werden, wenn auf die Tür gewaltsam eingewirkt worden ist. Hat man aber die Türverkleidungen vielleicht aus Gründen des Korrosionsschutzes oder des Schmierens des Türschlosses abgenommen, so kontrolliert man diese Werte und stellt sie gegebenenfalls wieder her.

Dichtungsgummis

Die Schaumgummidichtung am Türrahmen soll bei richtig sitzender Tür rundherum anliegen. Dies kann durch Ankreiden des Gummis geprüft werden. Der Kreideabdruck darf an keiner Stelle unterbrochen sein. Dichten trotz richtig eingestellter Tür dennoch einige Stellen nicht ganz richtig, so können kurze Gummistreifen daruntergeklebt werden, u. a. aus einem alten Schlauch. Dazu ist der Türgummi an dieser Stelle zu lösen und gründlich mit Waschbenzin zu reinigen. Zum Ankleben des zusätzlichen Gummis ist der im Abschnitt „Kühlsystem und Öltemperatur" bereits erwähnte Kleber zu verwenden.

Abb. 79
Scheibenheber:
1 — Griff, 2 — Befestigungsschraube, 3 — Welle, 4 — Bremsschale, 5 — Trommel, 6 — Gehäuse, 7, 13 u. 17 — Rollen, 8 — Glasscheibe, 9 — Scheibenhalter, 10 — Schraube, 11 — Seil, 12 — Auflage, 14 — Schraube, 15 — Stellbock, 16 — Gabel

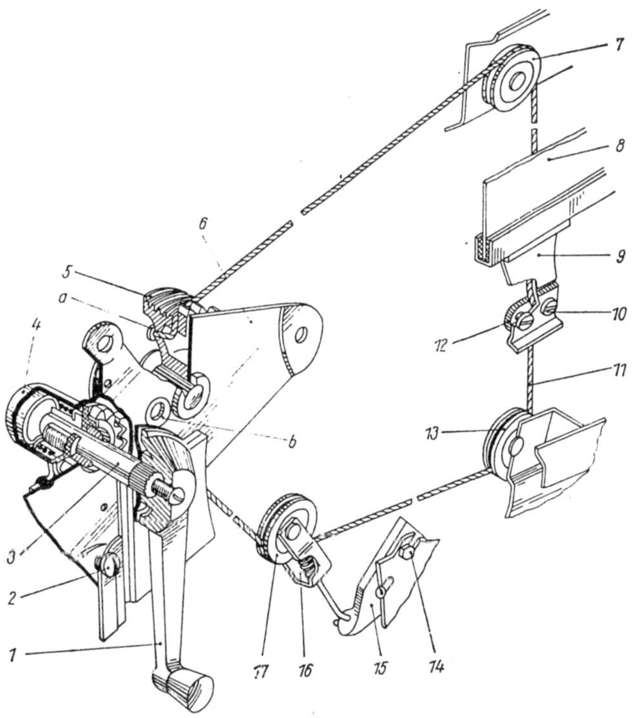

Scheibenheber

Den Scheibenhebermechanismus zeigt Abbildung 79. Auch Störungen hieran lassen sich mit etwas Geschick selbst beheben. Dabei ist zu beachten, daß das Stehenbleiben der Fensterscheibe in beliebiger Höhe von einer Bremsfeder bewirkt wird, die sich im Innern der Bremsschale (4) befindet. Ihre Kraft wird am Betätigungsgriff (1) geprüft. Sein Leerweg soll am Griffende höchstens 35 mm betragen.
Ist die einwandfreie Funktion des Scheibenhebermechanismus einmal nicht mehr gegeben, so muß in der Regel nur das Seil neu gespannt werden. Dies ist durch Verschieben des Stellbockes (15) zu erreichen. Entsprechende Langlöcher sind hierfür vorgesehen.

Scheibenheberseil

Sollte das Scheibenheberseil wirklich einmal gerissen sein, so können wir es selbst auswechseln. Dazu ist der Kurbelapparat komplett auszubauen; es arbeitet sich dann besser. Ist das geschehen, werden die hier angelöteten Seilenden mit einer Lötlampe oder einem Lötkolben ausgelötet und aus der Trommel herausgezogen.
Um das neue Seil leichter einführen zu können, bohrt man die Löcher in der

Trommel auf 2,5 mm auf. Das neue Seil soll einen Durchmesser von 1,8 mm und eine Länge von 2 060 mm haben.
Ist das Seil mit dem einen Ende in das Radialloch und mit dem anderen Ende in das Axialloch der Trommel eingeführt, wird es hier, nachdem es vorher an den Seilenden aufgespleißt und verzinnt worden ist, angelötet. Abschließend wird es gut eingefettet und der Kurbelapparat wieder befestigt.
Nunmehr ist das Seil, nachdem die untere Schraube am Stellbock (15) abgenommen, die obere Schraube gelöst sowie Achse der Rolle (17) einschließlich Rolle herausgenommen worden sind, einzulegen. Dazu wird es zunächst über die feststehende Rolle (7) geführt und mit einer Wicklung auf die Trommel (5) gelegt. Danach legt man es über die gleichfalls feststehende Rolle (13) und über die lose Rolle (17). Abschließend werden die Achsen der Rollen wieder befestigt, das Seil angezogen und der Haken am Stellbock (15) eingehakt. Ist das geschehen, wird der Stellbock (15) nach unten geschoben und befestigt. Jetzt wird das Seil mit dem Stellbock (15) eingestellt. Hierzu ist das Seil mit dem Betätigungsgriff in die unterste Lage zu drehen, der Griff danach um eine viertel Umdrehung zurückzunehmen, die Scheibe in die unterste Lage zu bringen und der Scheibenhalter (9) festzumachen. Jetzt müßte alles wieder funktionieren. Wenn nicht – man hat ja jetzt schon Erfahrung –, wird der Fehler gesucht und beseitigt.

Türschlösser SAS 965 A

Der Aufbau der Türschlösser am SAS 965 A ist aus Abbildung 80 zu ersehen. Die Aufnahme ist hier mit zwei Schrauben befestigt. Nach Lösen der Schrauben kann sie verstellt werden.
Bei richtiger Einstellung der Tür soll das Gleitstück des Schlosses in die Aufnahme um mindestens 5 mm eingreifen. Dieses Maß kann man durch Farbkennzeichnung an der Aufnahme ermitteln. Ist es geringer, kann sich die Tür während der Fahrt öffnen. Um das zu verhindern, wird unter die Aufnahme eine stärkere Unterlage gelegt, bis die 5 mm erreicht sind.

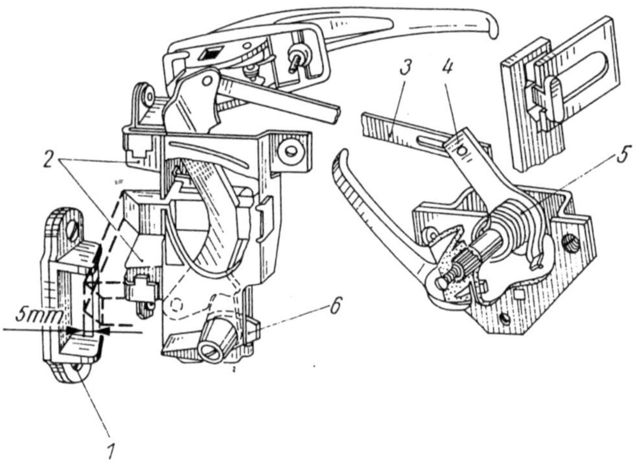

Abb. 80
Türschloß SAS 965 A;
1 — Schloßaufnahme,
2 — Gleitsteine,
3 — Zugstange,
4 — Antriebshebel,
5 — Antriebsfeder,
6 — Schalternocken

Scheibenheber SAS 965 A

Der Scheibenhebermechanismus des SAS 965 A hat den gleichen Aufbau wie der der SAS-Ausführungen 966/968; er hat lediglich eine Rolle weniger. Einbau und Einstellung erfolgen deshalb auf die bereits beim Typ 966/968 beschriebene Weise. Der einzige Unterschied: Beim Einbau des neuen Seiles ist der bewegliche Bock in die oberste Lage zu bringen, das Seil über seine Rolle zu führen und mit einer Wicklung auf die Trommel zu legen. Erst danach kommt es auf die untere Rolle. Abschließend wird diese Rollenachse befestigt, der Haken am Bock eingehakt und das Seil durch Verschieben des Bockes gespannt. Die weiteren Einbauarbeiten gleichen wieder denen bei den Typen 966/968.

Nützliche Ergänzungen

Alle bisherigen Erklärungen dienten dem Zweck, den Saporoshez immer fahrfertig und gleichzeitig betriebs- und verkehrssicher zu halten. In diese drei Komplexe einbeziehen kann man die elektrischen Einrichtungen, die zur weiteren Erhöhung der Verkehrssicherheit beitragen: Nebelscheinwerfer, Nebelschlußleuchten und Warnblinkanlage. Wer einige Grundkenntnisse in der Elektrik besitzt, kann diese Zusatzeinrichtungen selbst installieren, anderenfalls beauftragt man damit eine Elektrowerkstatt.

Voraussetzung für das Selbstinstallieren der elektrischen Zusatzeinrichtungen

- ist eine ordentliche und übersichtliche Verlegung der zusätzlichen Kabel, zweckmäßigerweise entlang der eingebauten Kabelstränge;
- ist die getrennte Absicherung der einzelnen Zusatzeinrichtungen;
- sind saubere und verlötete Kabelanschlüsse;
- ist der vorschriftsmäßige und feste An- oder Einbau der Leuchten, Schalter und Sicherungsdosen;
- ist die Verwendung der empfohlenen Kabelquerschnitte.

Notwendig ist, die Kabel an den Durchführungsstellen durch die Karosserie mit Gummitüllen zu schützen. Das verhindert gleichzeitig den Eintritt von Schmutz.
Die Leuchten selbst befestigt man nach den Anbauvorschriften des Leuchtenherstellers. Wer Nebelscheinwerfer der Ausführung 136 aus Karl-Marx-Stadt erwirbt, muß vom Befestigungsteil einen Niet entfernen und hier eine Schraube M 6 × 10 einsetzen. Unter diese Schraube wird das Massekabel, das zur Fassung führt, geklemmt. Bei der Ausführung 155 aus Karl-Marx-Stadt ist die Schraube bereits vorhanden, so daß das Massekabel hier unmittelbar angeklemmt werden kann. Die Scheinwerferausführungen aus Ruhla sind bereits mit Masseanschlüssen versehen.

Nebelscheinwerfer

Zweckmäßig ist die Ausrüstung des Fahrzeugs mit zwei Nebelscheinwerfern. Der Vorteil liegt darin, daß dieselben nach § 60 StVZO unter bestimmten Bedingungen zusammen mit den Stand- bzw. Begrenzungsleuchten geschaltet werden können.
Die Nebelscheinwerfer werden nach Abbildung 81 installiert. Alle Kabel sind neu zu ziehen. Das 12-Volt-Relais sowie die zusätzliche zweipolige Sicherungsdose erhalten zweckmäßigerweise ihren Platz im Kofferraum neben dem Sicherungskasten. Die Zug- oder Kippschalter – günstig ist ein Zweistufenschalter,

weil damit Nebelscheinwerfer u n d Nebelschlußleuchten geschaltet werden können – werden am Armaturenbrett angebracht.
Bei Verwendung der Schaltung nach Abbildung 81 leuchten die Nebelscheinwerfer bei Fern-, Abblend- und Standlicht.

In diesem Falle sind nach § 60 StVZO folgende Bedingungen zu beachten:

1. Die Lichtaustrittsöffnungen der Nebelscheinwerfer dürfen nicht höher als die der jeweils am Fahrzeug befindlichen Scheinwerfer liegen.
2. Paarweise in gleicher Höhe und in gleichem Abstand von der Fahrzeugmitte angebrachte Nebelscheinwerfer können mit den Stand- bzw. Begrenzungsleuchten geschaltet werden, wenn der Abstand von der Außenkante des Fahrzeugs nicht mehr als 40 cm beträgt. Dabei darf der höchste Punkt nicht höher als 75 cm und der tiefste Punkt nicht tiefer als 25 cm über der Fahrbahn liegen.
3. Die Nebelscheinwerfer sind so zu befestigen, daß kein unbeabsichtigtes Verstellen eintreten kann.

Nachdem die Nebelscheinwerfer eingebaut sind, müssen sie eingestellt werden. Es gilt dieselbe Einstellvorschrift wie für das Abblendlicht. Die Nebelscheinwerfer müssen geradeaus strahlen, und ihre Hell-Dunkel-Grenzen müssen in 10 m Entfernung um 10 cm niedriger liegen als die Mitten der Scheinwerferöffnungen. Liegen die Mitten der Haupt- und Nebelscheinwerfer auf einer Höhe, so muß die Hell-Dunkel-Grenze der Nebelscheinwerfer mit der des Abblendlichtes übereinstimmen. Liegen die Mitten der Nebelscheinwerfer

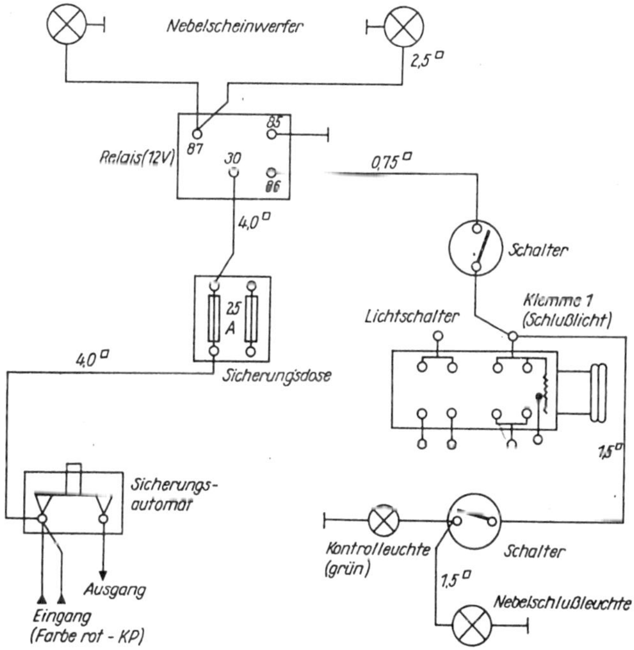

Abb. 81
Schaltplan für Nebelscheinwerfer und Nebelschlußleuchte SAS 966/968

niedriger als die Mitten der Hauptscheinwerfer, so muß die Hell-Dunkel-Grenze der Nebelscheinwerfer um den gleichen Abstand unterhalb des vorschriftsmäßig eingestellten Abblendlichtes verlaufen.

Nebelschlußleuchte

Der Schaltplan der Nebelscheinwerfer (Abb. 81) enthält gleichzeitig die Schaltung einer Nebelschlußleuchte. Zu ihrem Anbau bzw. zum Anbau von Nebelschlußleuchten überhaupt muß man folgendes wissen:

1. Beim Einbau von zwei Nebelschlußleuchten müssen diese in gleicher Höhe und in gleichem Abstand von der Fahrzeugmitte angebracht sein. Der seitliche Abstand zwischen den Leuchten muß mindestens 60 cm betragen. Beim Anbau einer Nebelschlußleuchte ist diese an der linken Seite anzubringen. Der Abstand zu den Bremsleuchten muß mindestens 10 cm betragen, dabei darf der Höhenabstand zur Fahrbahn 80 cm nicht überschreiten. Alle Anbaumaße beziehen sich auf den inneren bzw. unteren Rand der wirksamen Fläche.
2. Die Nebelschlußleuchten müssen so gestaltet sein, daß sie mit Fernlicht, Abblendlicht und den Nebelscheinwerfern wahlweise zusammen eingeschaltet werden können. Die Bedienung hat über einen getrennten Schalter zu

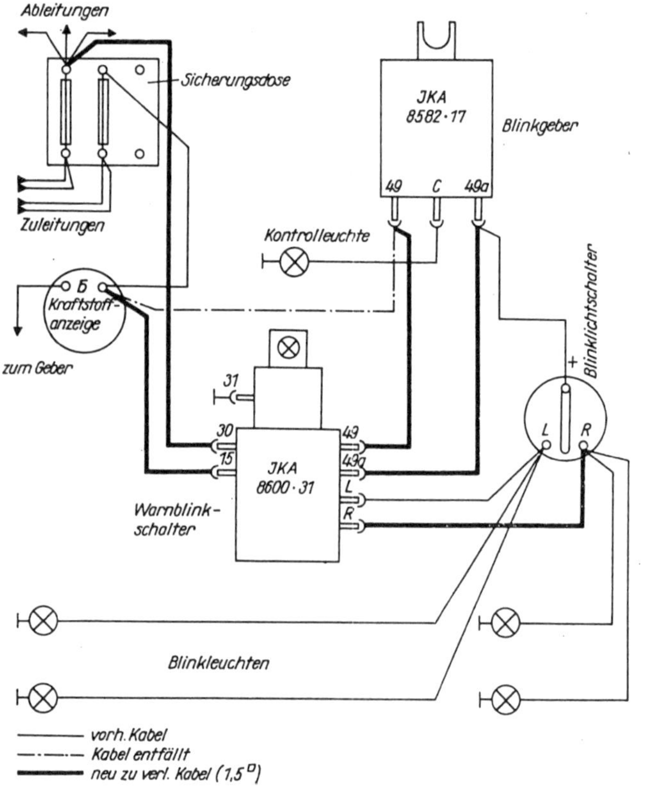

Abb. 82
Schaltplan für Warnblinkanlage SAS 966

erfolgen. Die Inbetriebnahme der Nebelschlußleuchten muß dem Fahrzeugführer durch eine Kontrollampe angezeigt werden.

3. Nebelschlußleuchten dürfen nur zur zusätzlichen rückwärtigen Sicherung bei Nebel oder Schneefall und bei einer Sichtweite von weniger als 50 m eingeschaltet werden.

Warnblinkanlage

Den Einbau und die Schaltung von Warnblinkanlagen in die Saporoshez-Typen 966/968 zeigen die Abbildungen 82 und 83. Es werden hierzu ein Warnblinkschalter, ein Blinkgeber und ca. 6 m Kabel mit einem Querschnitt von 1,5 mm^2 benötigt. Die stark gezeichneten Verbindungen sind neu zu schaffen. Der im Fahrzeug vorhandene Blinkgeber wird durch den neuen Blinkgeber ersetzt. Ferner ist das Kabel vom Kraftstoffanzeiger zum Blinkgeber zu entfernen. An dessen Stelle wird ein neues Kabel vom Kraftstoffanzeiger zur Klemme 15 am Warnblinkschalter verlegt. Eine zusätzliche Kontrolleuchte für die Warnblinkanlage wird bei dem empfohlenen neuen Warnblinkschalter nicht benötigt; er übernimmt diese Funktion mit.

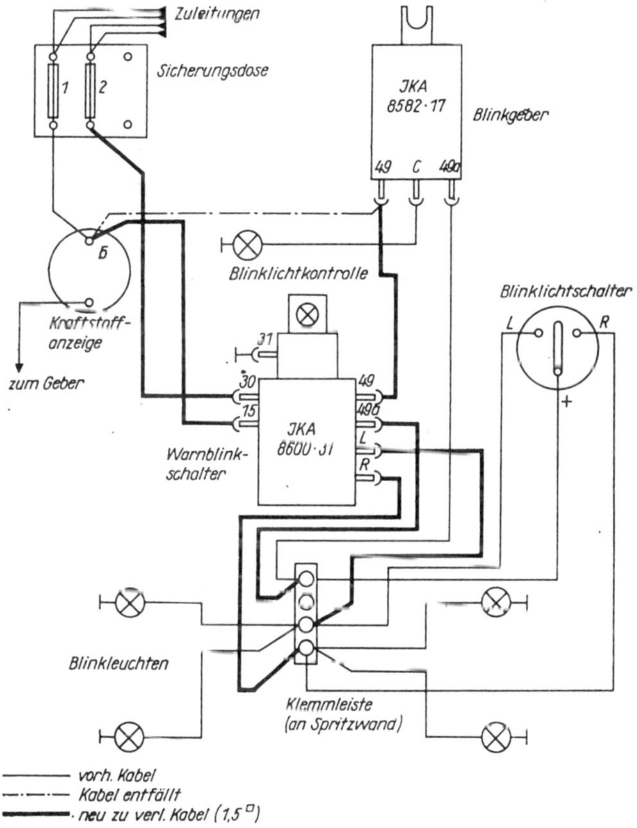

Abb. 83
Schaltplan für Warnblinkanlage SAS 968

Anlage 1: Technische Daten der Pkw „Saporoshez"

Gegenstand	Typ		
	965 A	966	968
Abmessungen, Massen, Geschwindigkeit			
Länge (mm)	3 330	3 730	3 730
Breite (mm)	1 395	1 535	1 535
Höhe (mm)	1 450	1 370	1 370
Radstand (mm)	2 023	2 160	2 160
Spurweite vorn (mm)	1 150	1 220	1 220
Spurweite hinten (mm)	1 160	1 200	1 200
Bodenfreiheit bei voller Belastung	175	190	190
Eigenmasse (kg)	665	780	780
Gesamtmasse (kg)	965	1 080	1 080
Masseverteilung (%)			
Vorderachse	42	43	43
Hinterachse	58	57	57
Spurkreishalbmesser (m)	5	5,5	5,5
Höchstgeschwindigkeit (km/h)	100	118	123

	30 PS	40 PS
Motor		
Zylinder	4	4
Anordnung	V-Form	V-Form
Bohrung (mm)	72	76
Hub (mm)	54,5	66
Hubraum (cm³)	887	1 196
Verdichtung	6,5	7,2
Höchstleistung (PS)	30	40
bei U/min	4 000—4 200	4 200—4 400
max. Drehmoment (kpm)	5,2	7,6
bei U/min	2 800—3 000	2 700—2 900
Steuerzeiten		
Einlaßventile		
öffnen (vor OT)	10°	20°
schließen (nach UT)	45°	60°
Auslaßventile		
öffnen (vor UT)	45°	60°
schließen (nach OT)	10°	20°
Ventilspiel (am kalten Motor/mm)		
Einlaßventile	0,08	0,08
Auslaßventile	0,10	0,10

	30 PS	40 PS
Ventiltellerdurchmesser (mm)		
Einlaßventile		34
Auslaßventile	45	32
Neigungswinkel des Dichtkegels (°)		45
Schmieröldruck (bei 3 000 U/min und 85 °C Öltemperatur/kp/cm²)	1,2	1,2
Schmieröltemperatur (°C)	80—100	90—110
spez. Kraftstoffverbrauch (g/PSh)	—	245
Kontrollkraftstoffverbrauch	5,5	
(bei 30—40 km/h im 4. Gang/l)		5,9
Steigefähigkeit		
im 1. Gang		17°
im 2. Gang		9°
im 3. Gang		5°
im 4. Gang		2° 58′

Vergaser

	30 PS	40 PS
Kraftstoffstand im Schwimmergehäuse unterhalb Trennfläche (mm)	20 ± 1	20 ± 1

	965 A	966	968
Kupplung			
Kupplungsscheibe (∅ mm)	170	190	190
Spiel am Fußhebel (mm)	25—35	34—46	26—38/34—46
Voller Weg des Fußhebels (mm)		150	150
Voller Weg des Ausrückhebels (mm)		22	22
Hauptzylinderbohrung (mm)		19	19
Arbeitszylinderbohrung (mm)		22	22
Füllmenge (ca. l)		0,4	0,4
Wechselgetriebe			
Übersetzung			
1. Gang	3,73	3,8	3,8
2. Gang	2,29	2,12	2,12
3. Gang	1,39	1,409	1,409
4. Gang	0,964	0,964	0,964
Rückwärtsgang	4,76	4,165	4,165
Achsantrieb	4,63	4,125	4,125
Füllmenge (l)	1,5	1,5	1,5

	965 A	966	968
Radaufhängung vorn			
Arbeitsweg (mm)	—	150	150
Nachlaufwinkel (°)	—	5	5
Spreizwinkel (°)	—	4° 20′	4° 20′
Radsturzwinkel (°)	—	0° 40′ ± 20′	0°40′±20′
Vorspur (mm)	1—3	1—3	1—3
Lenkung			
Übersetzung	17	17	17
Spiel am Lenkrad (mm)	35	35	35
Füllmenge (l)	0,13	0,13	0,13
Bremsen			
Spiel am Fußhebel (mm)	3—6	3—6	3—6
Hauptzylinderbohrung (mm)	19	19	19
Radbremszylinderbohrung (mm)			
Vorderräder	19	22	22
Hinterräder	19	19	19
Füllmenge (l)	0,4	0,4	0,4
Normalstand der Bremsflüssigkeit unterhalb oberer Kante (mm)	15—20	15—20	15—20
Normalgang der Handbremse (Krallen)	3—4	4—5	4—5
Stoßdämpfer			
Arbeitsweg (mm)			270/336
Kolbenhub			150/206
Druck beim Heben (kp)			
vorn	60—80	60—80	60—80
hinten	85—115	85—115	85—115
Druck beim Senken (kp)			
vorn	10—25	15—30	15—30
hinten	25—40	25—40	25—40
Füllmenge (cm^3)			
vorn	185	180	180
hinten	145	230	230
Reifen		(560 × 13)	
Luftdruck (kp/cm^2)	5,20 × 13 und	6,15 × 13	6,15 × 13
vorn	1,3—1,5	1,3—1,5	1,3—1,5
hinten	1,7—1,9	1,7—1,9	1,7—1,9

	965 A	966	968
Elektrische Anlage			
Nennspannung (V)	12	12	12
Batterie (Ah)	42	42	42
Lichtmaschine (W)	250	350	350
Anlasser (PS)	0,6	0,85	0,85
Kontaktabstände			
Unterbrecher (mm)	0,35—0,45	0,35—0,45	0,35—0,45
Zündkerzen (mm)	0,6—0,7	0,6—0,7	0,7—0,9
Glühlampenbestückung (St/W)			
Scheinwerfer	2/45/40	2/45/40	2/45/40
Standlicht im Scheinwerfer	2/4	2/4	2/4
Begrenzungsleuchten	—	—	2,5
Schlußleuchten/Stoplicht	2/20/5	2/20/5	4/20/5
Kennzeichenbeleuchtung	4/1,5	4/1,5	4/1,5 (2/5)
Fahrtrichtungsanzeiger	4/15	4/21	4/21
Deckenleuchte	1/4	2/1,5	2/1,5
Kofferraumleuchte	1/5	1/5	1/5
Handlampe	1/21	1/21	1/21
Kontrollampen	5/2	5/2	5/2
Armaturenbrettbeleuchtung	5/2	5/2	2/2
Rückfahrscheinwerfer	—	—	2/21
Heizung			
Wärmeleistung (kcal/h)	1 750	1 750	1 750
Heizluftmenge (m^3/h)	75	75	75
Kraftstoffverbrauch (l/h)	0,3—0,4	0,3—0,4	0,3—0,4
Füllmengen			
Kraftstoffbehälter (l)	30	30	30 (40)
Kurbelgehäuse (l)	3	3,35	3,35 (3,75)
Luftfilter (l)	0,175	0,175	0,175
Wechselgetriebe/Hinterachsantrieb (l)	1,5	1,5	1,5
Lenkgetriebe (l)	0,13	0,13	0,13
hydr. Bremsbetätigung (l)	0,4	0,4	0,4
hydr. Kupplungsbetätigung (l)	—	0,3	0,3
Stoßdämpfer (cm^3)			
vorn je	185	185	185
hinten je	145	330	230

Anlage 2: Fehlermöglichkeiten am Motor

Störung/Ursache	Abhilfe
Motor springt nur schlecht oder gar nicht an, Zündung in Ordnung	
Fehlerhafte Kraftstoffzufuhr zum Vergaser	Kraftstoffleitung am Vergaser lösen, mit Handpumpenhebel prüfen, ob Kraftstoff gefördert wird — Kraftstoffpumpe instandsetzen — Kraftstoffleitung undicht
Zu viel Kraftstoff im Verbrennungsraum durch Betätigung des Gaspedals oder Schließen der Luftklappe bei heißem Motor	Motor bei völlig geöffneter Drossel- und Luftklappe jeweils bis max. 10 s starten
Übermäßig mit Kraftstoff gefüllter Vergaser	Nadelventil und Schwimmer auf Dichtheit prüfen, Störung beheben
Ventilspiel zu gering	Ventilspiel einstellen
Schmutz oder Wasser im Luftfilter	Luftfilter reinigen, mit neuem Öl füllen
Motor springt nicht an, Kraftstoffanlage in Ordnung	
Schlechter Kontakt oder beschädigte Isolierung des Hochspannungskabels zwischen Zündspule und Zündverteiler	Kabel auf Zustand prüfen und nötigenfalls ersetzen, zuverlässigen Kontakt sichern
Schlechter Kontakt an den Anschlüssen des Niederspannungskreises	Schlechte Kontaktstellen und Störung beseitigen
Unterbrecherkontakte verschmutzt oder heben nicht ab	Unterbrecherkontakte reinigen und neu einstellen
Schwacher und roter Funke am Unterbrecher, Kondensator durchgeschlagen	Kondensator ersetzen
Verteilerfinger und Kontakte verschmutzt, Kappe gerissen	Verteilerfinger oder Kontakte reinigen, Kappe bei Rissen ersetzen
Kein oder nur zeitweiliger Zündfunke, Schluß in der Zündspule	Zündspule ersetzen
Regelmäßige Unterbrechungen in einem oder mehreren Zylindern	
Beschädigte Zündkabel	Zündkabel ersetzen
Schlechter Kontakt des Niederspannungskabels zwischen Zündspule und Zündverteiler	Befestigungsmuttern nachziehen
Verölte oder abgebrannte Unterbrecherkontakte, ungenügender Kontaktabstand	Kontakte reinigen, Abstand einstellen, Zündeinstellung prüfen
Stark verrußte Zündkerze, zu großer Elektrodenabstand, beschädigte Isolation	Zündkerze säubern, Abstand berichtigen, Zündkerze notfalls ersetzen
Entstörwiderstand im Kerzenstecker schadhaft	Entstörwiderstand oder Kerzenstecker ersetzen

Störung/Ursache	Abhilfe
Fehlerhafter Kondensator (Motor kommt nicht auf Touren, Abbrand an Unterbrecherkontakten)	Kondensator ersetzen
Zu fettes oder zu mageres Gemisch	Leerlaufeinstellung regulieren, normalen Kraftstoffstand einstellen
Fehlerhafter Zündverteiler (ausgeschlagene Verteilerwelle, Verschleiß am Verteilernocken, Verschleiß an Unterbrecherkontakten)	Abgenutzte Teile ersetzen, Unterbrecherwiderstand einstellen, Zündeinstellung prüfen
Motor wird zu heiß	
Keilriemen zu locker	Keilriemen spannen
Fehlerhafter Thermostat (beim Wärmerwerden des Motors öffnet der Schieber nicht die Ableithauben)	Thermostat ersetzen
Rippen an Zylindern und Zylinderköpfen verschmutzt	Rippen an Zylindern und Zylinderköpfen reinigen
Zündung steht zu früh oder zu spät	Zündung einstellen
Motor saugt Nebenluft am Ansaugkrümmer, dadurch ungleiches Arbeiten im Leerlauf	Dichtheit der Flansche am Ansaugkrümmer prüfen
Zu mageres Kraftstoff-Luft-Gemisch	Vergaser reinigen, Düsen und Kanäle prüfen, Schwimmerstand einstellen
Reichliche Ölkohlebildung in den Verbrennungsräumen, schlechter Wärmeaustausch	Ölkohle beseitigen
Schlechte Abdichtung der Hauben der Kühlanlage, Kühlluft kann entweichen	Abdichtung in Ordnung bringen
Motor entwickelt nicht die volle Leistung	
Beim Niedertreten des Gaspedals öffnet die Drosselklappe nicht vollständig	Betätigungsseil einstellen
Luftfilter verschmutzt	Luftfilter reinigen, mit Öl füllen
Kein Ventilspiel	Ventilspiel einstellen
Zündzeitpunkt entspricht nicht dem verwendeten Kraftstoff	Zündzeitpunkt entsprechend einstellen
Fliehgewichte am Zündverteiler klemmen	Zündverteiler ausbauen, Fehler beseitigen
Kraftstoffpumpe fördert nicht genug	Kraftstoffpumpe ausbauen, Fehler beseitigen

Störung/Ursache	Abhilfe
Kraftstoff-Luft-Verhältnis stimmt nicht	Vergaser ausbauen, Düsen und Kanäle prüfen, Schwimmerstand einstellen
Übermäßig viel Ölkohle in den Verbrennungsräumen sowie an Ventilen und Kolben (infolge regelmäßigen zu langsamen Fahrens)	Ölkohle beseitigen, Ursache feststellen und beheben
Ungenügende Verdichtung in den Zylindern	Zylinderköpfe abnehmen, Ursache feststellen und beheben
Ölverlust an Dichtungen	
Vordere Dichtung der Kurbelwelle oder Dichtung am Zentrifugengehäuse defekt	Deckel und Gehäuse der Zentrifuge reinigen (ausbrennen), Dichtungen ersetzen
Schlechte Abdichtung des Zentrifugendeckels (Ölspritzer im Motorraum)	Zentrifugendeckel abnehmen, Dichtungsbeilage ersetzen
Gummis an Stangenhauben, Rücklaufrohren oder Ölkühler defekt (Öl wird mit der Kühlluft ausgestoßen)	Lüfter mit Lichtmaschine abbauen, Undichtheit feststellen, Dichtungen ersetzen
Hintere Kurbelwellendichtung defekt, durch Rutschen der Kupplung bemerkbar	Motor ausbauen und Dichtung erneuern
Großer Ölverbrauch (mehr als 200 g/100 km)	
Verschleiß an Kolbenringen oder Verkokung der Ölabflußbohrungen in der Kolbennut	Motor teilweise zerlegen, Ölabflußbohrungen reinigen bzw. Kolbenringe erneuern
Kolbenringe z. T. fest	Kolbenringe lösen oder erneuern
Ventilführung gerissen	Zylinderkopf abbauen, beschädigte Teile ersetzen
Ölverlust an Motordichtungen	Dichtungen erneuern
Kontrollampe für Öldruck leuchtet bei 40 km/h im 4. Gang	
Fehler im Öldruckgeber	Öldruck mit Kontrollmanometer prüfen, fehlerhaften Geber ersetzen
Zentrifuge und Bohrung in der Befestigungsschraube des Zentrifugengehäuses verschmutzt	Zentrifuge auseinanderbauen und reinigen
Sieb an der Ölpumpe verschmutzt	Ölwanne abbauen und Sieb reinigen

Störung/Ursache	Abhilfe
Zu großes Spiel an Haupt- und Pleuellagern	Kurbeltrieb instandsetzen lassen
Ölsaugrohr an der Ölpumpe undicht	Ölwanne abbauen, Dichtung erneuern
Ölverlust am Kontrolloch der Kraftstoffpumpe	
Führungsstange des Kraftstoffpumpenantriebs verschlissen	Führungsstange erneuern
Undichte Kolbenringe, Kompression schlägt durch	Kolbenringe erneuern

Anlage 3: Fehlermöglichkeiten an der Heizung

Störung/Ursache	Abhilfe
Heizung schaltet nicht ein	
Glühkerze oder Kontrollspirale defekt	Defekte Teile auswechseln
Spannung der Batterie zu niedrig	Batterie aufladen
Keine oder nur geringe Kraftstoffzufuhr	Benzinpumpe, Filter und Düse überprüfen
Elektromagnetventil öffnet nicht	Elektrische Anschlüsse prüfen, Fehler am Ventil beseitigen
Falsch eingesetzte Glühkerze, dadurch verdampft der Kraftstoff nicht, sondern fließt an Brennkammerwänden ab	Glühkerze so einsetzen, daß die Spiralenachse parallel zur Heizkörperachse steht
Heizung zündet, geht wieder aus und zündet wieder	
Brennstoffzufuhr zu gering	Benzinpumpe, Filter und Düse überprüfen, elektrische Anschlüsse prüfen, Fehler am Ventil beseitigen
Kontrollampe leuchtet beim Einschalten nicht auf, Benzin ist vorhanden	
Temperaturumschalter ist falsch eingestellt, Lampe defekt	Stellschraube des Temperaturumschalters gegen den Uhrzeigersinn drehen und wieder sichern, Lampe ersetzen

Störung/Ursache	Abhilfe
Nach Abschalten der Heizung bleibt der Gebläsemotor nicht stehen	
Temperaturumschalter ist falsch eingestellt	Stellschraube des Temperaturumschalters im Uhrzeigersinn bis zum Knacken drehen
Quarzstift gebrochen	Wenn ein Knacken nicht zu hören ist, Quarzstift auswechseln
Starkes Rauchen durch Abflußrohr	
Zu niedrige Drehzahl des Elektromotors	durch Vertragswerkstatt
Verstopftes Saugrohr	Reinigen
Brennstoffzufuhr zu reichlich	Ursache beseitigen (Düse zu groß)
Verstopftes Abflußrohr des Benzinverbrauchsreglers	Abflußrohr reinigen
Schwimmernadelventil undicht	Ventil reinigen oder auswechseln
Zuviel Ölkohle innerhalb des Wärmeaustauschers	Mit Druckluft durch das Loch für Glühkerze durchblasen
Brennen findet auch noch nach dem Abschalten der Heizung statt	
Elektromagnetventil wird nicht vom Stromkreis abgeschaltet	Heizungsschalter mehrere Male ein- und ausschalten
Elektromagnetventil in offener Stellung festgeklemmt	Mehrere Male auf das Gehäuse des Elektromagnetventils klopfen. Wenn dies nicht hilft, Fehler beseitigen
Elektromotor läuft nicht	
Kabelanschluß lose oder Kabel gebrochen	Fehler beseitigen Wenn Strom am Anschluß vorhanden ist, Abhilfe durch Vertragswerkstatt
Schleifendes Geräusch im Heizkörper	
Laufrad von Gebläse oder Luftförderer streift am Gehäuse	durch Vertragswerkstatt
Beim Anzünden pufft es in der Ableitleitung	
Kraftstoff entweicht aus dem Kraftstoffverbrauchsregler zur Brennkammer. Verstopftes Rohr zum Abfluß des Kraftstoffes aus der Brennkammer	durch Vertragswerkstatt

Anlage 4: Fehlermöglichkeiten an der Kupplung

Störung/Ursache	Abhilfe
Kupplung rutscht	
Kein Spiel am Kupplungspedal sowie am Drucklager	Spiel einstellen
Verschmierte oder sehr abgenutzte Kupplungsbeläge	durch Vertragswerkstatt
Zu wenig Druckkraft der Federn durch Überhitzung	durch Vertragswerkstatt
Ausgleichloch des Kupplungshauptzylinders verstopft oder von der Manschette verdeckt	Kupplungshauptzylinder instandsetzen
Manschetten durch Verwendung falscher Bremsflüssigkeit gequollen	Kupplungszylinder instandsetzen, Bremsflüssigkeit erneuern
Kupplung rückt nicht vollständig aus	
Zu viel Spiel an der Ausrückgabel	Spiel einstellen
Kupplungsscheibe verzogen	durch Vertragswerkstatt
Riefen an der Druckplatte und Schwungscheibe	durch Vertragswerkstatt
Kupplungsscheibe klemmt auf den Nuten der Getriebewelle	durch Vertragswerkstatt
Gesamtweg des Kupplungspedals zu wenig	Pedalweg einstellen
Flüssigkeit entweicht an Kupplungshaupt- oder Arbeitszylinder, Luft in der Anlage	Zylinder instandsetzen, Anlage entlüften
Undichtheit der Zylinder oder verschmutzte Zylinder	Zylinder instandsetzen, Anlage entlüften
Stoßweißes Anfahren trotz zügigen Einrückens der Kupplung	
Keine Elastizität der Federn in der Kupplungsscheibe	durch Vertragswerkstatt
Verschleiß oder Bruch an Federn, Nabe oder Dämpferplatte der Kupplungsscheibe	durch Vertragswerkstatt
Geräusch in der Kupplung beim Ausrücken	
Verschleiß am Drehschwingungsdämpfer	durch Vertragswerkstatt
Ausrückring der Kupplung schlägt	durch Vertragswerkstatt
Kupplungsscheibe schlägt	durch Vertragswerkstatt
Quietschendes Geräusch	Graphitring zu weit abgelaufen, auswechseln

noch Anlage 4

Störung/Ursache	Abhilfe
Kupplungspedal kommt nicht zurück	
Schwache oder gebrochene Rückzugsfedern	Rückzugsfedern ersetzen
Kraftaufwand beim Auskuppeln zu hoch	
Gelenkverbindungen der Kupplungsausrückung klemmen	Fehler beseitigen oder Teile erneuern
Pedal vibriert beim Auskuppeln	
Ausrückring der Kupplung schlägt	durch Vertragswerkstatt

Anlage 5: Fehlermöglichkeiten am Getriebe

Störung/Ursache	Abhilfe
Geräusch bei Leerlaufstellung	Abhilfe nur in einer Vertragswerkstatt möglich
Antriebswellenlager verschlissen	
Buchsen der Nadellager verschlissen	
Verschleiß an den Zahnrädern	
Starkes Klopfen bei Belastung, schwächeres Geräusch ohne Belastung	
Zähne aus einem oder mehreren Zahnrädern ausgebrochen	
Schlechte Synchronisierung, stärkeres Geräusch beim Einschalten der Gänge	
Synchronkörper verschlissen	
Alle Gänge rücken selbständig aus	
Verschleiß an Zahnflanken der Zahnkränze	
Zu großes Spiel am Sitz der Synchronkörper	
Zahnkränze kommen nicht vollständig zum Eingriff	
Kraft der Federn der Schaltstangen zu schwach	

Störung/Ursache	Abhilfe
Rückwärtsgang rückt selbständig aus	
Zahnflanken oder Zahnkränze verschlissen	Abhilfe nur in einer Vertragswerkstatt möglich
Zahnkränze kommen nicht vollständig zum Eingriff	Abhilfe nur in einer Vertragswerkstatt möglich
Kraft der Federn der Schaltstange zu schwach	Abhilfe nur in einer Vertragswerkstatt möglich
Verschleiß an der Schaltgabel Schaltwerk einstellen	Abhilfe nur in einer Vertragswerkstatt möglich
Vorwärtsgänge schalten schwer ein	
Klemmen oder Festfressen des Schiebers in den Buchsen des Schaltwerks	Beschädigte Teile auswechseln
Erschwertes Einschalten des Rückwärtsganges	
Klemmen oder Festfressen der Muffe oder des Abtriebsrades für die Nabe des Rückwärtsganges	durch Vertragswerkstatt
Gangschaltwerk ausgeschlagen	Gangschaltwerk neu einstellen, verschlissene Teile auswechseln

Anlage 6: Fehlermöglichkeiten am Gangschaltwerk

Störung/Ursache	Abhilfe
Alle Gänge schalten schwer oder gar nicht ein	
Gelockerte Schraube zur Befestigung der Muffe am Getriebeschieber	s. Abschnitt „Gangschaltwerk"
1. und 3. Gang schalten nur unvollständig ein	
Gangschaltwerksgehäuse rückwärts verschoben	s. Abschnitt „Gangschaltwerk"
2. und 4. Gang schalten nur unvollständig ein	
Gangschaltwerksgehäuse vorwärts verschoben	s. Abschnitt „Gangschaltwerk"
Eigenmächtiges Ausschalten der Gänge während der Fahrt	
Gangschaltwerksgehäuse verschoben	s. Abschnitt „Gangschaltwerk"

Anlage 7: Fehlermöglichkeiten an der Vorderradaufhängung

Störung/Ursache	Abhilfe
Verschleiß im Mittelteil der Reifendecken	
Reifendruck zu hoch	Reifendruck einstellen
Verschleiß an der Außenseite der Reifendecke	
Reifendruck zu schwach	Reifendruck einstellen
Radsturzwinkel stimmt nicht	Radsturzwinkel einstellen
Querverschleiß der Reifendecke	
Falsche Vorspur	Vorspur einstellen
Ungleicher Verschleiß der Reifendecke	
Verformte Radfelge	Radfelge auswechseln
Stoßdämpfer defekt	Stoßdämpfer auswechseln
Wagen zieht nach rechts oder links	
Reifendruck zu hoch	Reifendruck einstellen
Radsturzwinkel stimmt nicht	Radsturzwinkel einstellen
Flattern der Vorderräder	
Unwucht der Vorderräder	Räder auswuchten
Ausgeschlagene Spurstangen oder Schwinghebel	Ausgeschlagene Teile auswechseln
Verschleiß der Vorderradlager	Spiel einstellen oder Lager auswechseln
Klappern in der Vorderachse	
Zuviel Spiel in den Kugelgelenken des Achsschenkels	Kugelgelenke nachstellen oder auswechseln
Wagenvorderteil hängt durch	
Drehstab oder Zusatzfedern gebrochen	Defekte Teile auswechseln
Starke Schwingungen des Wagenvorderteils	
Stoßdämpfer arbeiten nicht mehr	Stoßdämpfer auswechseln

Anlage 8: Fehlermöglichkeiten an der Hinterradaufhängung

Störung/Ursache	Abhilfe
Auf unebener Fahrbahn schlägt die Radaufhängung durch	
Stoßdämpfer arbeiten nicht mehr	Stoßdämper auswechseln
Klopfgeräusche in der Hinterradaufhängung beim Bremsen	
Gelockerte Schrauben am Flansch der Hinterachswelle	Schrauben festziehen
Klopfgeräusche in der Hinterradaufhängung auf unebener Fahrbahn	
Stoßdämpfer defekt	Stoßdämpfer auswechseln
Gelockerte Befestigung des Stoßdämpfers	Befestigung nachziehen
Verschlissene Gummis der Stoßdämpfer	Gummis erneuern
Querverschleiß der Reifendecke	
Verschleiß der Silentbuchsen im Aufhängungshebel	durch Vertragswerkstatt
Aufhängungswinkel verformt	durch Vertragswerkstatt

Anlage 9: Fehlermöglichkeiten an der Lenkung

Störung/Ursache	Abhilfe
Übermäßiger toter Gang des Lenkrades	
Zu viel Spiel im Lenkgestänge und Vorderradaufhängung	Teile auswechseln
Verschleiß an Lenkrolle und Lenkschnecke	durch Vertragswerkstatt
Zu viel Spiel oder Verschleiß der Schneckenlager oder Stellschraube	durch Vertragswerkstatt
Lenkstockhebel lose	Lenkstockhebel festziehen und sichern
Lenkung ausgeschlagen in Buchsen	durch Vertragswerkstatt
Lenkgetriebe gelockert	Lenkgetriebe festziehen
Zu viel Spiel am Lenkrad	
Lenkrad lose	Lenkrad festziehen

Störung/Ursache	Abhilfe
Axialverschiebung der Lenksäule	
Zu viel Spiel in Schneckenlager oder Stellschraube	durch Vertragswerkstatt
Lenkung klemmt	
Zu wenig Spiel	Lenkspiel einstellen
Knacken oder Quietschen im Lenkgetriebe	
Keine Schmierung	Öl auffüllen und auf Verlust von Öl kontrollieren
Verschleiß an Lenkrolle und Lenkschnecke	durch Vertragswerkstatt
Quietschen der oberen Lagerung der Lenksäule	
Reibung zwischen Buchse und Lenkwelle	Lagerung durch mehrere Tropfen Öl schmieren

Anlage 10: Fehlermöglichkeiten an der Bremsanlage

Störung/Ursache	Abhilfe
Bremstrommel und Radfelge werden heiß	
Kolben des Bremszylinders ist zu weit in den Ausschlagring geschraubt	Kolben um ½ Umdrehung zurückdrehen
Zugfeder der Bremsbacken gebrochen	Feder auswechseln
Bremsbeläge abgerissen	Bremsbacken auswechseln
Bremsleuchten beginnen von selbst aufzuleuchten	
Verstopftes oder überdecktes Ausgleichloch im Hauptzylinder	Hauptzylinder instandsetzen
Gequollene Manschetten von Haupt- und Radzylinder infolge falscher Bremsflüssigkeit	Anlage spülen und instandsetzen
Bremsflüssigkeit entweicht an Haupt- und Radzylinder	
Verschleiß der Manschetten	Manschetten auswechseln
Verschmutzte Anlage durch Staub oder Sand	Anlage spülen und instandsetzen

Störung/Ursache	Abhilfe
Beim Bremsen fällt das Bremspedal durch, zu weich	
Luft in der hydraulischen Anlage	Anlage entlüften
Beim Bremsen wird der Wagen zur Seite gezogen	
Verschmutzte Bremsbacken an einer Seite	Ursache der Verschmutzung beseitigen, Anlage instandsetzen
Unterschiedlicher Reifendruck	Reifendruck korrigieren
Bremsleuchten erlöschen nach dem Bremsen nicht	
Gequollene Manschetten, oder Kolben klemmt im Hauptzylinder	Anlage instandsetzen
Bremsen kreischen	
Bremsbelag hat eine verhärtete Schicht in der Bremsfläche	Verhärtete Schicht entfernen
Bremsen erfolgt erst bei fast durchgetretenem Pedal	
Abstand zwischen Bremsbacken und Bremstrommel zu weit	Mehrmals kräftig bremsen im Vor- und Rückwärtsgang
	Anlage instandsetzen
Der Wagen bremst nicht	
In den Radzylindern sind die Zuleitlöcher der Bremsflüssigkeit durch falschen Einbau der Anschlagringe verstopft (kann durch die Ausflußmenge der Flüssigkeit beim Entlüften festgestellt werden)	Anlage instandsetzen, Anschlagringe richtig einbauen
Schwache Wirkung der Handbremse	
Handbremsseil zu locker	Handbremse nachstellen
Verschleiß der Bremsbeläge	Abstandsplatte auf kurzen Schlitz umstellen oder Bremsbacken auswechseln
Verschleiß des Spreizhebels und der Abstandsplatte	Verschlissene Teile auswechseln
Ungleichmäßiges Bremsen der Hinterräder	
Seil von der Rolle gesprungen und eingeklemmt	Fehler beheben, Handbremse einstellen
Eigenmächtiges Lösen des Handbremshebels	
Sperrklinke oder Zahnsegment verschlissen	Verschlissene Teile auswechseln

Anlage 11: Fehlermöglichkeiten am Anlasser

Störung/Ursache	Abhilfe
Anlasser läuft nicht an	
Batteriepole oxydiert	Polklemmen säubern, festziehen
Störung am Zündschloß	Zündschloß auswechseln
Störung am Anlaßrelais PC-502 oder Relais PB-1	durch Elektrowerkstatt
Störung am Magnetschalter PC-901 A	durch Elektrowerkstatt
Einschaltgeräusch des Anlassers zu hören, läuft aber nicht an	
Batteriepole oxydiert	Polklemmen säubern, festziehen
Entladene oder fehlerhafte Batterie	Batterie laden oder auswechseln
Fehlerhafter oder schlechter Kontakt der Haltewicklung vom Zugrelais des Anlassers an Masse	durch Elektrowerkstatt
Anlasser dreht den Motor nur langsam oder gar nicht durch	
Batteriepole oxydiert, Störung am Zündschloß	Polklemmen säubern, festziehen
Kohlebürsten klemmen	Fehler beheben
Kurzschluß im Anlasser	durch Elektrowerkstatt
Anker schleift am Feld	durch Elektrowerkstatt
Ankerwicklung gequollen	durch Elektrowerkstatt
Anlasser dreht, Motor wird aber nicht mitgenommen	
Rutschen der Freilaufkupplung	durch Elektrowerkstatt
Schnurrendes Geräusch im Anlasser, Ritzel kommt aber nicht zum Eingriff	
Zahnkranz defekt	durch Vertragswerkstatt
Anlasserritzel defekt	durch Vertragswerkstatt
Anker dreht zu schwer im Anlasser	durch Vertragswerkstatt
Anlasser wird nach Anspringen des Motors oder nach Ausschalten der Zündung nicht abgeschaltet	
Störung am Magnetschalter PC-901 A	durch Elektrowerkstatt
Störung am Zündschloß	Zündschloß auswechseln
Magnetschalter PC-901 A verstellt oder Magnetanker klemmt	durch Elektrowerkstatt

Anlage 12: Fehlermöglichkeiten an der Zündanlage

Störung/Ursache	Abhilfe
Kein Strom im Niederspannungskabel von Zündspule und Verteiler	
Schlechter Kontakt oder Kabelbruch in Niederspannungskreis	Mit Prüflampe Fehler suchen und beseitigen
Unterbrecherkontakte schließen nicht oder haben keinen Abstand	
Beweglicher Kontakt sitzt fest oder Kontaktplatte hat sich gelöst	Kontakte auswechseln oder einstellen
Motor springt schlecht an und läuft mit Unterbrechungen	
Kondensator defekt	Kondensator auswechseln
Motor zieht schlecht	
Unterbrecherkontaktfeder zu schwach, kein Schmierstoff an der Achse des losen Kontakts, Fliehgewichtsverstellung betätigt sich nicht	Kontakte auswechseln, losen Kontakt schmieren, Fliehgewichtsversteller instandsetzen
Motor setzt hin und wieder aus	
Eine Zündkerze defekt	Zündkerze auswechseln

Quellenangaben

52 Abbildungen wurden den Reparaturhandbüchern der SAS-Typen 965 A sowie 966/968, 1 Abbildung der Arbeit „Hohlraumkonservierung und Bodenschutzbehandlung" des VEB Wissenschaftlich-technisches Zentrum Automobilbau Karl-Marx-Stadt, 1 Abbildung dem Titel „Handbuch für Berufskraftfahrer" und 1 Abbildung der Zeitschrift „Der Deutsche Straßenverkehr" entnommen.